书山有路勤为径,优质资源伴你行
注册世纪波学院会员,享精品图书增值服务

翻转培训师实操手册

手把手教你打造翻转课堂

杨迎 邱建雄·著

电子工业出版社
Publishing House of Electronics Industry
北京·BEIJING

未经许可，不得以任何方式复制或抄袭本书之部分或全部内容。

版权所有，侵权必究。

图书在版编目（CIP）数据

翻转培训师实操手册：手把手教你打造翻转课堂/杨迎，邱建雄著. —北京：电子工业出版社，2023.9

ISBN 978-7-121-46107-1

Ⅰ.①翻… Ⅱ.①杨…②邱… Ⅲ.①职业培训—师资培养—手册 Ⅳ.① C975-62

中国国家版本馆 CIP 数据核字（2023）第 152628 号

责任编辑：杨洪军
印刷：北京盛通数码印刷有限公司
装订：北京盛通数码印刷有限公司
出版发行：电子工业出版社
   北京市海淀区万寿路173信箱　邮编100036
开　本：720×1000　1/16　印张：19.5　字数：312千字
版　次：2023年9月第1版
印　次：2025年2月第6次印刷
定　价：79.00元

凡所购买电子工业出版社图书有缺损问题，请向购买书店调换。若书店售缺，请与本社发行部联系，联系及邮购电话：（010）88254888，88258888。

质量投诉请发邮件至zlts@phei.com.cn，盗版侵权举报请发邮件至dbqq@phei.com.cn。

本书咨询联系方式：（010）88254199，sjb@phei.com.cn。

序

翻转时代对培训师的"灵魂三问"

（刘永中　众行集团董事长）

在美国，有一位从金融分析师转行来的跨界培训师改变了全世界的教育与培训方式。比尔·盖茨对他说："我认为你预见了教育的未来。"比尔·盖茨基金会先后提供了550万美元支持其事业。谷歌从15万个投资方案中选中了他的可汗学院（Khan Academy）进行教育投资。利用这些资金，可汗学院进一步发展壮大，其课程被翻译为世界上最常用的10种语言。

他叫萨尔曼·可汗（Salman Khan），一次偶然的际遇，他将自己给表妹的远程辅导课上传网络受到热捧而创办了可汗学院，开创了翻转教育的新时代，成为颠覆传统课堂教育的先锋力量。他于2010年入选《财富》"全球40大青年才俊榜"，2012年入选《时代周刊》"100位最具影响力人物"。

什么是翻转课堂？翻转课堂的英文是"Flipped Classroom"或"Inverted Classroom"。翻转课堂在全球教育界有广泛的应用，这本书侧重介绍翻转课堂在企业培训界的应用，其核心体现在以下四个方面：

- 理念翻转
- 内容翻转
- 角色翻转
- 技术翻转

为什么要有这四个翻转？因为现有的教育方式已经无法适应这个飞速变

化的时代,这几乎成了所有教育从业者的共识,大家都在探索新的教育模式,而翻转课堂就是一个被广泛认可的新模式、新技术。

教师出身的企业家马云曾经说过:"继续用工业时代的方法去教育今天的孩子,我们的孩子未来将竞争不过机器。今天的教育方式是为了适应工业化流水线生产而建立的,而我们需要面向数字时代的新的教育方式,需要面向未来的教育。"

简单来讲,翻转课堂就是一种面向未来的教育模式和教育技术。

如何快速地了解这种新模式和新技术?希腊哲学家柏拉图曾说过,很多时候,问题往往比答案更重要。我们就先问自己三个问题吧!

问题一:培训师(老师)的竞争对手是谁

这个问题的答案在美国,竞争对手是Google;同理,在中国是百度。这是美国培训认证协会(AACTP)在十多年前的培训师年会上调查的结果。

这对培训师来说是个警钟,互联网时代的竞争规则是"消灭你,与你无关"。

诺基亚前首席执行官(CEO)约玛·奥利拉(Jorma Ollila)在公布诺基亚被微软收购的消息时,最后说了一句话:我们并没有做错什么,但不知为什么,我们输了。说完,连同他在内的几十名诺基亚高管都落泪了。诺基亚在巅峰时期曾统治着全球一半以上的手机市场,是一家值得敬佩的公司,也许诺基亚并没有做错什么,只是世界变化太快!

培训师喜欢讲课,喜欢分享知识,这也没有错,但时代变了,在现代社会的任何一个场景中,包括课堂上,知识最渊博的一定不是台上的培训师,而是学员手中的手机。学员可以随时搜索到最新、最全面的知识,这个时候,培训师要反思了:

我需要花这么多时间去讲知识吗?可以让学员自己看,甚至自己去查吗?

如果是一定要讲的知识，作为培训师的价值是什么？是复读机吗？还是我可以帮助学员将散乱的知识结构化，变成思维导图、变成模型呢？

学员真的需要那么多新的知识、新的课程吗？之前传授的知识，学员掌握了几成，复习了几成？上更多的课会不会反而影响了学员去消化之前的知识呢？

不想清楚这些问题，也许未来哪天培训师也要哭诉：我没做错什么，为什么我被淘汰了？

问题二：你懂这么多知识，怎么还过不好这一生

这是一个网络流传很久的问题，每个人都需要思考，不一定能马上得出答案。但培训师必须有答案，因为这涉及你的饭碗问题。

身处知识爆炸和竞争激烈的时代，培训的目的不再是知识的积累，而是将知识转化为行为并产生绩效和结果。不过，培训真的能引发行为改变和得到期待的结果吗？

课程再好，课后学员很容易将知识遗忘。艾宾浩斯遗忘曲线告诉我们，一个月后，学员只记得21.1%的知识。这是几十年前的研究数据，进入知识爆炸时代，现在这个数值肯定不到10%。

培训师可以教学员解决问题，但企业的问题层出不穷，培训师不可能是每个领域的问题专家，更何况时代变化太快，问题专家脱离一线成为培训师后也很难直接帮助学员解决当下的问题。

如果培训师传播的知识很有价值，还能现场帮助学员解决问题，但回到工作场景中，学员就一定有持续的改变吗？举个最常见的例子，每个成人都知道"减肥就是管住嘴和迈开腿"，但为什么很多人做不到呢？

翻转课堂是怎么解决这个问题的呢？翻转的核心理念是，学习的主角是学员而不是培训师，只有将学习的主动权从培训师转移给学员，学员才有将

知识转化为行为的主动性。

记住：参与是行为转化最好的催化剂，如果你想要行为转化，请尽量使用网络预习（也包括补习和复习）进行知识的传播，将宝贵的课堂时间最大限度地用于参与体验、互动研讨和行为转化，这会给培训师和学员带来焕然一新的课堂氛围和效果。

请问各位培训师：学员是被你改变的，还是自己改变的？我相信大部分培训师的回答是后者。是的，只有将学习的主角从培训师变成学员，学员真正的改变才会发生。

问题三：作为培训师的你是演员，还是编剧、导演

"编导演"是培训师的基本功，大部分培训师都学过这三方面的技能，只是在实践时经常"演"的成分居多，即主要进行课程演绎，而"编"和"导"的成分偏少，因为很多课程是买来的版权课程，不太需要自己来"编"和"导"，只需要根据应用场景适当地做一些调整即可。

进入翻转时代，课堂上培训师和学员的角色也在翻转：学员就是培训师，教是最好的学；培训师是教练，翻转是最好的教。这个时候，对培训师的"编"和"导"的要求更高了，因为翻转课堂的主角是学员，学员常常在台上，而培训师是导演和编剧，常常在旁边指导学员进行体验和研讨活动，并设法引导学员结合实际问题思考和提出解决方案，做出下一步的行动计划。

同时，我们思考一下翻转课堂的内容翻转。所谓内容翻转，就是单纯的知识信息尽量通过网络课程进行预习、补习及复习，线下课堂以参与体验、互动研讨和行为转化为主。网络课程一般都是提前录制的，可以是培训师自己制作的，也可以站在巨人的肩膀上，引进外部专业机构甚至大师开发的课程。这种方式可以整合全世界最好的学习资源，翻转培训师要做的是提前备

课：编好翻转课堂的现场参与式学习剧本，并且做好现场导演，让每一位学员都充分地参与课堂体验和研讨，成为真正的主角。

由此带来的技术翻转就是，以讲授为主的单向知识传播的培训技术弱化，以参与体验与互动转化为主的翻转技术兴起。随着翻转技术的日益发展和成熟，可以说，翻转时代来临了。

海尔集团创始人张瑞敏说过一句话，没有成功的企业，只有时代的企业。所谓的成功其实都是踏准了时代的节拍。我相信，培训师也一样，没有成功的培训师，只有时代的培训师。十年前，时代的大浪将过往表演型的培训师拍在了沙滩上；未来，"复读机"式的培训师肯定也会被淘汰，翻转培训师必将是未来培训舞台的弄潮儿。

未来已来，时不我待。

目录

01 第一章
为什么写这本书 001

第一节　你是否遇到过这些培训的痛点　003
第二节　本书的特色　004
　　一、详细的技术介绍，让你懂技术更懂原理　004
　　二、结合大量运用案例，让你更易理解和掌握　005
　　三、互动性强的内容设计，让你身临其境　005
　　四、文笔轻松利落，阅读理解无障碍　005
第三节　本书的结构与读法　006

02 第二章
引入理念：翻转培训师的角色和定位 008

第一节　"知识搬运工"的时代已经结束　009
　　一、培训从工业时代进入数字时代，传授知识的关键是内化　010
　　二、企业培训越来越重视量化产出，看重投资回报率　011
　　三、知识传递不再是课程的主线，培训师的竞争对手竟然是搜索引擎　011

	四、学员群体从X世代到Z世代，越来越注重"体验感"	012
第二节	翻转课堂，培训师的"翻身之路"	014
	一、企业注重效率	016
	二、企业培训注重实践与场景还原	017
	三、成人学员更能接受和完成视频学习	017
	四、成人学员对现场培训要求更高	018
第三节	如何实现颠覆传统的"四大翻转"	019
	一、传统培训课堂的特点	019
	二、翻转课堂的特点	020
	三、翻转课堂的四个翻转	020
第四节	翻转培训师与传统培训师有何不同	026
	一、"编"的不同	027
	二、"导"的不同	028
	三、"演"的不同	028
第五节	翻转培训师的角色定位和职业使命	030
	一、翻转培训师的角色定位	030
	二、翻转培训师的职业使命	030
	三、翻转培训师的核心信念	031

03 第三章
必备能力：翻转培训师必备的四种能力　　032

第一节	内驱力：没有内驱力的培训就是机械重复	038
第二节	洞见力：没有洞见的知识是负担	040
	一、翻转培训师为什么要有洞见力	041

	二、翻转培训师如何提升洞见力	043
第三节	结构力：没有结构的知识是累赘	046
	一、知识的收集阶段	048
	二、知识的呈现阶段	048
	三、知识的演绎阶段	050
第四节	引导力：不能转化为肌肉记忆的知识一无是处	051

04 第四章
技术传授：手把手教你设计翻转课堂 054

第一节	课题确定，好的翻转课程从选题开始	055
	一、课题从哪儿来	056
	二、哪些课题不宜设计成翻转课堂	059
	三、明确课题名称	059
第二节	课题分析，精准定位授课对象的需求	061
	一、做好需求调研才能进行有效分析	062
	二、课题分析的流程	067
第三节	目标设定，以终为始设定课程效果检验标准	071
第四节	内容开发，翻转课堂PECA（皮卡）设计模型让课程循序渐进	073
	一、学习的四大场景	073
	二、独创翻转课堂PECA（皮卡）设计模型的全景和内涵	076
第五节	知识结构化的设计和技术运用	084
	一、金字塔结构法：搭建课程框架	085
	二、321视频微课：声像传递比讲授更有意思	094
	三、大使式分享：教就是最好的学	101

	四、图形化呈现：图比文更利于记忆		109
	五、案例拆解法：让知识讲解深入浅出		119
第六节	模拟体验的设计和技术运用		**127**
	一、GRIP游戏化体验：进入心流状态		128
	二、视听体验：营造最佳的感官效果		137
	三、啊哈测试：跳出思维的框，瞬间顿悟了		146
	四、视觉道具：忍不住马上想动手		152
	五、即兴戏剧：没有舞台也精彩		162
第七节	场景化连接的设计和技术运用		**170**
	一、开放画廊：走动式的交流与学习		171
	二、迷你世界咖啡：激发异花授粉，思维碰撞		181
	三、三人小组教练法：深度会谈激发个人潜能		191
	四、镜像测评：敲醒自我的觉察		203
	五、凤暴墙：让创意思维来得更猛些吧		210
第八节	创设行动的设计和技术运用		**219**
	一、信感启动：四层级提问，引导知行合一		220
	二、FLAG设立法：为自己设定一个小目标		225
	三、刻意练习：从新手到高手		229
	四、3WHAT行动法：临门踹一脚轻松促行动		236
	五、4R微习惯养成法：发生改变从行为设计开始		240
第九节	翻转高手的"必杀技"，融会贯通的降龙十八掌		**248**
	一、翻转课程开发与设计的基本步骤		248
	二、拆解翻转课程开发与设计画布		250
	三、翻转课程开发与设计的实操案例		254
	四、翻转课程开发与设计画布的实操练习		258

第十节　翻转课堂PECA（皮卡）设计模型，赋能企业内训师培养项目　260
　　一、实施阶段一：选人选题　261
　　二、实施阶段二：课程开发赋能　264
　　三、实施阶段三：课程开发实践及辅导　266
　　四、实施阶段四：授课技巧训练　267
　　五、实施阶段五：课程讲授实践及辅导　268
　　六、实施阶段六：成果汇报认证　268

05 第五章
如何突破线上培训的效果　271

第一节　令人头疼的线上培训　272
　　一、来自学员的挑战　272
　　二、来自平台的挑战　273
　　三、来自内容的挑战　273
　　四、来自运营的挑战　273
第二节　抓住平台的核心功能　274
第三节　做好平台的四大运营　276
　　一、课程运营：内容持续输出　276
　　二、社群运营：保持活跃度　277
　　三、数据运营：做好跟踪分析　279
　　四、积分运营：用好激励手段　279
第四节　打造有吸引力的线上直播教学　281
　　一、直播硬件设备四件套　282
　　二、服装有讲究　283

三、做好课前测试　　284
四、教学方式生动有趣，适当互动　　284

06 第六章
从更高的视野看翻转培训师　　286

第一节　探寻学习动机，了解学员因何而"动"　　287
　　一、强化理论　　288
　　二、马斯洛需要层次理论　　289
　　三、成就动机理论　　290
　　四、成败归因理论　　290
　　五、自我效能理论　　291
第二节　激发学习动机，让课堂上的学员都"动"起来　　291
　　一、内部学习动机的培养与激发　　291
　　二、外部学习动机的培养与激发　　292
第三节　拓宽思路，翻转技术在管理中的实践与应用　　293
　　一、翻转技术在管理场景中的实践　　294
　　二、从翻转培训师到行动学习促动师　　296

第一章

为什么写这本书

很幸运，你能翻开这本书。当我在写这本书的时候，不断地回想起自己曾经的培训生涯，很庆幸我没有偏离这个职业，能够在这个职业中不断成长和积累，并且一直坚定一个信念"人人都是培训师，教就是最好的学"。

我曾经很苦恼，因为刚入行的时候并没有人帮我指路，都是在"跌跌撞撞"中通过自己不断地学习和摸索才慢慢成长起来。但这太慢了，为此我还走了很多弯路。后来我渐渐明白一个道理，学习和成长最快的方式并不是闭门造车，而是找对套路，学习他人总结、提炼出来的方法和经验来加速成长。这本书可以看作培训师、培训管理者的指导手册，为每一位想要在培训事业中大放异彩的读者提供非常宝贵的经验。

人们常说，十年磨一剑，砺得梅花香。这本书的诞生，正是基于锵锵书院的团队近二十年的培训实践积累。团队成员结合时代发展和企业的需求，反复钻研、打磨，最终形成了独创的翻转课堂PECA（皮卡）设计模型和其中的20项翻转技术，并且在大量的实际运用中取得了令人惊喜的成果。因此，我希望将这些知识、技术和应用成果写下来，让更多的培训师运用到课堂和项目中，从而让培训产生更高的价值。

锵锵书院是翻转课堂和翻转技术的研发中心，也是美国培训认证协会（AACTP）在中国区域唯一的继续教育基地。AACTP六大认证课程之一——"AACTP国际认证翻转培训师"旨在教授一批掌握翻转课堂PECA（皮卡）设计模型和翻转技术的认证培训师。他们将突破传统课堂模式，并将这些前沿的翻转技术和工具运用到企业课程开发授课中，打造有趣、有料、更有效的翻转课堂。

也许你是第一次听说"翻转培训师""翻转课堂PECA（皮卡）设计模型""翻转技术"，但阅读完这本书，你会对培训、课堂和学员产生不一样的情感，仿佛打开了一扇窗，让你看到原来自己可以在小小的讲台上产生更大的能量！

在后疫情时代,各行各业都经历着巨大的挑战。对于培训从业者来说也并不轻松,因为在很多人的眼里,培训部门是成本中心,如果不能为企业带来价值,培训不能产生效果,那么我们对自身职业前景的担忧也会变成现实。我迫不及待地想要把本书分享给更多人,因为书中的翻转模型和20项翻转技术能够让培训更加有效,让培训能够转化为看得见的结果。本书的最后一章还结合了心理学、行动学习的内容,希望让翻转技术的应用能够站在更高的视角,融入企业管理的工作中。

第一节　你是否遇到过这些培训的痛点

以下有10条培训中经常遇到的痛点,请你认真阅读并在你遇到的痛点前面打钩。

☐ 1. 在开发课程时,感觉课程主线不清,什么内容都想放,放了又觉得乱。

☐ 2. 在设计教学方法时,似乎没方法,或只有固定的三种方法:提问、研讨、放视频。

☐ 3. 课堂中不知如何互动和引导体验,很难激发学员的学习兴趣。

☐ 4. 课程很难与学员的实际工作场景挂钩,知识的运用止步于课堂。

☐ 5. 课程结束后希望学员学以致用,将所学知识运用到工作中,但学员明显动力不足,不愿"动"。

☐ 6. 课堂的研讨环节,学员参与度和兴致不高,研讨出来的成果也不佳。

☐ 7. 在课堂上习惯用讲授法,能感觉到学员不喜欢这种方式,却不知如何改善。

☐ 8. 运用一些教学方法时,现场常常失控,效果一团糟,不知是自己的操作问题，还是选择的教学方法与课程不匹配。

☐ 9. 不知如何打造轻松、令人愉悦的培训场域，课堂氛围比较沉闷，老师和学员都提不起劲。

☐ 10. 想进行线上教学，却发现面对摄像头，自己的讲解很僵硬、机械，完全施展不开。

以上痛点你打钩的个数是____个，你认为最为常见的3种情景是____。

如果你打钩的个数是7个以上，那么本书将给你带来很大的帮助，它将帮你解决培训过程中的课堂引导与知识转化问题，助力你打造轻松、有趣的学习场域。如果你打钩的个数是4~6个，说明你在培训上有一定的专业性，学完本书，你的专业水平将提升一个台阶。如果你打钩的个数在3个及以下，说明你是一名非常优秀的培训师，本书将帮助你系统地梳理培训的专业知识，开阔你的视野。无论你遇到多少种培训痛点，本书的内容一定不会让你失望。

第二节　本书的特色

在写作时我查阅了市面上关于翻转课堂的书籍，发现寥寥无几。市面上现有的相关书籍只大概介绍了翻转课堂，对翻转技术的研究和深入介绍并不多，因此希望本书能将翻转技术的研究和方法全面展现给你。你看完书后就能将翻转技术运用于培训中，成为一名优秀的翻转培训师，这也是我们写书的初衷。

一、详细的技术介绍，让你懂技术更懂原理

本书将介绍目前培训界最前沿的20项翻转技术，这些技术与最核心的翻转课堂PECA（皮卡）设计模型紧密相连，具有较强的结构性和系统性。我

们不仅介绍了与这20项翻转技术紧密相关的背景故事、专业理论、专家名人，还对技术的定义、实操流程、注意事项等做了详细说明，让你能够在拓宽知识面的同时，很好地理解技术、掌握技术的运用原理。你也可以把本书当作一本工具书随身携带，每当你在做课程设计、课程教学毫无头绪时，本书可以帮你解决燃眉之急。

二、结合大量运用案例，让你更易理解和掌握

在开篇曾提到，本书诞生于对翻转技术大量的研究和实践之后。本书在介绍翻转技术时运用了大量的真实案例，这些案例联系实际场景，解析实际效果，让你对这些技术理解得更全面、更透彻。在本书中，最具代表性的运用案例就是锵锵书院目前自主研发的十几门版权课程。我们已经用翻转课堂PECA（皮卡）设计模型和其中的翻转技术成功开发了十几门版权课程，每门课程都受到了学员的高度好评，像这样的版权课程还在持续研发中。

三、互动性强的内容设计，让你身临其境

在阅读本书时，你会发现很多的小互动，例如，做个测试、做个调研，或者写个小心得。我们在做培训时发现，很多优秀的学员喜欢在自己的学习材料上写写画画，记录自己的学习心得或顿悟时刻。我想，这也许是优秀的人共有的习惯吧！因此，本书也精心设计了让你思考和动笔的时刻，希望通过这种方式让你和本书多些心灵交流。所以，希望你在阅读本书时可以准备好笔和便笺等，不用太心疼书的整洁度，你在书中留下的痕迹将在你的大脑中留下印迹。

四、文笔轻松利落，阅读理解无障碍

本书一点也不深奥，既没有太多专业名词，也没有拗口的语言表达，符

合各个年龄段读者的阅读需求。但轻松利落的文笔不影响本书的专业水平，好的培训师不是把知识描述得高深莫测，而是把复杂的知识简单化并让学员容易理解和记忆。本书也希望用轻松利落的文笔帮助你掌握翻转培训师的相关技术。

本书还有更多特色值得你来发掘，我们更希望你在阅读完本书之后就能实践。本书的理论源于实践，希望你重新将理论用于实践，并鼓励大家创造出更多有趣、有用的翻转技术。

第三节 本书的结构与读法

本书一共六章，每一章的内容都有所侧重。

第一章将介绍本书的创作初衷、特色，以及本书的结构与读法，让你迅速了解整本书的框架和内容概要。这能够帮助你展开后续的阅读。

第二章将介绍翻转培训师的角色，能让你快速了解为什么要成为翻转培训师、翻转培训师与传统培训师的不同之处、翻转培训师的定位与使命、翻转课堂要实现的四大翻转等内容。

第三章将介绍翻转培训师必备的四种能力，这四种能力分别是内驱力、洞见力、结构力、引导力。未来想要成为一名优秀的翻转培训师，这四种能力必不可少。如果没有这四种能力的支撑，翻转培训师的影响力将大打折扣。

第四章将学习本书的精华所在。本章将介绍翻转课堂PECA（皮卡）设计模型和其中的20项翻转技术，这20项翻转技术分布在模型中的不同模块，不仅有详细的介绍，更有真实的实操案例，学习起来轻松、易懂、易掌握。未来如果你想要在公司内部打造一支专业的翻转培训师队伍，开发、沉淀一批符合企业需求的精品课程，本章的结尾还会教你一套系统的方法和流程。在学习本章时，希望你投入100%的精力，对本章知识的理解和掌握将直接影响你是否能成为一名合格的翻转培训师。

第五章将介绍如何做好翻转课堂的线上教学。在岗位、地域、环境等因素的限制下，如何组织好一场直播培训，如何让线上课程更有趣、有效已经成为企业培训的刚性需求。抓住线上学习平台的核心功能，做好平台的四大运营，将让线上培训更加出彩。

第六章将带你从更高的视野理解翻转培训师。我们一直在谈培训要如何帮助企业解决问题，推动业务发展，以体现自身的价值。翻转培训师的价值定位不仅是在课堂，翻转技术的运用也不仅限于教学，翻转培训师可以从更高的角度去思考，将知识、技术运用到管理中，运用到行动学习项目中，翻转培训师的角色可以转变为促动师，为企业创造更大的价值。

如果你不想错过任何一章的内容，那么可以从第一章阅读到第六章，我们也建议年轻的培训师不要操之过急，要由浅入深、循序渐进。如果你已经在培训行业沉淀了十几二十年，只想要学习翻转技术，那么建议你认真阅读第二章和第四章。如果想尽快上手翻转技术，那么第四章是本书的技术精华所在。如果想更全面地认识翻转培训师，那么第六章的内容也许可以为你打开新世界的大门。

本书的每个章节结束后，设置了"信息—感受—启发—行动"四个层面的内容填写，希望你能在阅读完每个章节后认真填写，这将帮助你更好地理解和吸收知识。

从第二章开始，你将踏上成为翻转培训师的修炼之路，希望你能过关斩将，通过所有章节的学习，助你向一名优秀的翻转培训师迈进。

第二章

引入理念：
翻转培训师的角色和定位

第二章 引入理念：翻转培训师的角色和定位

近几年，一种新型的培训模式在培训界悄然出现。这种轻量化、高转化的培训模式，被众多企业运用在各种场合的培训当中，并有成为企业常态化培训的趋势。这种新型培训模式便是翻转课堂，与此同时翻转培训师也越来越受到关注。提到翻转培训师，你的脑海中可能会出现几个问题：

- 翻转培训师是什么？
- 翻转培训师与传统培训师有什么不同？
- 为什么称之为数字时代的新型培训师？
- 翻转培训师的课堂有什么不同？
- 翻转培训师有什么独特技术吗？
- 翻转培训师与翻转课堂的关系是什么？

接下来，我们一起走进翻转培训师的世界。如果你已经是一名培训师或希望成为培训师，在认识翻转培训师的定位价值，掌握一定的翻转技术之后，你的培训成长之路将更加顺利，无论是"编导演"还是培训效果，都会实现新的突破。

第一节 "知识搬运工"的时代已经结束

回想一下，你曾经接受的诸多培训和学习，哪些是让你感受较差的，也可以参照以下罗列的场景，在你认为有同样感受的情况前打钩。

- ☐ 培训师从头到尾都是念课件，一人在唱"独角戏"，很想逃离这样的课堂。
- ☐ 培训师全程没有互动，这样的课程听着容易走神、犯困。
- ☐ 培训师好像没有备课，讲授的内容非常生疏，离实际需求十万八千里。
- ☐ 最可怕的是，课件内容堆砌严重，培训师照着念都念不好。

以上的情况，你是否也遇到过？作为学员，你肯定不愿意听这样的课。如果你是企业负责人，你会愿意请这样的培训师给你的员工培训吗？答案很显然。以上的培训师都拥有一个共同点，即他们都是"知识的搬运工"。"知识的搬运工"指的是没有对知识进行深加工，而是把从网上、书本上或从其他载体中获得的知识直接搬到学员面前，照本宣科式地讲授。

"知识的搬运工"在知识匮乏时代或许很吃香。老师是人类社会最古老、最受人尊敬的职业之一，他们是人类文化、科学知识的继承者和传播者。所以在大多数人的脑海中，老师是知识的传授方，学生是知识的接收方。在教学的过程中，两者角色固定，即"老师永远在教，学生永远在学"。然而，时代在改变，老师和学生的角色也在发生改变，已经不能简单地用"位置"的不同来说明两者之间的关系了。数千年前的孔孟时期，老师的地位非常高。《尚书》云，"天降下民，作之君，作之师"，把"师"的地位与天、地、君、亲并称，并且写在同一牌位上供众人朝拜，这就是"天地君亲师"之说，所以老师教学的时候可以坐着甚至躺着讲，学生在一旁毕恭毕敬地跪着、站着听讲；到了近代，课堂上老师站着讲课，学生坐着听课，而学生对老师仍然是恭恭敬敬、言听计从；如今，老师依然站着，学生坐着，如果学生觉得无趣，还可以提出"抗议"，所以老师得想尽办法调动、引导，吸引学生的注意力和兴趣点。

时代的变迁带来"位置"的改变，老师和学生之间"教与学"的方式也要做出相应调整。"知识的搬运工"的时代已经结束，尤其对于培训师来说，我们要敏锐地"嗅"到企业需求、学员关注点、培训模式所发生的改变，无论是课堂角色还是教学方式，都对新时代的培训师提出了新的挑战。

一、培训从工业时代进入数字时代，传授知识的关键是内化

提到工业时代，我们脑海中浮现的就是效率第一。在当时的工作岗位上都有标准的流程和操作步骤，员工只需按流程、指令完成工作任务。在这一

时期，知识传播是培训师教学的第一目的，最终的效果是让员工快速复制知识、流程和技能。进入数字时代之后，随着各种新技术快速迭代和渗透到各行各业，工作性质发生了改变。多元化、个性化、创造性的工作越来越多，这就不仅要求员工简单地学习知识、流程，还要激发员工的创新性思维并提高员工解决问题的能力。显然，照本宣科的培训方式已经无法满足企业培养人才的需求，培训师的关注点应放在如何更高效、更结构化地传递知识，同时促进知识内化，激发学员对知识的理解和吸收，最终将知识转化为行为。

二、企业培训越来越重视量化产出，看重投资回报率

企业培训组织者最头疼的是花了大量财力、物力、人力，费尽周折地开展了培训项目，培训效果却遭到老板的不满。老板认为没有看到员工的任何变化，而员工对于这种周期长、学习任务重的培训，要么找各种理由不参加，要么把培训当作休假，培训后"挥挥衣袖不带走一片云彩"，将知识都还给了培训师。随着大环境的变化与企业资金压力的增长，培训组织者不得不开始调整培训方向，"轻内训"的培训形式随之诞生。"轻内训"要求培训师不做知识的堆积，不需要再将背景、原理、概念、定义、方法、案例、可能遇到的问题、掉的坑等统统讲完，而是要做到知识高效地、结构化地输出，重在推动学员对知识的转化和应用，最终产生行为上的改变，进而提升工作绩效。

三、知识传递不再是课程的主线，培训师的竞争对手竟然是搜索引擎

这是一个信息爆炸的时代，互联网的高速发展使人们获取知识和信息的途径又多又便捷。想学习职场穿搭，上网一查，有图、有文、有视频；想了解如何与不同性格的人沟通，打开搜索引擎，指尖轻松一点，海量信息蜂拥

而至；想提升办公软件的操作技能，点开各种App，随时随地了解。很多培训师并没有意识到培训课堂已不再是学员获取知识和信息的重要途径，培训人的竞争对手也不再是"同行"，而是百度、搜狗等搜索引擎，甚至各种知识类的App。曾让无数培训人引以为傲的"知识传播者"的角色，正在被时代颠覆。这个时候，培训师的价值感就会被削弱，培训师不得不重新审视自己的价值和意义，思考如何成为"知识生产者"。

四、学员群体从X世代到Z世代，越来越注重"体验感"

不同时代下的学员特点也是影响培训发展的重要因素。X世代（1965—1979年）的学员，就是我们常说的60后和70后，他们关注系统性、全面性的知识，包括背景、理念、原理、方法等，喜欢以培训师讲授为主的课堂形式，只要有简单的提问、讨论、互动就能满足他们的学习需求。

Y世代（1980—1994年），也就是80后和90后，他们关注知识的实操性，对于学完即用的方法、技能比较感兴趣，喜欢"干货"多的课堂。他们对课堂的参与和意见的发表越来越多，但比较排斥流于形式的"假互动"。无论是小组研讨，还是案例分析，他们都期望有实质性的成果产出。

Z世代（1995—2009年）就是当下的95后和00后，他们在移动互联网、手游、动漫等环境中成长，追求自由和平等，喜欢通俗易懂、有趣的小知识，但对于太复杂、难懂的知识兴趣就没那么高。他们对于课堂的体验感要求越来越高，喜欢触摸体验、画面体验、视像体验、观感体验、氛围体验，课堂还得有创意、有挑战、有自由、有趣味。

通过对比我们不难发现，不同时代的学员对知识、权威、课堂形式都有不同的认知和需求，如表2-1所示。培训师应该深入研究这些不同点，采取不同的知识输出形式和教学模式，真正地因材施教。

表 2-1　不同时代学员的特征对比

	X世代（1965—1979年）	Y世代（1980—1994年）	Z世代（1995—2009年）
关注的知识类型	系统性、全面性	实操性强，学完立即就能用的方法、技能，课堂中的"干货"越多越好	通俗易懂、有趣的小知识，化繁为简
对于权威的理解	尊重权威，培训师有比较高的威望和信誉	敢于挑战权威，说出自己的疑问和想法	有自己对权威的定义，认为课程上培训师与学员是平等交流的关系
喜欢的课堂形式	以培训师讲授为主，穿插些提问、主题讨论，不要有太多挑战性的活动	课堂的参与和意见的发表越来越多，研讨要有实质性的成果产出	触摸体验、画面体验、视像体验、观感体验、氛围体验，有创意、有挑战、有自由、有趣味

说到这里，相信读者朋友已经感受到时代变化背景下，企业的需求、学员的关注点和培训模式都在发生改变，"知识的搬运工"般的传统培训师正面临淘汰危机。如何突破和转变？打造翻转课堂，成为翻转培训师，将是数字时代新型培训师的"翻身之路"。

在接下来的小节中，我们将一起进入"翻转之旅"，学习什么是翻转课堂、什么是翻转培训师、翻转培训师与传统培训的不同，以及如何成为翻转培训师。

在正式开始之前，你可以想想心目中理想的培训要达到的效果，请在下面的选项中打钩，带着这样的憧憬和画面继续阅读本书。

☐ 我不用为准备大量的课程内容而感到烦恼，不用再逐字背稿。

☐ 我的学员在课堂上非常自由好学，我只要带领他们共同完成一项任务即可。

☐ 我的课堂不仅受到学员的喜爱，而且课程的产出和学员受到的启发都非常多。

☐ 学员不仅自己可以探索知识，还能在培训结束后将知识运用于实践。

☐ 我能为企业设计提升绩效的项目，并且因此取得个人成功。

☐ 我成为培训界炙手可热的培训师，学员喜欢我，甲方信赖我，一年排期满满当当。

总 结

在这一小节中，你了解到了哪些信息？有什么感受？有什么启发？有哪些方法可以应用到实际工作中？

√ 信息：_____

_____

√ 感受：_____

_____

√ 启发：_____

_____

√ 行动：_____

_____

第二节 翻转课堂，培训师的"翻身之路"

本节将介绍"翻转课堂"的发展历史和它所引发的争议。

2000年，莫琳·J. 拉赫（Maureen J. Lage）、格伦·J. 普拉特（Glenn J. Platt）和迈克尔·特雷利亚（Michael Treglia）在论文"Inverting the Classroom: A Gateway to Create an Inclusive Learning Environment"（《颠倒课堂：创造包容性学习环境的途径》）中介绍了他们在美国迈阿密大学教授

经济学入门课程时，采用的"翻转教学"模式和取得的成绩，但他们并没有提出"翻转课堂式"或"翻转教学"的概念。

2000年，J. 韦斯利·贝克（J. Wesley Baker）在第11届大学教学国际会议上发表了论文"The Classroom Flip: Using Web Course Management Tools To Become the Guide by the Side"（《课堂翻转：使用网络课程管理工具成为学生的指导者》），首次提出了"翻转课堂"的教育理念。

2007年，美国科罗拉多州林地公园高中（Woodland Park High School）的化学老师乔纳森·伯格曼（Jonathan Bergmann）和亚伦·萨姆斯（Aaron Sams）开始使用视频软件录制PPT并附上讲解声音。他们将录制的视频上传到网络，以此为缺席的学生补课。不久后，他们进行了更具开创性的尝试——逐渐以学生在家看视频、听讲解为基础，在课堂上，老师主要进行辅导，带领学生集中讨论、答疑、合作解决问题，或者对做实验过程中有困难的学生提供帮助。他们推动这个模式在美国中小学教育中的使用。随着互联网的发展和普及，翻转课堂的方法逐渐在美国流行起来。

让翻转课堂真正风靡全球的是可汗学院。可汗学院是2006年创立的一家教育性非营利组织，其创办背后还有个戏剧性的故事。创始人萨尔曼·可汗在婚礼上，遇到了表妹纳迪娅，当时表妹正为数学犯愁，成绩很糟糕。可汗为了帮助表妹提高数学成绩，采用远程辅导的方式，经过不断地摸索和调整方式，表妹的数学成绩飞速提升，从学渣变成了学霸。其他亲戚听闻此事，也纷纷把孩子送来学习。最终，可汗辞掉工作，全身心地投入这个行业。最初可汗仅用一台电脑、一块手写平板录制课程视频，然后上传到YouTube网站，产生的效果惊人，并在之后引发了教育领域的革命——翻转课堂。如今，可汗学院每个月向600多万名学生提供教育，有3500多门视频课程，在教育界影响深远。

2012年，翻转课堂"飘洋过海"来到中国并进入了教育界，但出现了"水土不服"的现象，大家对翻转课堂的应用也褒贬不一。有很多学校的老师认为每个学生的自控力不一样，让他们在家里自学视频，效果无法保证；也有老师认为制作教学视频要花费大量的时间和精力，对他们来说是一种挑战；更有老师担心翻转课堂降低了老师的作用和价值。此外，老师们对翻转课堂的技术运用不熟练、形式单一、课堂缺乏互动，使得翻转课堂经常出现"转不动"的情况。教育界的翻转课堂，教学由"教—学"模式变成了"学—教"模式，这对中国式课堂来说，可谓"本末倒置"，不仅家长表示担忧，一些一线的教师也提出疑问。这些担忧和质疑不无道理，所以翻转课堂在国内学校教育中的发展一直阻碍重重。

虽然在学校里，翻转课堂出现"水土不服"，但在另一个领域——企业培训/成人培训，翻转课堂大放异彩。职场人士的思维模式早已脱离"校园"，变得更加自主、目标感强、有见地且个性化。这样的思维方式是翻转课堂顺利推进的根基，也是翻转课堂能够适应企业培训/成人培训的因素之一。同时，大量的尝试与实践证明，翻转课堂所具有效率高、参与度高、知识转化率高等特点，非常适合现代企业的培训需求。

我们在前面已经介绍过"知识的搬运工"已经不能满足现代企业的培训需求，而"翻转课堂"能受到企业的青睐主要有以下几个原因。

一、企业注重效率

我通过多年的企业培训合作发现，不同企业在培训中有不同的特点，但有一个特点是相同的，那就是注重效率。互联网行业节奏快，给员工进行培训也是"短频快"（短——培训时长2~3小时；频——频率较高，至少每月一次；快——快速转化和运用）。传统的人口密集型企业，想要让员工脱产培训已经是一件非常奢侈的事情，每家企业都在追求人效、精简人员，就更没有人力可以补充脱产培训所造成的岗位空缺了。

翻转课堂可以将部分"硬知识"，例如，规则制度、基本操作流程、技术背景等制作成线上课程，员工可以花碎片时间学习，大大提高了学习效率，这也被大部分员工所接受。

另外，企业在传统的培训模式下需要较多的内训师，内训师的培养和管理一直是困扰各大企业的一大难题。但有了翻转课堂之后，部分"硬知识"可以搬到线上学习，而线下教学以体验、运用、实操为主，这样可以更好地发挥培训师的价值和作用。

二、企业培训注重实践与场景还原

传统培训已经很难做好知识的吸收和转化，因而一直被企业质疑培训效果，而翻转课堂恰恰能改变学员对知识的吸收和转化难的问题。

翻转课堂中有两个翻转至关重要，一个是角色翻转，另一个是技术翻转。在线下培训中，翻转培训师要与学员互换角色，学员将成为课堂的主角，更多地去说、做和体验。同时，翻转技术也能很好地支持现场实践与场景还原。

培训界一直有"721法则"的说法，70%的能力习得是通过实践，20%的能力习得是通过向优秀的人学习，10%的能力习得是通过知识学习。翻转课堂将更多的时间用于实践、体验、场景还原，提升学员的知识吸收和转化能力，而学员行为与习惯的改变程度则会影响其在岗位工作中的绩效表现。

三、成人学员更能接受和完成视频学习

想想我们每天下班回家做得最多的一件事情是什么？估计是用手机看短视频。短视频可以让我们较轻松地获取知识与信息，是一种高效的信息传播方式。

翻转课堂中的教学视频也是一种高效的信息传播媒介，它不仅短小精悍，还有趣凝练，可以让学员学起来不累，还能抓住重点。只要花一点碎片

时间就能完成原本冗长的课堂学习。

成人学员对学习的自控力会比学生时代更强，无论是被动学习还是主动学习，都能较好地完成线上学习内容。同时，随着技术发展，对学员线上学习的追踪和考核方式也越来越多，学员的线上学习效果已经不是需要过多担忧的问题。

四、成人学员对现场培训要求更高

成人学员对现场培训的要求越来越高，枯燥的现场教学已经无法满足现在年轻群体的需求。他们富有个性、追求平等、喜欢分享，恰恰翻转课堂的诸多翻转技术能很好地满足他们的需求。如果你也喜欢被激发创意的感觉，想在课堂上体验心流，那么翻转课堂中的翻转技术一定不会让你失望，你想要实现的课堂效果也一定会全部实现。

总 结

在这一小节中，你了解到了哪些信息？有什么感受？有什么启发？有哪些方法可以应用到实际工作中？

√ 信息：_____

_____

√ 感受：_____

_____

√ 启发：_____

_____

√ 行动：_____

_____

第三节　如何实现颠覆传统的"四大翻转"

在培训界，仍然有许多人对翻转课堂存在狭隘甚至错误的理解：

- ☐ 翻转课堂就是在线视频的代名词，人们一说起翻转课堂，第一个念头就是视频课程。
- ☐ 翻转课堂就是教学模式的翻转，把"培训师讲课—学员听课"变成"学员线上听课—培训师课堂组织研讨和分析"。
- ☐ 翻转课堂就是用视频教学代替课堂教学，开发的重点在于线上课程的制作，视频课程、动画课程等越丰富越好。

……

锵锵书院重新定义了"翻转课堂"：翻转课堂（Flipped Classroom）是一种颠覆传统的新型学习模式，它通过线上轻松学知识，线下体验促行动，让学习变得有趣、有料、更有效。

翻转课堂与传统培训课堂有什么不同，我们来对比一下，如表2-2所示。

表 2-2　翻转课堂与传统培训课堂的不同

	翻转课堂	传统培训课堂
主导者	翻转培训师： 学习体验的引导师 + 知识的转化师	传统培训师： 知识/技能的传授者
学员	主动体验/参与者	被动接受者
课堂形式	知识结构化 + 模拟体验 + 场景化连接 + 创设行动	以知识讲授为主
讲课与互动占比	讲授40%，体验和研讨60%	讲授70%，互动30%

一、传统培训课堂的特点

在传统培训课堂中培训师是知识、技能的传授者，学员是知识、技能的被动接受者，课堂形式往往以知识讲授为主，培训师讲授的时间占比达70%左右，而互动的比例则占30%左右。

二、翻转课堂的特点

在翻转课堂上,翻转培训师是学习体验的引导师和知识转化师,学员变成了主动体验者,课堂形式则变成了以知识结构化、模拟体验、场景化连接、创设行动为主线的活动形式,翻转培训师讲授的时间占比为40%左右,而体验和研讨可以占60%左右。

要颠覆传统培训课堂,真正的翻转课堂需要实现"四个翻转"。为了让大家更好地理解,下文匹配了对应的图片。

三、翻转课堂的四个翻转

一)理念翻转

要成为翻转培训师,实现翻转课堂,必须先认同一个理念——将学习的主动权从培训师转移给学员。有句话很有意思:"都是鸡蛋,从外打破是食物,从内打破是生命。"(见图2-1)同样的道理,都是学习,从外打破是压力,从内打破是成长。采用外部填鸭式、强灌式的教学只会引发学员的抵触和反感,只有从内激发学员的内驱力和学习主动性,才能真正产生学习效果。成人学员喜欢有一定的自主权,喜欢积极主动参与学习活动并为之努力,而且他们在学习的过程中自主程度越高,学到的东西就越多,对学习内容的重视和运用程度就越高。

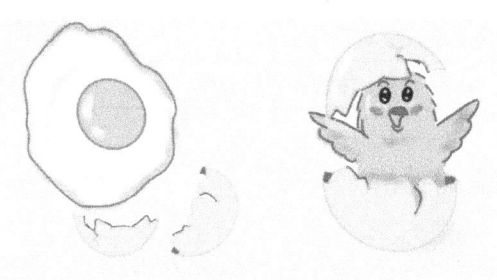

图2-1 理念翻转

将学习的主动权从培训师转移给学员，就意味着培训师得少讲多引导，激发学员的参与和投入。对于很多传统讲授型的培训师来说，控制自己的"表达欲"非常难，尤其是授课经验丰富的培训师，他们在讲台上享受过无数次高光时刻，并且觉得这才是做培训师的价值和意义。

接下来，我们看看学员心中最不喜欢和最喜欢的课堂描述，就能明白学员更愿意在学习上获得主动权，如表2-3所示。

表 2-3　最不喜欢的课堂和最喜欢的课堂

最不喜欢的课堂	最喜欢的课堂
内容枯燥乏味，提不起兴趣	培训师的讲授清晰、简练、易懂
只是单向的知识灌输	活动设计很有意思，参与性很强
听不懂培训师在说什么	我的表现得到了肯定和尊重
课堂中讨论的主题很无聊	我知道自己在做什么、有什么价值
根本没有练习的机会	贴合我的工作场景
知识和信息量太多	培训师用"我的语言"讲课
离我的工作十万八千里	学习材料清晰、实用
没有互动，没有交流	教学方法很丰富，不断吸引我
我很没有存在感，没有肯定和反馈	充分交流，我从其他同学那里得到了启发
……	……

二）内容翻转

翻转课堂有一个很大的特点就是，课前可以通过线上学习的方式预习部分内容，而线下，也就是课堂上，会对核心内容进行重复，侧重于加入更多的互动、研讨及体验，这就是内容翻转。图2-2给我们一个启示——站在岸上永远学不会游泳！如果学员想真正学会一门知识、技能，并且做到学以致用，仅靠知识的传递和讲解是无法实现的，培训师不是知识的搬运工，互联网才是。培训师应该在课堂上激发和引导学员体验、研讨，甚至相互教授，这样才能推动学员理解知识、增强记忆，掌握知识的应用场景。

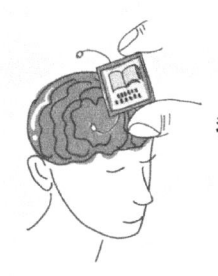

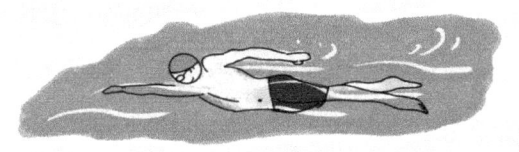

图2-2　内容翻转

"学习金字塔"（见图2-3）是美国缅因州的国家训练实验室研究成果，它用数字形式形象显示了采用不同的学习方式，学员在两周以后还能记住内容（学习内容平均留存率）的多少。它是一种现代学习方式的理论，最早由美国学者、学习专家爱德加·戴尔（Edgar Dale）在1946年首先发现并提出。

学习内容平均留存率

学习方式	留存率
听讲（Lecture）	5%
阅读（Reading）	10%
视听（Audiovisual）	20%
演示（Demonstration）	30%
讨论（Discussion）	50%
实践（Practice Doing）	75%
教授给他人（Teach Others）	90%

被动学习：听讲、阅读、视听、演示
主动学习：讨论、实践、教授给他人

资料来源：美国缅因州国家训练实验室

图2-3　学习金字塔

在塔尖，第一种学习方式——"听讲"，也就是培训师在台上讲，学员在台下听，这是课堂上最常用的教学方式，学习效果却是最低的。两周以后，学员记住的内容只剩下5%。

第二种，通过"阅读"方式学到的内容，可以保留10%。

第三种，通过"视听"方式，可以留存20%。

第四种，通过"演示"方式，可以记住30%。

第五种，通过"研讨"方式，可以记住50%。

第六种，通过"实践"方式，可以达到75%。

最后一种是"教授给他人"，可以记住90%的学习内容。

爱德加·戴尔还提出，学习内容平均留存率在30%以下的几种传统方式，都是个人学习或被动学习；而留存率在50%以上的，都是团队学习、主动学习和参与式学习。

由此可见，内容翻转是实现学以致用的重要一环。

三）角色翻转

教就是最好的学，角色翻转要做到学员经常在台上，培训师常常在台边。就像图2-4一样，台上的学员侃侃而谈，自我价值感和存在感得到极大的满足，而台边的培训师在悠然自得地"吃瓜"，但这种"吃瓜"不是表面看上去这样轻松自在。角色翻转对于很多培训师来说是一种挑战，因为培训师在台边并不是默不作声、高枕无忧，而是要时刻关注学员的状态，成为学员的学习助手，帮助学员解决学习难点和疑问，以达到更好的学习效果。

图2-4 角色翻转

此外，可能很多培训师理解角色翻转就是设计一些互动环节，让学员讨论完后派个代表上台做个简单发言，这样的理解有些片面了。"台上"不仅指讲台上，还指的是学员能够在课堂上的任何一个环节、任意一个场景下发表自己的言论和意见，并且被重视、被肯定。回想传统培训课堂上，要么培训师从头说到尾，学员几乎没有说话的机会，更别说发表言论了；要么整堂课就来一次小组讨论，结果组里还有资深专家或权威领导，轮不到其他学员说话，一堂课下来，许多学员感觉就像"透明人"。

也有培训师提出了疑问："我想请学员发言，说出自己的想法，可他们不愿意，推三阻四，结果还是我自己来说。"究其原因，是方法不对，技术不够。如何提高技术，做好角色翻转，先学好技术翻转。

四）技术翻转

很多培训师对理念翻转、内容翻转、角色翻转的理念很认同，却很难在课堂上实现。勇敢迈出第一步却现场"翻车"的也大有人在。我曾经遇到过这样一位培训师，他在没有系统学习翻转培训师课程的情况下，无意间发现了我们课堂上的一个游戏——"解手链"。后来，这位培训师依葫芦画瓢也在自己的课堂上玩了这个游戏，结果却"翻车"了。据他描述，现场学员的体验非常糟糕，台上只有几人在玩，折腾了十几分钟依然没有把手链解开，大家都急得抓耳挠腮。台下的学员像在"看戏"，不明所以的脸上写着"好无聊"三个字。游戏结束后，学员没弄明白为什么要玩这个游戏。这位培训师实践后才发现，从知道到做到，中间还差一个"学到"。事后，这位培训师找到我寻求答案，经过我的解释，他才恍然大悟，翻转课堂需要真正的技术指导，不知道背后的原理就依葫芦画瓢是很容易翻车的。就拿这位培训师实践的"解手链"游戏来说，如果要确保游戏的效果，是需要翻转技术之一——"GRIP游戏化体验"的指导的。要实现这项技术，需要满足几个关键点：

- 游戏与课程中哪个知识点相结合？

- Goal（目标）：游戏是否目标明确，学员对这个目标是否有共识？
- Rules（规则）：规则是否清晰易懂，便于操作？
- Immediate Feedback（即时反馈）：游戏过程中，培训师是否做到了即时反馈，给参与者继续玩下去的动力？
- Participation（参与）：如何让所有人都自愿参与？如何让学员知道游戏是安全且愉快的？

关于这项翻转技术的细节将在后面的章节中详细介绍。

当然，课程整体目标的实现不是依靠某项独立的翻转技术，而是需要一套系统、科学的技术体系。为此，锵锵书院经过大量研发、实践，独创了翻转课堂设计、实施的系统模型——翻转课堂PECA（皮卡）设计模型，并且将20项翻转技术融入其中。图2-5中的"皮卡车"曾是美国现代牛仔文化的象征，也是许多年轻人喜欢的车型，我们将一整套翻转技术模型命名为"翻转课堂PECA（皮卡）设计模型"，也希望这套模型像皮卡车一样让翻转课堂深受学员喜爱。

图2-5 技术翻转

总结

在这一小节中，你了解到了哪些信息？有什么感受？有什么启发？有哪些方法可以应用到实际工作中？

√ 信息：_____

_____

√ 感受：_____

√ 启发：_____

_____

√ 行动：_____

_____

第四节 翻转培训师与传统培训师有何不同

你是否还能想起当初想成为一名培训师的初衷到底是什么？而现在想要成为一名翻转培训师的目的又是什么？如果你想要改变自己的课堂教学方式，让知识以学员喜闻乐见的形式转化，那么你先要让自己成为一名翻转培训师。翻转培训师（Flipped Classroom Trainer，FCT）是数字时代的新型培训师，他像课堂中学员的教练，通过有效运用翻转技术激发学员的学习兴趣、释放学习潜能，最终帮助学员做到学以致用，将知识转化为行动。为了让你更好地认识翻转培训师，我们先来与传统培训师做个对比。

一部好的电影、电视剧靠口碑，靠编剧、导演、演员的实力和影响力。

第二章 引入理念：翻转培训师的角色和定位

一名成功的培训师在自己擅长的领域也有口碑、影响力、号召力。一部影视作品若非"编导演"俱佳，就很难达到高票房、高收视率。一名培训师若非"编导演"全能，也很难收获学员的喜爱，达到理想的培训效果。因此，无论是传统培训师还是翻转培训师，都必须提升"编导演"的能力。接下来，我们会从"编导演"这三个维度分析翻转培训师和传统培训师的不同之处（见表2-4）。

表2-4 翻转培训师和传统培训师在"编导演"上的不同之处

	编	导	演
传统培训师（站在培训师视角）	按照"五线谱"（时间线/内容线/目标线/方法线/辅助线），从N条线进行课程设计与开发	侧重时间和流程的把控，多采用提问、小组讨论等互动形式	苦练演讲与表达技巧：站位、表情、手势、语音、语调等（不会讲段子的培训师就不是好培训师）
翻转培训师（站在学员视角）	最好的编是最简单的结构（从复杂的网状结构到简单的层级结构）	最好的导就是自然流动，按照PECA就是自然流动	最好的演就是不演，演的主角发生改变，从培训师演变成学员演

一、"编"的不同

"编"就是设计与开发培训课程，传统培训师开发课程时，一般按照"五线谱"进行编排，分时间线、内容线、目标线、方法线、辅助线，结合多条线进行，如此一来，课程开发涉及的点和面就会比较复杂，课程的主线结构也不够突出、清晰。

翻转培训师更注重知识输出的有效性，去掉不必要的"旁枝末节"，突出课程主线，以实操性、应用性的知识为主，从复杂的网状结构到简单的层级结构。如此一来，在课堂上，翻转培训师心中有简洁清晰的主线，讲授、引导、调动就会自然、轻松。

如果用设计结构的两种图形来对比，传统培训师和翻转培训师在"编"的层面的区别一目了然（见图2-6）。

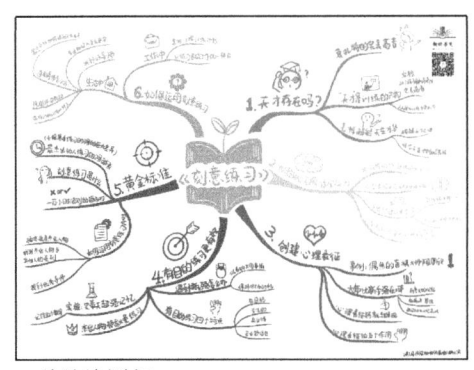

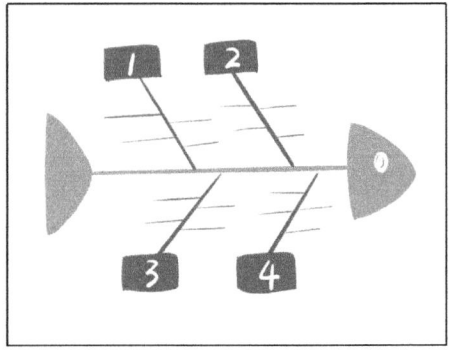

传统培训师：
设计课程结构时喜欢用思维导图
发散点多，链接点多
产生的相关联系内容就多

翻转培训师：
设计课程结构时更侧重用鱼骨图或金字塔结构图
最简化，层级最简单

图2-6　传统培训师与翻转培训师"编"的不同

二、"导"的不同

"导"指的是培训师在培训现场的把控和引导，包括有效运用教学资源和教学方法等。传统培训师在"导"的部分侧重时间和流程的把控，多采用提问、小组讨论等互动形式。这些互动形式没有特殊的关联，往往是培训师想到什么互动就用什么互动，关联性不强。

翻转培训师在"导"的部分是需要按照PECA的流程自然流动的，它会有一定的结构和逻辑帮助翻转培训师有效地组织课堂活动，并且每部分内容都有科学合理的意义和关联。PECA指的是前面所提的翻转课堂PECA（皮卡）设计模型，包含四个模块、20项翻转技术，我们将从第四章开始详细介绍翻转课堂PECA（皮卡）设计模型，这也是本书的重点所在。

三、"演"的不同

"演"就是表达和呈现的技巧。传统培训师在"演"的方面比较注重各种站位、手势、表情、语音、语调等的呈现，他们更希望通过生动而富有个性的"表演"来获得学员的青睐。随之而来的是培训师对个人风格的过度追求，对华而不实的段子的过分依赖。

翻转培训师在"演"的部分和传统培训师的区别在"导"的部分已经埋下了伏笔。翻转培训师在课堂演绎中会把更多的时间留给学员，让学员成为课堂的"主角"，拥有更多的学习主动权，自己则成了课堂上的"配角"。最好的演绎是翻转培训师什么都不演，让学员替自己演，双方的角色发生了180度的转变。这也是翻转技术能够成为时兴的培训技术，受到学员喜爱的原因。

传统培训师与翻转培训师在"编导演"上的差异源于视角的不同，传统培训师更倾向于站在培训师的视角开展培训工作，翻转培训师则是站在学员的视角开展培训工作。这两种视角的差别最终形成了两种截然不同的课堂演绎形式，也影响了学员对培训与知识的看法。

总 结

在这一小节中，你了解到了哪些信息？有什么感受？有什么启发？有哪些方法可以应用到实际工作中？

√ 信息：_____

_____

√ 感受：_____

_____

√ 启发：_____

_____

√ 行动：_____

_____

第五节 翻转培训师的角色定位和职业使命

通过对比传统培训师，我们对翻转培训师有了越来越清晰的认知。翻转培训师想在课堂上发挥自己的价值，在认知层面还需注意以下几点。

一、翻转培训师的角色定位

翻转培训师的角色定位是学习体验的引导师和知识的转化师。这也颠覆了对传统培训师的定位，在不久的将来，学术派的培训师只会存在于专业研究的课堂，而大部分的培训师都将转变为学习体验的引导师和知识的转化师，这并不是对培训师价值感的削弱，而是提出了更高的要求。

培训师从学术派转变为翻转培训师，其实与领导者从集权型转变为魅力型是类似的。学术派的培训师过分痴迷专业，完全关注自身与专业就容易忽略学员的需求与感受，而较高的自尊心也很难接受学员的挑战和意见。翻转培训师把焦点转移到学员身上和知识转化结果上，作为一名引导师和转化师将更关注学员对知识的输入与输出，一方面需要通过有效的课堂体验来帮助学员吸收更多的知识，另一方面需要通过创造行动条件来帮助学员转化更多的知识，让知识成为记忆，变成行为，形成习惯。

二、翻转培训师的职业使命

使命意味着一种责任和担当，也是实现价值的一种体现。翻转培训师的职业使命是打造有趣、有料又有效的翻转课堂，这样的培训课堂是学员喜欢的，是企业需要的，也是对传统培训师的巨大挑战。传统培训中往往"鱼和熊掌不可兼得"，培训师侃侃而谈就没办法实现有趣，实现了有趣又缺乏有效。有趣、有料又有效的课堂少之又少，它不仅考验培训师的前台演绎能力，还考验后台对课程的设计能力。翻转培训师就是这样一种特殊的存在，打破传统培训的桎梏，让有趣、有料又有效的翻转课堂成为一种学习常态。

三、翻转培训师的核心信念

翻转培训师心中必须时刻记住核心信念，它们是底层的精神力量，是行为的内在法则。这些信念也许会对你已有的认知造成冲击，但它们可以在你心中埋下翻转培训师的种子，在往后的学习和实战中为你赢得更长远的胜利。作为翻转培训师，你需要有以下信念作为支撑：

- 每个人都是学习的主人，都会对自己的学习负责。
- 人人都有知觉学习的能力，通过多次重复的感官体验就能形成对事物规律的认知。
- 高感性的体验能促进人们对知识的理解和转化。
- 人们以自己的方式和速度学习，而这对他们来说是最好的方式。

总 结

在这一小节中，你了解到了哪些信息？有什么感受？有什么启发？有哪些方法可以应用到实际工作中？

√ 信息：_____

_____

√ 感受：_____

_____

√ 启发：_____

_____

√ 行动：_____

_____

第三章

必备能力：
翻转培训师必备的四种能力

第三章 必备能力：翻转培训师必备的四种能力

相信你已经在第二章对翻转课堂和翻转培训师的价值有了清晰的认知，想打造有趣、有料又有效的翻转课堂吗？此时的你是不是迫不及待地想学习翻转课堂PECA（皮卡）设计模型和翻转技术？别着急，欲速则不达，如果没把翻转培训师应具备的能力搞清楚，很多翻转技术在运用时将达不到最佳效果。接下来，本章会介绍翻转培训师需要具备的四种能力。

在此之前，我们先来拜读一篇来自众行集团董事长、AACTP认证导师刘永中老师发表于2011年的一篇文章。文章介绍了培训师的4力模型，它对培训师的培养具有重要的推动作用，也与翻转培训师的四种能力非常相似。我们先拜读前辈的真知灼见，对理解翻转培训师的四种能力将大有裨益。

商院关注：浅析AACTP培训师4力模型

众行集团自2004年开始引入AACTP的国际认证培训师项目后，见证了中国企业培训师这个职业从无到有的发展过程，在众行集团的这个平台上也培训了2000多名讲师[1]，有的在企业中担任专职讲师，有的则成了职业经理人，大部分还继续担任企业内部兼职讲师，还有部分人则成长为行业著名的职业讲师。例如，曾是电视台主持人的崔冰老师，现在是服务领域的顶尖讲师，还出版了国内第一套服务培训音像制品，并被中央电视台邀请主讲职业生涯规划；杜继南老师，原是500强企业的销售冠军，现在是思维领域数一数二的优秀讲师；谢伟山老师，在参加AACTP培训师认证之前只讲过很少几次半天的小型讲座，通过AACTP系统训练后迅速掌握了培训的规律，现在无疑是战略定位领域最优秀的讲师，学生几乎都是大企业的总经理或董事长。

于是，很多有培训师梦的人会问我：什么样的人能成为优秀的培训师？这句话翻译成科学一点的术语就是"培训师的基因是什么？"，再进一步翻译成人力资源专业术语就成了"培训师的能力素质模型是什么？"。

---

[1] 截至2019年，已有近3万名培训师。——作者注

研究过很多机构关于培训师的能力素质模型，总觉得太复杂，后来见到了AACTP的培训师能力素质模型，觉得很简单实用，抓住了这件事的本质，特在此跟大家分享探讨。

AACTP的培训师能力素质模型根据从感性到理性以及从后台到前台两个维度将能力分成了四个象限：内驱力、逻辑力、洞察力和亲和力，如图3-1所示。

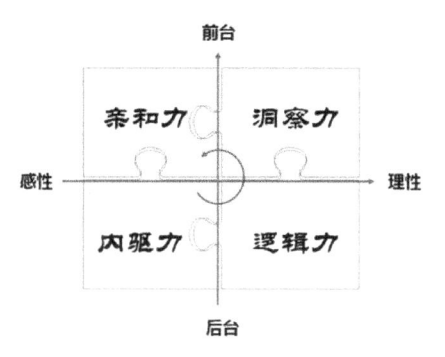

图3-1 培训师4力模型

先讲两个维度，讲过课的人都知道，所有好的课程都是感性跟理性的结合，这是一个课程最基本的要素。而"台上一分钟，台下十年功"的俗语也毫不含糊地表明了前台和后台之间的紧密关系以及这两个要素对于上台这类工作的重要性。所以，我认为选这两个维度作为能力素质模型的坐标系抓住了事物的本质。

再讲四个象限，第一个力，内驱力。很多企业家都讲过自己的创业动机，四个字可以概括——无知无畏，其实就是接受内心的驱使（Follow the heart），创业是一个风险极大的事情，想清楚了就不敢做了，唯有无知无畏来自内心的强大原始动力才能支持创业者坚持走下去。而成为培训师虽没有创业风险这么大，却也是挑战很大的一件事情。美国人曾经做过一个调查，上台演讲在最难的事情中名列第一。而且跟创业中途很难放弃不一样，大部分想成为培训师的人一开始都是把讲课作为兼职来做，碰到困难很容易就会放弃了。所以，内驱力在成为培训师的道路上是最重要的力量。

AACTP进入中国7年，我们培训了2000多名学员，发现了一个奇怪的现象，就是一个班上最后成为专职讲师或企业内部讲师的往往是两类人，一类是当时班上表现最好的几位，另一类却是当时表现比较差的几位，中间的人数最多，但成才比例却很低。为什么呢？跟内驱力有关，基础好的能马上感受到授课的乐趣，有内驱力；基础差的能感受到挑战，同时也能感受到专业训练后提高的喜悦，也有内驱力；往往中间水平的学员内驱力差一点。而且我们也见到了很多当时觉得完全不具备讲师条件的人因为有一股韧劲最后成了挺不错的讲师。

在给一些集团企业成批培养和认证培训师时，第一期招募候选内训师时往往报名的不多，但当我们决心宁缺毋滥，在培养过程中坚持淘汰机制时，会发现成才的比例比无淘汰机制时高很多，第二期报名的人一下子多了很多。人在压力下会激发出更强的内驱力。

从经验数据来看，我们认为内驱力的权重为50%，选择培训师时请高度关注这一点。

第二个力，逻辑力。中国有句俗话叫"茶壶里煮饺子——有货倒不出"，很多的专家、高管，甚至口才很好的销售冠军刚上台时就是这种状态，你能感觉到台上的这个人很有料，但越听越糊涂，原因就是逻辑力出了问题。哈佛大学教授米勒在1956年发表的一篇论文《神奇的数字7±2——我们信息加工能力的极限》，是心理学的一篇巨作，对很多领域都有巨大的影响，在市场营销和战略领域，催生了特劳特的定位理论，在咨询和培训领域，催生了麦肯锡公司明托顾问的《金字塔原理》。这个理论的原理很简单：7±2是人短时记忆的极限，就是说我们在接触到一个新信息时，通常只能记住7个知识点，加减2是表示人与人有差异，记忆力差的人可能只记住5个，记忆力强的人也许能记住9个，这是一个权威统计数据。

越有料的人脑袋里面的知识越多，一上台就想把所有的知识点倒给大家，而听课是一个典型的短时记忆行为，超过7个知识点就把很多人搞晕了，而且这些知识点之间逻辑关系和层次关系又不清晰，听课的人只有打瞌睡了。

逻辑力的提升关键在于课程的研发，唯一的标准就是你的课程是否符合金字塔原理。大部分人需要专业的训练才能快速提升这方面的能力，而这个能力的提升对于学员未来演讲、撰写文字报告都有极大的帮助，可以说是一生的投资，愿意自学的人建议去看《金字塔原理》。

逻辑力在选拔讲师时的权重一般为20%。如果课程需培训师自己开发则权重会高一点，选用版权课程权重会低一点。

第三个力，洞察力。逻辑力可以说是后台的功夫，而洞察力则完全是前台的功夫，在培训师的成长过程中，洞察力的挑战表现最为明显。很多培训师讲的是自己感兴趣的知识点，而完全不知道学员的兴奋点在哪里，甚至越是资深的培训师和专家越容易犯这个毛病，因为培训师重复地讲一些内容，自己也烦，总想讲一些新东西。

我们认为，培训师不断更新知识当然很重要，但关键是更新的标准是什么。以学员是否最需要为标准，还是以自己是否讲烦了为标准？能时时刻刻牢牢地抓住学员的兴奋点，有这个意识，有这个能力，这就是洞察力！

洞察力的培养关键就一个字——WHY。AACTP认为每一张PPT都有WHY，每一个知识点都有WHY。AACTP在培养一些职业培训师时，最经典的做法就是导师跟受训培训师一张一张PPT地过，每一张PPT都问一个问题"为什么要有这张PPT，这张PPT跟我（学员）有什么关系"，要讲清楚才过。很多受训培训师都被问"疯"了，但只有这种训练才能培养培训师彻底的以学员为中心的意识和能力，这才是真正的洞察力。

洞察力在选拔讲师时的权重一般为20%。

第四个力，亲和力。亲和力是培训师最原始的武器，也是最高级的武器。我们见过很多培训师因为有亲切感、会讲笑话、会带动气氛等，迅速迈过了培训师成长的初级门槛；我们也见过一些培训师能在讲课前一天去书店买一本书看看，第二天就能轻松地讲一门新课，这些都是因为亲和力。

我们也听到有人说：培训师不应该叫老师，应该像工程师叫张工、李工一样，就叫张培、李培，因为为人师表是一件高尚的事情，而有些培训师就会讲讲笑话、搞搞游戏，混个满意度高，不配叫老师。

亲和力的权重一般为10%，我们认为它很重要，但最难把握。AACTP希望每一个培训师都有很好的亲和力，原始的亲和力当然很重要，但更希望培训师通过长期授课后能焕发出人格魅力，这是我们最期待的。

培训师的事业可以用一句话来形容：因成就他人而成就自己，这是AACTP培训师的口头禅，也希望能成为所有培训师的自我承诺。

资料来源：刘永中，《商院关注：浅析AACTP培训师4力模型》，新浪教育商学院，2011年11月02日。

虽然文章发表于2011年，但其中对4力模型的思考极大地促进了国内培训师的成长，可见AACTP作为国内培训行业的领头羊，一直专注于培训事业的发展。接下来我们将从翻转课堂的角度来谈谈翻转培训师需要具备的四种能力（见图3-2），看看与刘永中老师的4力模型有哪些相似与不同之处。

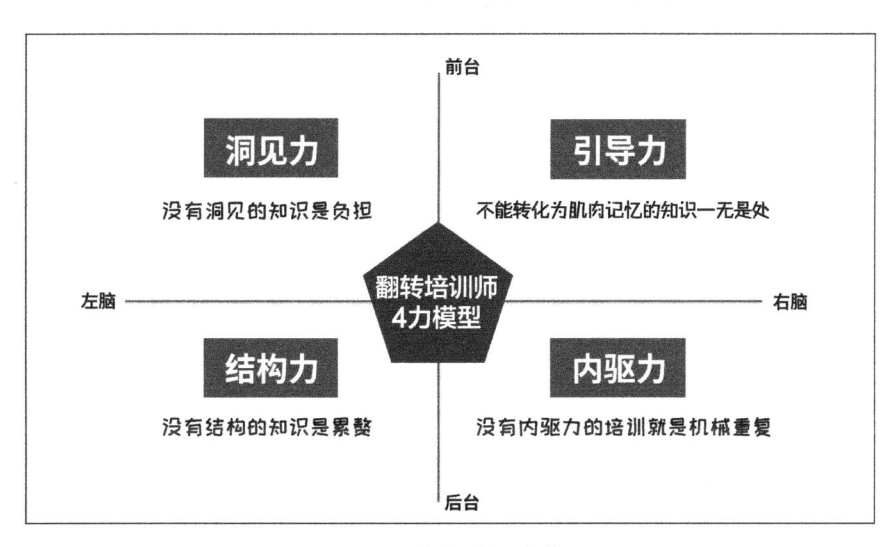

图3-2 翻转培训师4力模型

第一节 内驱力：没有内驱力的培训就是机械重复

"服从让我们撑过白天，而投入才能让我们撑过夜晚。"这是思想家丹尼尔·平克（Daniel Pink，被称为全球50位最有影响力的商业思想家之一）在他的《驱动力3.0》一书中提到的，而其中的"投入"就是内驱力，是人们产生一定行为的内部力量。这句话告诉我们一个简单的事实：外驱力让我们可以做好本职工作，而内驱力才能让我们成就卓越。驱动力可以分为三个层级，如图3-3所示。

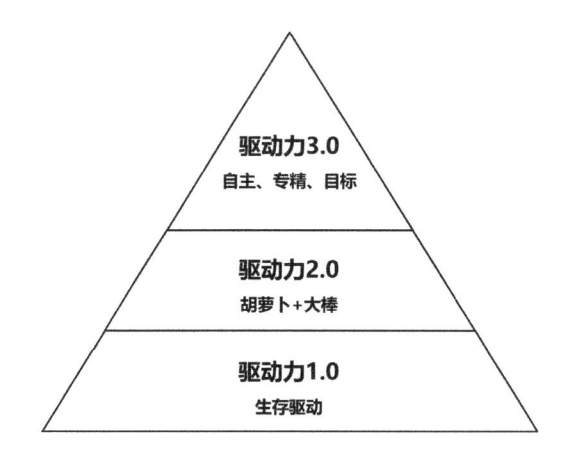

图3-3 丹尼尔·平克《驱动力3.0》中驱动力的三个层级

最低级的驱动力1.0，也称为生存驱动，满足人的基本生理需求，只为了生存；第二层级驱动力2.0，来自外在的驱动，如奖金、晋升、批评、罚款、KIP考核……形象的比喻就是胡萝卜+大棒；最高层级驱动力3.0，来自自身的内部驱动，包括自主、专精、目标和使命等。

无论是激励他人还是自我激励，《驱动力3.0》都给了我们重要的提示，要想成就事业、追求卓越，仅靠外部驱动是不够的，必须激发自己的内驱力。

在翻转课堂上，我曾做过一项测试，让现场学员给自己打分，从三个维度分析自己"到底有多想成为一名翻转培训师",从而判断自己的内驱力程度。这三个维度分别是饥渴感、危机感和使命感,分值为1~10分,分数越低说明程度越轻,如图3-4所示。

饥饿感	危机感	使命感
?	?	?
对金钱、升职、成功的渴望,对获得他人认可和尊重的渴望	认识到已经发生或预见将要发生的问题或困难,忧患意识	找到自己角色定位,并明确这个角色的价值和意义

图3-4 翻转培训师内驱力测量

在现场,每个人打分的结果都不一样,有高有低,但测试的结果很明显:三项分值偏低的人对于成为翻转培训师还只是一个模糊的概念,或许是看到周围的人在学翻转技术所以也想学;或许是体验过翻转课堂,觉得挺有意思,所以想来凑个热闹。这种程度的内驱力就算在课堂上学习了所有的翻转技术,下课后可能"挥挥手不带走一片云彩",维持原状。相反,分值越高的人内驱力越强,越有可能成为一名优秀的翻转培训师。在一次培训中,有一位40多岁的资深培训师让我印象深刻。他有十几年的授课经验,给自己三项打分都是10分。现场分享时他有些激动地说:"我对这个打分太有触动了,之前讲课还风生水起,请我讲课的企业还挺多,可这几年情况有些不妙,好像什么都在改变。企业对培训的要求、学员对教学的方式都在改变,自己原有的培训方式受到越来越多的挑战。学员直接投诉我的课程太无聊,方法太老套,提不起劲。所以课程量慢慢在减少,现在每个月最怕老婆问我要生活费。但我非常热爱培训师这个职业,我是个有使命感的人,想坚定地把这个职业进行到底,所以来学习翻转技术,希望改变自己。"这一席话让人感受到强大的内驱力,内驱力越强,行动力就越强。他在课堂上非常投入地学习翻转技术，课后也快速把所学技术运用到自己的培训课堂上，立刻产生效果，有了课程续单。第二次复训，他再次来到翻转培训师的课堂，现场兴奋地大呼："无翻转不培训！"

内驱力是培训师成功的原动力，能够激发培训师奋斗的欲望，提高危机意识，找到目标和使命感。

总 结

在这一小节中，你了解到了哪些信息？有什么感受？有什么启发？有哪些方法可以应用到实际工作中？

√ 信息：_____

_____

√ 感受：_____

_____

√ 启发：_____

_____

√ 行动：_____

_____

第二节　洞见力：没有洞见的知识是负担

一提到万有引力，许多人脑海中就会浮现一个画面，牛顿坐在苹果树下，突然一个苹果落下砸中他，结果引发他的思考，最后发现了万有引力。

试问，如果一个苹果砸在一个普通人头上，可能只会砸得人头疼，却不会让人发现万有引力，这是为何呢？因为普通人只看到了事物的表象，却没有洞悉事物的另一面或背后的本质。我们身边不乏有很多优秀的企业家，他们曾经也说过许多有洞见的金句：

- 人才是折腾出来的！
- 发射自己的光，但不要吹灭别人的灯。
- 天不怕，地不怕，就怕CFO当CEO。
- 与狼共舞，必须自己成为狼，而且变成"超级狼"。
- 一个人的智力有问题，是次品；一个人的灵魂有问题，就是危险品。
  经营人心就是经营事业。

这些企业家的金句就是洞见，洞见不一定是多么伟大的科学发现、真知灼见或惊为天人的理论，就是一句话的立论，有一定道理并能颠覆我们的传统认知，带来新的理念。作为翻转培训师，洞见力也是不可或缺的重要能力。

一、翻转培训师为什么要有洞见力

这是一个知识、信息爆炸的时代，我们被成千上万条信息包围，这些信息来自网络、书籍、路边广告、朋友聊天等渠道。信息蜂拥而至，但其实很多信息是无效的"垃圾"，这样的信息就是一种负担。翻转培训师要意识到，在课堂上讲授的知识需要"提炼和过滤"，避免过多、过杂，给学员造成负担。翻转培训师如何才能"提炼和过滤"知识？那就是要发现并传递有洞见的知识。知识有洞见才有价值，才具有传播性，才能带来新的理念和思路，让学员眼前一亮。

通过表3-1的对比，你可以更好地了解普通观点和有洞见的观点的区别。

表3-1 普通观点与有洞见的观点的区别

普通观点	有洞见的观点
学霸成功的背后是自律和勤奋	学霸的终极武器：不加思考的知觉学习和睡眠学习
我们应该做自己擅长的事	能力＝陷阱，你最擅长的事情限制了你的发展
养成习惯是一个长期过程	喊出来也能帮你养成习惯
学会技能，需要不断坚持和重复	要学会任何技能，不需要一万小时，只要二十小时就足够了

我们虽然能够理解左边普通观点的意思，但这样的观点似乎是"正确的废话"，学员对这样的观点没有触动，结果只能是左耳进右耳出。右边有洞见的观点虽然与传统认知格格不入，甚至有些背道而驰，但正是这种不一样的全新观点，才能引起学员的关注。学员的脑袋像被人拍了一下，有了不一样的顿悟和灵感。学员会想："这怎么与我之前知道的不一样，好像有些道理，我需要琢磨琢磨。"

因此，翻转培训师在设计课程内容时，需要问自己以下几个问题：

☐ 有什么是我知道但别人不知道的？
☐ 它能激发听众的兴趣吗？
☐ 对于听众，它是否有价值？
☐ 它能给听众带来新的理念和新的认知吗？
☐ 如何用一句简短的话来概括？

通过这几个问题，培训师可以审视自己传递的知识是不是"正确的废话"，是不是在"炒旧饭"。很多培训师会把从书上、网上、公司制度上看到的信息照搬过来，而没有做深度的打磨和挖掘，只是将这些观点和理念从一个角度讲述给学员，这种做法就是在传递"正确的废话"。

锵锵书院在开发版权课程"演讲的力量"时，就遇到过类似的问题。这门课程的目的是提高公众的演讲水平，包括提高工作汇报、产品宣传、企业培训等演讲水平。在大多数人的认知里，提高演讲水平的重点是提升自己"演"的能力，包括如何声情并茂，如何发挥肢体语言的最大魅力，如何用好声音等。我们的研发小组反复用上面几个问题问自己，最后得出的课程主线，就是演讲的五大关键技巧，如图3-5所示。这五种演讲技巧打破了学员的传统思维，将关注点从自己的"演"和"讲"转移到听众，站在听众的角度分享有价值的思想，而且要用独特的方式真诚地分享，而这种独特的方式就是五种技巧：建立联系、讲好故事、运用解释、引导说服和有效展示。

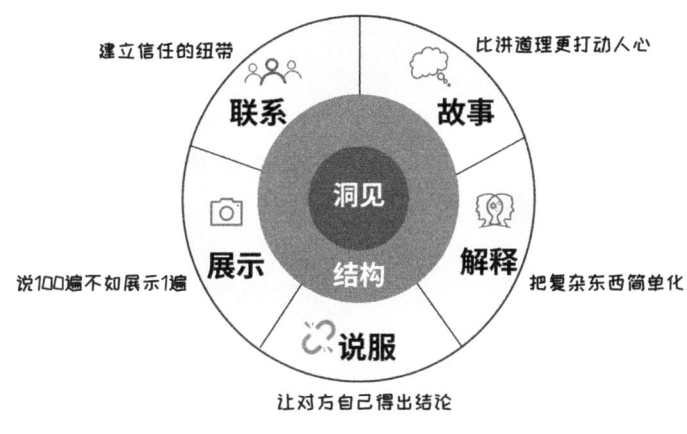

图3-5　演讲的五大关键技巧

二、翻转培训师如何提升洞见力

翻转培训师提升洞见力可以通过发现和借鉴他人的洞见，也可以不断打磨自己的洞见金句。

我们先来重温浮力定律的"意外发现"的故事。浮力定律的发现者是阿基米德，他是古希腊哲学家、数学家、物理学家……他说过非常经典的一句话："给我一个支点，我就能撬起整个地球。"相传国王让工匠做了一个纯金的王冠，但国王怀疑工匠"偷工减料"，想检验王冠是不是纯金的。这难倒了众臣，最后商议让阿基米德来搞定。阿基米德也很头疼，那时可没有现代的测量仪器，怎么检验呢？有一天，阿基米德在家洗澡，当他坐进澡盆时，看到水往外溢，突然想到可以用测量固体在水中排水量的办法，来确定王冠的体积。他兴奋地跳出澡盆，连衣服都顾不上穿就跑了出去，大声喊着"尤里卡！尤里卡！"（意思是"找到了"）。阿基米德进一步实验，最终证明王冠里掺进了其他金属。这次试验的意义远大于查出工匠欺骗国王，阿基米德从中发现了著名的浮力定律（阿基米德定律）。

故事讲完了，你有没有发现阿基米德发现浮力定律的过程，就是一个洞见产生的过程。而翻转培训师想提升自己的洞见力，在课堂上给予学员更多颠覆传统认知的理念，就可以借鉴阿基米德发现浮力定律这一洞见的过程，如图3-6所示。

图3-6 提升洞见的四个步骤

一）知识积累

阿基米德在力学、物理学、哲学等领域有专业的研究和丰富的知识积累，这是产生洞见至关重要的先决条件。翻转培训师也必须在自己的领域有一定深耕，深入学习、探索研究、广泛阅读、勤于思考……否则很难找到事物的规律，并且挖掘出背后的本质。

二）问题触发

阿基米德是为了解决国王交给他的难题，触发了对浮力的思考。翻转培训师在课程设计或授课过程中，也会面临一个个难题，培训师可以避开这些难题，也可以将它们作为洞见的"触发器"，驻足思考，就会有新的发现。

三）换个角度

跳出原有思维习惯的框架，从另外的角度去思考，你将得到不同的答案。事物的答案并不是非A即B，也有可能是C，或者是D。如何换个角度思考？你可以从表3-2中发现九种不同的思考角度。

表3-2 九种不同的思考角度

思考角度的变化	举例
从表象到本质	我们每天在科技公司上班，实际上解决的并不是科学问题，而是人的问题。——罗永浩
从局部到系统	你不去看世界，世界也懒得看你。——高德地图
从正面到反面	规模是一切问题的解药，也是一切问题的根源。——罗振宇
从过去到未来	幸福都是奋斗出来的。——习近平
从过去到当下	一万年太久，只争朝夕。——毛泽东
从短期到长远	今天很残酷，明天更残酷，后天很美好，但大部分人都死在了明天晚上。——马云
从多到少/化繁为简	自律给我自由。——"Keep" App
从外部归因到自我觉察	如果你想要获得你要的东西，那就让自己配得上它。——查理·芒格
从专家思维到用户思维	将责任与权力前移，让听得见炮声的人来呼唤炮火。——任正非

四）苦心推敲

阿基米德发现了"固体在水中排水量的区别"，反复实验、推敲、论证，最终才形成定律。所有的洞见并非绝对正确，但翻转培训师需要找到相关素材（如事实案例、真实数据等）进行论证，经不起推敲、站不住脚的知识会在课堂上引起很大的争议。

总 结

在这一小节中,你了解到了哪些信息?有什么感受?有什么启发?有哪些方法可以应用到实际工作中?

√ 信息:_____
_____

√ 感受:_____
_____

√ 启发:_____
_____

√ 行动:_____
_____

第三节 结构力:没有结构的知识是累赘

结构力就是结构化的思维能力,是我们在认识世界的过程中,从结构的角度出发,利用整体和部分的关系,有序地思考,从而更清晰地表达,更有效解决问题的思维方式。

假设你是一位企业内部培训师,接到一项任务,下个月为其他部门的同事培训财务的相关制度。那么,你将如何做准备呢?我们来对比两种不同的培训准备思路,如表3-3所示。

表 3-3　两种不同的培训准备思路

培训师 A	培训师 B
Why：这次培训的目的是什么 Who：学员对象是谁？他们遇到了什么问题 Where：在哪儿实施 What：有哪些资源可以利用 When：预计开发周期多久？如何安排时间 How：如何开发课程 ——明确课程目标 ——搭建逻辑框架 ——收集相关素材 ——组织内容开发 ——设计教学方法	构思课程大致内容 开始制作课件 PPT 寻找财务制度相关的资料 做了大部分课件后，先忙其他事，差不多开课了，再补充完整

对比两位培训师的准备思路，我们发现培训师A按照5W1H在做准备工作，更有序、更周全，这就是拥有较强结构力的表现。而培训师B似乎是"跟着感觉走"，想到哪儿做到哪儿，其结果我们都能猜到，这样的培训效果肯定不尽如人意，浪费彼此时间和公司资源。

结构力对于翻转培训师来说极为重要，它直接影响课程的效率和效果。缺乏结构力的翻转培训师，在课程开发阶段，常常"一锅乱炖"，拿到什么"食材"都往里放，看起来很丰富，结果却是没有逻辑和重点。缺乏结构力，现场引导也容易出现问题，要么是培训师带偏学员，要么是学员把培训师带偏。最糟糕的是课堂上的表达和呈现，培训师往往会出现什么都想讲，但什么都讲不清的情况。翻转培训师必须意识到同样的知识用不同的结构呈现，对学员的记忆黏性是不同的。学员也是通过结构来学习知识的，翻转培训师将知识有规律、有结构地呈现，才能让学员更容易吸收和转化知识。

提升结构力最简单有效的方法就是运用金字塔结构，它有着无与伦比的魅力。翻转培训师在运用金字塔结构时，要关注三个阶段的锻造。

一、知识的收集阶段

翻转培训师在设计课程和整理教学案例时,往往需要经过对信息和素材的千锤百炼,才能呈现丰富且准确的教学内容。

各种信息和素材往往需要经过收集、筛选、分类、提炼、总结才能得出有结构、有价值的内容。信息和素材没有好坏之分,好坏取决于我们对它的运用。运用得当,废物变资源;运用不当,资源成废物。例如,锵锵书院开发的版权课程"演讲的力量",一开始就抛出一个颠覆传统演讲的观点——演讲不是表演+讲解,而是分享有价值的思想,并且要用你独特的方式真诚地分享。如何让学员接受和理解这个观点?仅仅靠讲解是无法实现的,必须靠真实的事例素材。接下来就是寻找、收集这样的事例素材,最终我们确定了一段经典视频——全球顶尖的演讲平台TED掌门人克里斯·安德森(Chris Anderson)的一段演讲。在这段演讲中,演讲者不是站在台上侃侃而谈,而是处于一种非常紧张的状态,他甚至没有办法站着演讲,而是拉了一把椅子,坐下来之后才开始讲话。结果,安德森的真诚、有价值的独特思想打动了在座的每一位听众,最终他凭借这场演讲,拯救了TED这个演讲平台。安德森演讲的这段视频,从前期收集到围绕课程内容剪辑片段,再到最后提炼与知识点相关的总结,整个过程都要求翻转培训师有结构化的思维能力。

二、知识的呈现阶段

知识收集整理后,需要通过课件PPT、学员教材等形式结构化地呈现出来。在做知识呈现时,最常用的结构就是金字塔结构。采用金字塔结构需遵循四个原则,分别是结论先行、以上统下、归类分组和排序逻辑,在本书后面章节介绍翻转技术中的"金字塔结构法"时会有详细讲解。

此外,如何在课件PPT中清晰呈现课程的逻辑结构也是一个难题。不少培训师根本没有这个意识,制作PPT时,除了首页主题,其他都是内容。如此呈现让我想起许多年前的数学课。数学老师一边唾沫横飞地讲着解题思路，一边在黑板上奋笔疾书。我认真听着，突然笔掉了，我弯腰低头捡笔，一抬头，课讲完了。老师刚才讲哪儿了？密密麻麻的板书让我陷入"乱码"状态，任何"重启"都无济于事。回到我们的培训课堂中，如果培训师呈现的内容没有结构，学员和当年的我一样，一分神，就会跟不上节奏。在此，可以使用一个简单易行的好方法——用好导航页，如图3-7所示。

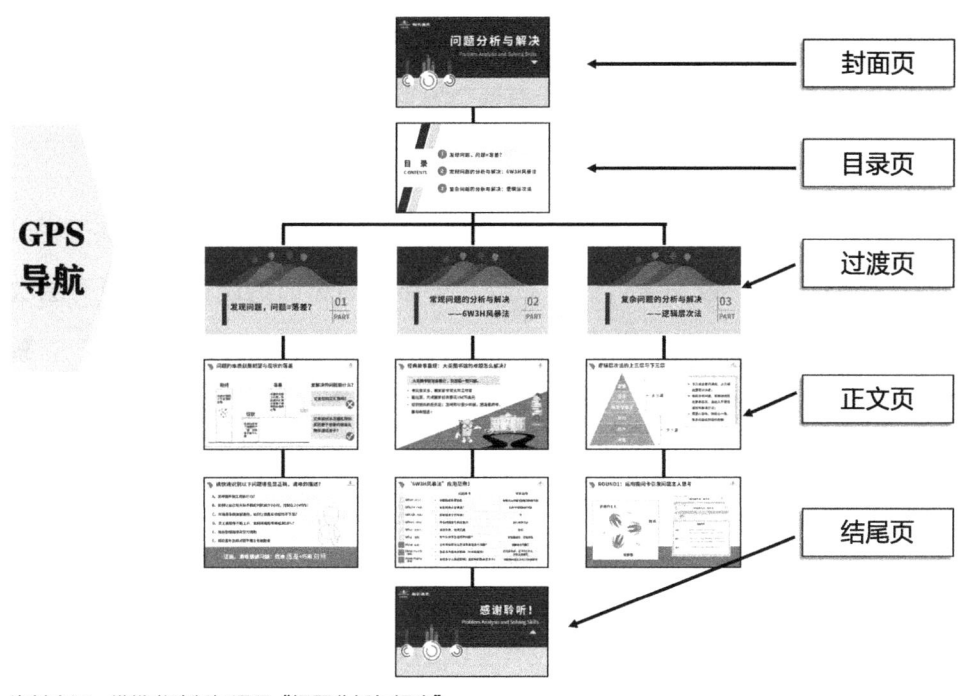

资料来源：锵锵书院版权课程"问题分析与解决"。

图3-7　课件PPT呈现时的导航页

课件PPT的导航页包括：

（1）封面页：呈现主题，够大够清晰，吸引目光且一目了然。

（2）目录页：各个章节的汇总，让学员明确逻辑框架，心中有底。

（3）过渡页：又称为转场页，是每个章节的独立页，起承上启下的作用。

（4）正文页：课程的信息内容，一页一个重点，保持知识传递的高度聚焦性。

（5）结尾页：总结课程或表示感谢。

看到此，你会不会发出一声感慨，"该好好学学PPT的设计了"。的确，对于翻转培训师来说，底层结构力传递的重要载体就是课程PPT，而另一个就是接下来要说的演绎呈现了。

三、知识的演绎阶段

其实只要在知识收集和呈现阶段将结构梳理清楚，那么翻转培训师在演绎阶段就会轻松很多。在演绎阶段有两个要点。

一）语言结构

语言是一门艺术。好的语言也具有层次感，这种层次感首先存在于说出的每段话里。在一段话里，先总后分、先结论后原因的说话方式更有层次感，学员也更能抓住重要信息。学员最不喜欢的培训师就是"话痨型"，絮絮叨叨、啰啰唆唆，反复讲还没讲清楚。所以金字塔原理中的一个重要原则"结论先行"很重要，也就是表达时需把结论放在前面，易于对方记忆和理解后面内容。

二）主次结构

翻转课堂应该有轻重之分，没有主次的知识对于学员来说是一种累赘。例如，最简单的课程结构：WHY（课程的收益）、WHAT（定义等知识点）、HOW（运用的方法和步骤），很明显重点要放在HOW的部分——方法的实操和运用上。但往往很多培训师本末倒置，花大量的时间讲解WHAT，定义、原则、原理等硬知识，又深奥又专业，常常把学员搞晕，而最后的HOW简单带过，结果学员课后根本不会用。我们要搞清楚培训的真正目的是让学员听得懂、学得会，回到工作岗位上能快速应用，最终提升绩效。所以优秀的翻转培训师要明确课程的重点，在演绎时有轻重之分。例如，课程中的背景知识简单讲，难点知识拆解案例详细讲，重点知识结合应用场景边讲边练。如此一来，学员学得轻松，培训师教得也轻松。

总 结

在这一小节中，你了解到了哪些信息？有什么感受？有什么启发？有哪些方法可以应用到实际工作中？

√ 信息：_____

_____

√ 感受：_____

_____

√ 启发：_____

_____

√ 行动：_____

_____

第四节 引导力：不能转化为肌肉记忆的知识一无是处

在你参加过的培训中，那些真正能让你进入心流状态，灵魂和肉体同步的培训可能少之又少，这是因为培训师缺乏引导力。一直以来，我们的学习是"说教"多于"引导"，培训师往往会忽略激发学员的思考和调动学员的参与，其结果就是知识传递了，但学员无法理解和记忆，更别说运用了。如何推动知识从聆听到知道、记住、运用？你需要的是引导力，通过设计和引导结构化的教学过程，推动学员群体有效地参与体验、交流研讨、反思经验并最终触发行动。具体的表现如下：

- 明确共同的学习目标；
- 营造开放且富有挑战性的学习氛围；
- 激发学员的主动性和参与性；
- 鼓励学员说出自己的想法和观点，并且让这些想法和观点能被其他人听到并理解；
- 发挥学员全体的创造力，发现更多的"不可能"；
- 将知识与过往经验和应用场景进行有效的连接；
- 指明行动的路径和方向。

在翻转课堂上，翻转培训师要意识到学习过程是一个"感悟"的过程，"感"是来自积极的、主动的感性体验；"悟"就是理性思考，找寻规律，构建知识体系，练就主见。因此在引导的过程中，要尤为关注学员的感性体验，设计有趣的教学活动，让学员在参与的过程中不仅有听、说、看、摸等感官体验，更有真正的对话，包括汲取、纠正、质疑、肯定……让学员形成丰富的经验，让学习真正发生。这种引导不是简单的互动，而是有层次、有结构的课程设计，包括：

第一层——调动多重感官的体验，把视觉、听觉、触觉，甚至味觉、嗅觉结合起来，实现器官与肌肉的直接交流并形成记忆；

第二层——反复练习，对所学技能反复多次练习，使之成为反射性行为；

第三层——基于场景的综合练习，将练习与过往经验、应用场景结合起来，使之成为自发行为。

"我所听的，我可能会忘记；我所看的，我可能会记住；我所做的，我一定会理解。"通过三个层次的引导，学员对知识的理解将更加深刻，更容易形成肌肉记忆。

懂得了引导原理，知道了引导的层级，翻转培训师要实现最佳的引导效果，离不开技术的支持，这些技术将在第四章学习。

一堂培训课程实施的效果，很大程度上取决于翻转培训师的四种能力：内驱力、洞见力、结构力、引导力。

如果缺乏内驱力，讲授的过程就是"一潭死水"，没有灵魂、没有激情；

如果缺乏洞见力，传递的知识就是"粗制滥造"的，会给学员造成负担；

如果缺乏结构力，输出的信息就像"狂轰滥炸"，让学员听得见却听不懂；

如果缺乏引导力，学员个个犹如"孤岛求生"，无参与、无交流、无思考，只想逃离。能力的提升先从意识开始，意识到自己的问题和短板，找到训练的方法和套路。对于翻转培训师来说，掌握翻转课堂PECA（皮卡）设计模型，学好翻转新技术，四项能力将自然而然得到提升。

总 结

在这一小节中，你了解到了哪些信息？有什么感受？有什么启发？有哪些方法可以应用到实际工作中？

√ 信息：_____

_____

√ 感受：_____

_____

√ 启发：_____

_____

√ 行动：_____

_____

第四章

技术传授：
手把手教你设计翻转课堂

了解了翻转培训师底层的四大能力后，我们要开启翻转之旅了！好课程是从设计开始的，但很多培训师对于课程设计的理解就是PPT制作，大量的文字信息+几张数据图表+几张图片=培训课件。培训师在使用这样的课件时，通常是屁股对着学员，面对着PPT，照着PPT读，这样的课堂哪有什么翻转可言。翻转培训师如果想实施一场高质量的翻转课堂，需要先脚踏实地做好课程的设计和开发，从课题确定、课题分析、目标设定、内容开发、技术设计等方面循序渐进、反复打磨，才能打造出高质量的课程。

第一节　课题确定，好的翻转课程从选题开始

俗话说"万事开头难"，但只要头开好了，后面也就顺利了。在课程设计和开发中，选好课题是非常关键的第一步。课题没选好，极有可能出现两种情况：一是开发不下去，因为越开发越发现不是自己擅长的领域，越来越没有信心，遇到的难度也越来越大，最后半途而废；二是埋头苦干几个月，劳心劳苦地开发完后，发现自己没有上台讲课的机会，因为企业可能不需要这类培训课程，或者说老板觉得这个课题对于企业的业务发展、绩效提升等并不会产生直接的影响和价值。例如，"用色彩丰富美好生活""茶味人生——泡茶的艺术"……这类课题偏生活、偏个人兴趣爱好，可能开发出来后，在与自己有共同喜好的小圈子里讲讲可以，但很少有机会能成为企业的培训课程。

该如何确定课题呢？或许你可以参考这样一些新思路，例如，自己感兴趣的课题与企业所需相结合，也有可能成为受欢迎的课题。例如，原课题"3秒按下快门——摄影技术"，调整后为"客户营销从朋友圈开始——如何用手机拍出吸睛的照片"；原课题"服装搭配，你不知道的那些事儿"，调整

后为"服装搭配，为你的职业形象加分"。有没有发现，如果将自己感兴趣、擅长的与企业所需、学员所要相结合，开发出来的课题可能就会是高质量的。

由此可见，找对方向很重要。为了避免盲目选课题，你可以反复问自己以下几个问题：

- 哪些课题的市场需求比较大？
- 企业培训的资源会放在哪些岗位？哪些职级？
- 我的经验和优势是什么？擅长的领域是什么？
- 我对哪些行业或哪些岗位的受众对象比较熟悉和了解？
- 我手头上是否有一些比较独特的资源，能开发出一些特殊行业需要的课程？
- ……

接下来，给出一些具体的选题方法。

一、课题从哪儿来

课题主要来自三个方面，如图4-1所示。

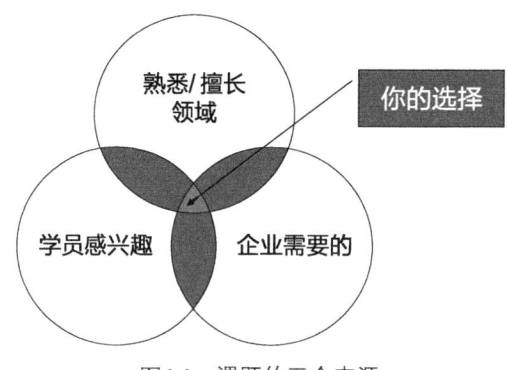

图4-1 课题的三个来源

一）自己熟悉或擅长的领域

如果你是一位具有五六年销售经验的管理者，开发一门"销售谈判技巧"的课程肯定比开发一门"招聘与面试技巧"的课程更具优势，虽然工作中你也常常面试新人，但多年实战经验让你在开发与销售有关的知识内容时会更得心应手。如果是开发"招聘与面试技巧"的课程，显然有人力资源工作背景和经验的人更适合，开发出的课程内容也更接近实际的工作场景和运用场景。

熟悉或擅长的领域不仅是指工作经验或背景，也包括个人的能力方面。例如，一个擅长表达的人可以开发类似"高效沟通技巧""公众表达与呈现"的课程；一个喜欢理性分析和思考的人可以开发"问题分析与解决"这方面的课程。

做自己熟悉和擅长的事更容易成功。

二）企业的需求

培训的起点和终点都是企业的需求，课程开发得再好，企业不买单也白搭！对于企业的需求，可以从五个层面考虑。

1．新业务扩张

新业务的扩张往往需要引入全新的知识、技能、流程、方法等，培训课题可以围绕这些方面选择，如"销售拜访技巧""如何处理客户异议""生产现场管理""流程管理""×××新品开发与设计"等。

2．兼并收购

兼并收购需要解决士气、文化、价值观的问题，培训课题选择可以围绕这些方面，如"企业文化""如何做好企业文化推广大使""变革管理"等。

3．创新差异

实施差异化战略的企业要推动产品、服务、流程等的创新，培训课题选择可以围绕这些方面，如"创新思维""实现差异化客户服务"等。

4．精益节约

企业推动精益化、节约化将主要关注质量、流程、成本等的管控，培训课题选择可以围绕这些方面，如"精益生产""成本管控""采购管理"等。

5．生命周期

处于不同发展时期的企业，其关键员工的人群是不一样的。

- 成长期：处于快速发展期的企业会大量招聘新员工，晋升也都是以内部为主，这个时期培训课题的选择要从新员工开始，随后考虑中层的培养和发展。

- 稳定期：稳定期的企业需要在行业内站稳脚跟，又要寻求业务突破，这个时期企业新员工招聘放缓，培训课题的选择可以放在中高管业务突围能力的提升。

- 收缩期：收缩期的企业招聘、晋升基本会停止，但企业对新知识、新技能的需求会迅速增加，此时培训课题的选择需要放在既能更新迭代现有的知识技能，又能给企业带来效益的课题方面。

三）学员感兴趣

课程的实施对象，也就是学员，如果对一个课题无感、无兴趣，只想逃离，那么课程开发出来也没有意义。学员会对哪些课题感兴趣？一是与自己岗位、职位结合度较高的课题，例如，课题是围绕完成岗位任务所存在的难点、关键点和痛点，学员感兴趣程度会很高；二是与职业发展相关的课题，员工对自己的职业发展都会有一定的规划，因此希望通过培训获得更多的晋升和发展机会。此外，容易让学员觉得无趣的课程常常是一些偏理论的、过于宽泛的课程，如"××知识概述""×××发展史"等。

锵锵书院根据企业和学员的需求打造了11门经典的版权课程，这些课程也可以作为各位读者未来选择课题的参考。

- "问题分析与解决"

- "演讲的力量——公众表达与演讲技巧"

- "金字塔原理——让思维和表达更有结构化"

- "做自己的情绪管理教练——经典ABCDE法"
- "精力管理——超越时间管理的效率提升课"
- "学九型——提升职场沟通力"
- "终身成长——从固定型思维到成长型思维"
- "刻意练习——从新手到高手"
- "影响力——影响和说服他人的六大套路"
- "掌控习惯——用4R原子法养成职场好习惯"
- "自控力——从被动到主动，实现员工的自我管理"

我们在书中也会经常引用这些课程的设计案例，你将经常看到这些课程的身影。

二、哪些课题不宜设计成翻转课堂

并不是所有课程都适合设计成翻转课堂，这取决于课程内容的天然属性，主要有3类课程类型不适合做成翻转课堂。

1．宣贯式

宣贯式的内容如条令、政策、方针、制度等，就不适合设计成翻转课堂。

2．上机实操

例如，客服人员上机实操的课程、技术人员设备操作的课程也不宜设计成翻转课堂。

3．党课

党课是一项严肃的政治任务，必须认真准备，做到观点正确，同党中央的路线、方针、政策保持一致，不宜设计成翻转课堂。

三、明确课题名称

课题开发的大致方向确定后，接下来就该确定课题名称了。明确具体的课题名称需遵循以下三个原则。

一）宜小不宜大，充分聚焦，解决实际问题

课题范围小，并不是要局限受众范围，而是要针对特定的授课对象，在内容设置上更精准、更深入，从根本上解决实际问题。例如，现课题"对公外汇业务合规一点通"比原选题"合规与风险防范"更能体现内容的精细化。相反，课题范围广，涉及知识点多，很容易泛泛而谈。

二）与业务、关键技能高度关联

课题应该与岗位的关键技能和知识要求、企业业务开展、战略规划的需要等密切相关，这样才能让内容更实用。课题名称要与业务强相关，这种相关性体现在课题名称的用词是否是贴近实际业务的。例如，现课题"电话客服人员的压力与情绪管理"比原选题"压力与情绪管理"更贴近员工的实际工作，对员工更有实际意义。现课题"市政项目危大工程风险监管"比原选题"风险监管"更契合企业的发展需要。

三）生动有趣，便于记忆与推广

让课题"动"起来！好的课题名称就如同一部好电影的片名一样，不仅能准确抓住核心内容，还能令人眼前一亮，怦然心动，激发好奇心与学习动力。我们对比一些课题名称就能感觉到明显的差异了，如表4-1所示。

表 4-1　课题名称修改前后对比表

原课题名称	修改后的课题名称
"财务的三大报表"	"慧眼看报表"
"平法知识"	"走进平法新时代"
"营销管理"	"引爆口碑营销"
"如何应对失信被执行人"	"3招搞定'老赖'"
"关于申报精品工程的简介"	"走进人民大会堂的精品工程"
"成本管控"	"走在盈利的路上——成本管控技巧"
"大中型客户合同申报概述"	"掌握申报要点，提高放款效率"
"设备保养基本知识"	"快速掌握设备保养4绝招"

课题确定后,我们接下来就要对课题进行分析了。课题分析的目的就是抓准你的授课对象,俗称"搞清客户画像",画像越清晰,目标越精准,后面开发课程的时候结合度就越高。

总 结

在这一小节中,你了解到了哪些信息?有什么感受?有什么启发?有哪些方法可以应用到实际工作中?

√ 信息:＿＿＿＿＿＿＿＿＿＿＿＿＿＿＿＿＿＿＿＿＿＿＿＿
＿＿＿＿＿＿＿＿＿＿＿＿＿＿＿＿＿＿＿＿＿＿＿＿＿＿＿＿

√ 感受:＿＿＿＿＿＿＿＿＿＿＿＿＿＿＿＿＿＿＿＿＿＿＿＿
＿＿＿＿＿＿＿＿＿＿＿＿＿＿＿＿＿＿＿＿＿＿＿＿＿＿＿＿

√ 启发:＿＿＿＿＿＿＿＿＿＿＿＿＿＿＿＿＿＿＿＿＿＿＿＿
＿＿＿＿＿＿＿＿＿＿＿＿＿＿＿＿＿＿＿＿＿＿＿＿＿＿＿＿

√ 行动:＿＿＿＿＿＿＿＿＿＿＿＿＿＿＿＿＿＿＿＿＿＿＿＿
＿＿＿＿＿＿＿＿＿＿＿＿＿＿＿＿＿＿＿＿＿＿＿＿＿＿＿＿

第二节 课题分析,精准定位授课对象的需求

课题分析也可以理解为差距分析,先调查了解目标学员对象的背景信息、目前状况、能力水平等,找到学员的这些信息与岗位要求的能力或职业发展目标存在的差距。找对了差距,也就找对了问题,而培训就是围绕这些差距和问题进行的。如何找到差距?这可不是光靠翻书或坐在电脑前想出来的,必须做好培训需求调研,收集资料后再做有效的分析。

一、做好需求调研才能进行有效分析

需求调研的方法多种多样，在选择时，需要先简单评估一下投入的时间成本、经济成本、人力成本、取得的效果……综合考虑后，可以选择最佳的一种或几种调研方法相结合。

一）面谈沟通法

面谈沟通法是最常用的调研方法，翻转培训师可以面对面与受访者交流，获取与课题相关的内容。这种访谈效果比较好，但投入的时间成本、人力成本比较高，而且需做好充足的准备，否则获取不了所需的信息或资料。

1．设计好访谈提纲

翻转培训师在做访谈前需要针对课题内容做好访谈提纲的设计。访谈又分直接访谈和间接访谈，除了与受访者进行面对面沟通，还可以与他们的上下级、平级，以及联系紧密的人员进行面对面沟通。根据不同的人员类型，访谈提纲的设计也不一样。

表4-2的培训调研访谈提纲可供参考，并且可以根据具体对象进行调整。

表 4-2　培训调研访谈提纲（参考模板）

培训主题						
访谈对象	姓名	部门	职级	年龄	性别
访谈日期 / 时间段 / 地点						
访谈主要步骤		内容 / 提问方向				
1	表明目的	介绍自己，简明扼要说明访谈目的，态度真诚 说明他为什么会被选择作为访谈对象 收集到的信息可能会做什么用途 访谈时间将持续多久				
2	了解背景	请访谈对象简单描述自己所在的岗位 岗位年限有多久 在该企业还经历了哪些岗位				

续表

	访谈主要步骤	内容/提问方向
3	聚焦问题	请访谈对象描述自己的几个工作场景（与访谈主题相关的） 主要的工作任务（与访谈主题相关的）有哪些 完成这些工作任务，可能会遇到什么问题 这些问题可能产生什么影响或后果 可否分享一两个具体的事例 在这些事件中，当时是否有一些解决的方法或思路 如果开展这方面的培训，会对哪些知识/技能比较感兴趣
4	补充提示	关于类似的问题，你觉得我还可以找谁谈谈 你觉得还想和我分享什么 我可能还有哪些问题没有问到的
5	总结内容	回顾一下刚才的访谈内容，确认理解是否有偏差
6	表示感谢	说明后续的应用，真诚表示感谢

2．预约访谈时间和地点

预约访谈时间要以受访者的工作时间为准，选择相对空闲的时间段，并且提前告知受访者预留访谈时间，提高访谈效率。一次访谈尽量不要超过一小时，需要严格控制时间。地点以安静、舒适、少有人打扰的地方为主。

3．说明访谈的目的和流程

在正式开始访谈时需要以轻松、愉快的话题开场，让受访者处于放松状态。随后说明访谈的目的和流程，以及希望得到受访者的帮助。

4．开展访谈

不同的受访者在访谈时会有不同的节奏，翻转培训师需要视情况控制访谈节奏。例如，对于侃侃而谈的受访者，翻转培训师需要见机打断；对于含糊其词的受访者，翻转培训师需要通过多次追问和确认来得到准确的信息。访谈的整体氛围应该是轻松自在的，不要让受访者觉得自己是被审问的对象。整个过程需要进行适当的记录或全程录音，便于结束后整理信息。

5．结束访谈

访谈结束时除了要感谢受访者，还需要提前铺垫如果后续还有需要会再次请教问题。所有访谈结束后，将访谈结果梳理成最终的课题需求。

二）电话访谈法

电话访谈法的流程与面谈沟通法类似，电话访谈法比较适合远程异地的访谈形式，在整个过程中也需要注意时间和空间的选择。电话访谈因为不能面对面交流，所以访谈时间不宜过长，并且翻转培训师主要是通过声音传递信息，需要用更加饱满的情绪让受访者感到舒适与自在。电话访谈法也需要参考面谈沟通法预先设计好提纲，以避免沟通的时候不聚焦、跑题，并且在访谈过程中及时记录。

三）问卷调查法

问卷调查法也是一种常用的方法，可以方便、快速地收集到所需的信息，还能进行数据的统计、分析，并且投入的时间、人力、经济成本都比较低。不过，问卷调查法取得的效果不一定理想。此方法主要受两个因素影响：一是填写问卷的人，包括人数、填写的意愿度、填写的真实性等，往往会存在许多不可控的情况；二是问卷的设计方式，设计得太复杂，没有人愿意填写，但设计得太简单，收集到的信息又不够全面。翻转培训师在设计问卷时，可以从以下三方面把握。

1．说明填写问卷的意义

在问卷的开头，要简明扼要地说明为什么要填写这份问卷？对填写人来说有什么意义？填写的规则和方式是什么？

2．封闭式与开放式问题相结合

调查问卷一般是两种问题相结合，共性的问题适合用封闭式问题，个性化的问题适合用开放式问题。问题要围绕问卷的目的来设计，预判可能收集到的答案及其对于课程开发的价值。此外，问题的数量不可过多，同时要避免问题过于生硬，而应激发填写人的动力，提高填写的意愿度。例如，我们对比以下两种问题的设计方式。

- A方式：想提升哪些工作汇报方面的能力？
- B方式：您是否希望通过有效的工作汇报获得上司认可？如果是，您觉得还需要完善哪些技能？

很明显，B的提问方式更可能收集到有效的信息。

3．填写方便，收集迅速

目前有许多免费的问卷调查平台，操作方便，可以快速地统计和反馈调查结果，甚至有些平台还提供问卷模板供参考。你也可以利用Excel表格等方式，根据需求自行设计问卷，将收集到的信息运用Excel中的功能进行整理和汇总。

表4-3是一份培训需求调研问卷的模板，可供参考，并且可以根据具体课程和填写对象进行调整。

表 4-3 "×××课程"培训需求调研问卷

尊敬的学员：

您好！为向您提供高质量的课程及服务，我们希望通过此问卷了解您对我们的期望及对本课程的独特需求。问卷通过"填空"和"下拉菜单选择"的方式填写，填写完毕后请以"姓名+×××培训需求调研问卷"命名保存，发回给问卷发放者。谢谢！

姓名		性别	
学历		年龄	
岗位		职级	
是否参加过类似的培训（时间+课程名称）			
对于本次培训,您最想解决的问题有哪些？请列出 2~4 条			
是否有一些案例可以分享，或者有什么实际问题希望讲师给予指导			
您希望通过此次培训收获什么			

续表

培训需求项目 （以下请根据具体课程中的内容进行设计）	需求等级				
	请在您选择的等级中填上相应的数值 最不需要 1 分 ←→ 最需要 5 分				
	1	2	3	4	5
1					
2					
3					
4					
5					
6					
7					
8					
9					
10					
最后得分					

四）小组会谈法

小组会谈法是邀请与课题相关的人员，在翻转培训师的引导下，围绕一些主题进行研讨和会谈，从而获得对有关问题的深入了解的一种调查方法。这种方式需要注意两点。

1．控制人数

小组会谈法不建议太多人参加，一般控制在5~7人较为合适。人数太多容易拉长会谈时间，占用受访者较多时间，也可能让部分人员无法充分参与。

2．控制流程

小组会谈法还容易出现场面混乱的现象，翻转培训师可以采用结构性的提问和回答方式让受访者有条不紊地完成访谈。

五）现场观察法

现场观察法要求翻转培训师到受访者的工作环境中观察其工作流程、方法、步骤、态度等情况。这种方法能够较真实地反映受访者的真实工作现状，运用时做好"3个要"。

1．要提前了解

如果翻转培训师不是很了解受访者岗位的工作内容，观察效果将大大降低。在进行观察之前，翻转培训师需要详细研究受访者的岗位，不仅需要研究本企业的，更需要对行业标杆企业的相关岗位情况做详细了解，这样才能在现场观察时发现问题。

2．要观察典型

翻转培训师在进入现场观察前还需做好规划，随机的现场观察可能并不能帮助你解决问题。翻转培训师可以选择典型的部门、典型的个人、典型的工作、典型的时间段进行观察，这种典型还需要具备普遍性，能够反映大部分的问题。

3．要暗中观察

需要注意的是，如果翻转培训师大张旗鼓地到现场观察，受访者也知道翻转培训师的目的，那么这种观察结果注定是失败的，因为人们会因为受到关注而改变自己的行为，翻转培训师自然得不到最真实的现场信息。在实施现场观察法时，要尽量做到保密、在暗中观察。

六）资料查阅法

资料阅读作为调查的补充也被广泛运用，调查的资料包括企业的岗位说明书、绩效评价表、员工履历、知识信息库等。

二、课题分析的流程

课前调研工作做得越细致到位，收集到相关的信息和资料就会越翔实，对于接下来的课题分析非常有帮助。课题分析围绕授课对象分析、课题需求分析和课题需求整理三个步骤进行。

一）授课对象分析

众所周知，如果一个销售人员的客户画像越清晰，越了解顾客的特质和所需，后面成交的概率就越大。同理，一名翻转培训师如果不清楚自己的学员在哪儿、具备什么样的特征，那么后面的课程开发和授课一定会面临一堆问题。因此，我们应该清晰地知道该课题的主要授课对象是谁。围绕他们的岗位、职级、工作年限、学历水平、男女比例等信息分析其特质，因为这些对课程开发的深度、广度都有直接影响。

二）课题需求分析

课题需求分析是整个课题分析的重点环节。在这个环节，翻转培训师需要对培训对象的关键工作任务和存在哪些能力差距有一定了解，并且能识别出培训对象最为核心与需要提升的能力。

1. 关键动作分析

翻转培训师通过调研，可以了解培训对象在完成一项工作时需要进行的任务、流程、步骤，了解培训对象需要具备哪些关键行为或技能。

2. 问题/差距分析

翻转培训师通过调研，进一步了解培训对象在工作中存在哪些问题、差距或难点。

3. 学习内容要点

最后，翻转培训师通过前两步的分析，需要识别培训对象在完成一项工作时所需要具备的知识、技能和态度。

三）课题需求整理

通过前面的分析，翻转培训师需要将分析的结果整理成文档，方便后续的课程设计与开发。

表4-4和表4-5为两个课题分析范例，可以帮助你更好地理解课题分析的内容。

表 4-4 课题分析范例一

课题名称	授课对象	课程需求	
"五步骤让你高效处理客户投诉"	客服人员 入职 1~3 年 24~35 岁 本科占 60%，大专占 40% 女性占 70%	关键动作分析	结合课题/岗位/职责，授课对象需具备哪些关键行为： • 识别客户投诉的原因 • 澄清/厘清投诉的问题 • 有效倾听客户需求 • 安抚客户情绪 • 提供解决的方案和路径
		问题差距分析	目前存在哪些差距或问题，有哪些困难点： • 没有认识到有效处理客户投诉的意义 • 无法快速识别客户投诉的原因 • 客户投诉时急于解答，而忽略了聆听和记录 • 面对客户提出的问题，常常表述不清，绕弯子，甚至引发客户的二次投诉 • 解答时没有注意自己的语气和语调，给客户的感觉比较机械、冰冷 • 投诉处理的流程不当，直接影响后面的解决与跟踪
		学习内容要点	授课对象需要学习哪些知识、技能和态度： • 客户投诉带来的价值和危害 • 如何探寻客户投诉的真正原因 • 客户投诉处理的流程和关键技巧

表 4-5 课题分析范例二

课题名称	授课对象	课程需求	
"建筑行业安全员的必修课"	生产现场专职安全管理人员 1 年以上岗位经验 24~35 岁 本科占 60%，大专占 40% 男性占 100%	关键动作分析	结合课题/岗位/职责，授课对象需具备哪些关键行为： • 熟知国家、各区域的安全法律法规 • 明确自己的安全职责 • 评估、排查施工现场的安全风险和隐患 • 针对不同的责任人开展安全培训

续表

课题名称	授课对象		课程需求
"建筑行业安全员的必修课"	生产现场专职安全管理人员 1年以上岗位经验 24~35岁 本科占60%，大专占40% 男性占100%	问题差距分析	目前存在哪些差距或问题，有哪些困难： • 对安全形势和现状没有清晰的认知 • 对安全员的重点职责认识不够 • 对施工现场可能存在的安全风险无法快速识别 • 缺乏突发事件的应对技巧
		学习内容要点	授课对象需要学习哪些知识、技能和态度： • 安全形势和现状分析 • 安全员的七项重点职责 • 识别和排查生产现场的安全隐患 • 突发事件应对"四步法"

通过上面两个例子可以发现，经过需求调研、课题分析后，培训师对课程的框架和内容越来越清晰，有点像剥洋葱，层层剥离之后，核心的部分就露出来了。

总结

在这一小节中，你了解到了哪些信息？有什么感受？有什么启发？有哪些方法可以应用到实际工作中？

√ 信息：_____

_____

√ 感受：_____

_____

√ 启发：_____

_____

√ 行动：_____

_____

第三节 目标设定，以终为始设定课程效果检验标准

虽然对课程的框架和内容越来越清晰，但开发过程中可能会偏离方向，结果也很糟糕。怎么办？设定目标！课程目标是培训课程对学员在知识、技能、态度等方面的培养上期望达到的程度或标准，也就是说培训结束后学员应达到的预期水平，课程目标是检验课程效果的一个重要标准。

课程目标的范围不能过于狭窄，既要重视认知能力的培养，也不应忽视态度、价值观的培养；既要强调专业技能的掌握，也需关注非专业的一般能力。如何设定和描述课程目标，表4-6可以作为参考。

表4-6 培训课程的目标设定

目标类型	程度	程度对应的诠释	描述参考用词
认知目标（知识）	了解	能识别和再现学过的知识	叙述、辨认、复述、描述、识别、列举
	认识/理解	明晰所学知识，知道事实本质	解释、阐明、比较、区分、分类
	应用	将所学知识，应用到实际情景中	分析、设计、制订、选择、判断、检验
技能目标（技能）	模仿	在他人指导下，运用简单的技能	演示、模拟、编写（说出）
	掌握/操作	通过反复练习，能独立完成一项工作	运用、使用、操作、开发、制定、解决、绘制
	熟练应用	能准确、自主地完成一项技能或任务	熟练操作、熟练使用、有效使用、联系（依据）……进行转换
情感目标（态度）	接受/认知	愿意注意相关的现象或刺激	体验、经历、感受、观察、尝试、意识到
	反应/树立	自愿地对刺激进行回应	树立、分享、指出、支持……并说明出理由
	价值判断	形成一种价值观	确立、构建、具有……特点、坚持（保持）……观点（行为）

这里需要强调的是，传统课堂在设定目标时，往往只关注认知和理解层面，忽略了应用和转换的层面。但在翻转课堂上，课程目标是知识和技能从认知到理解，再到应用，也就是最后要落到行动层面。

理解目标设定的维度和程度后，最后在描述目标时，可以运用ABCD法，会更明确、清晰。

A（Audience）授课对象，一场培训中通常有不同背景的学员参加，培训完成后对于目标的达成可能有偏差；

B（Behavior）行为，培训后学员表现出什么样的行为，描述出来还是做出来；

C（Condition）条件，在什么条件下，例如，什么样的场景下、多长的期限内；

D（Degree）程度，完成的效果如何，是基本认知还是熟练掌握。

以前面课题分析中的"五步骤让你高效处理客户投诉"为例，设定的目标为：

通过3小时的课程学习及训练，学员（客服人员）在培训结束后能够——

- 意识到处理客户投诉的重要性；
- 描述客户投诉带来的价值和危害；
- 掌握快速判断客户投诉原因的方法；
- 熟练运用所学流程和技巧来处理客户投诉。

总结

在这一小节中,你了解到了哪些信息?有什么感受?有什么启发?有哪些方法可以应用到实际工作中?

√ 信息:_____
_____

√ 感受:_____
_____

√ 启发:_____
_____

√ 行动:_____
_____

第四节 内容开发,翻转课堂PECA(皮卡)设计模型让课程循序渐进

设定好目标,接下来终于到课程设计中的核心部分了:结构搭建、内容开发、技术设计……这些核心部分我们都将运用翻转课堂PECA(皮卡)设计模型进行。在学习翻转课堂PECA(皮卡)设计模型之前,我们先了解一下培训课堂中什么样的学习方式才是最有效的。

一、学习的四大场景

著名教育学家、未来学家戴维·索恩伯格(David Thornburg)提出:"人类的学习方式其实一直有持续性,而且这种持续性还是从原始时代就开

始的。"

众所周知，传统说教式的教学方式往往取得的效果并不理想，学员不喜欢、不投入。如何才能激发学员积极参与学习，进入心流状态，最后实现学以致用呢？戴维·索恩伯格经过大量研究，提出了四大学习场景的概念，并且强调缺一不可。这四大场景可以追溯到原始时代，是人类一直沿用的学习场景，分别是营火、水源、洞穴和生活。接下来，我们来拆解这四大学习场景，看看它们与我们的培训之间的关系。

一）营火，听故事的地方

在许多文化里，营火意味着听故事的地方。人们聚在营火旁，听父母、祖父母或部落首领讲故事，人类最初就是以此方式与年轻一代分享天地万物的知识。在文字出现以前，故事讲述者是拥有知识的人，这意味着他们拥有极高的权威。延续到现在的课堂上，知识的传述者变成了老师，仍然拥有这种权威。听老师讲授是学习知识的重要环节，没有知识的传递就没有知识的理解、吸收和应用。

但如果老师在讲台上像根木头一样用单调的声线讲课，台下的学生们个个昏昏欲睡，这可不是营火！对于老师而言，不仅要关注知识内容，还要关注传达的技术和方法，什么时候讲什么？什么时候用什么方式？该讲多少？

二）水源，对话发生最频繁的场所

如果说营火是传授知识的场所，那水源就是社交中相互交流、学习的场所。在这里，人们通过对话而非讲课来进行学习。关于对话的意义，一位巴西传播学专家的一段描述非常精辟！

对话就是人们与其他人交谈时才会说的话。对话能让人获得独处时截然不同的知识，产生与独处时截然不同的思维方式。对话是一种刺激因素，每次言语的碰撞都能引导人们往另一个方向思考。这就意味着，对话的结果虽然和参与谈话的人原本想要说的内容有关，但最终走向却完全无法预料。如果甲想要说的全部内容是A，而乙想要说的全部内容是B，那么对话的结果既不会是A与B的组合，也不会是A与B的交集，而是会拥有一个与A、B相关却完全不可测的走向，因为受到他人反馈等外界的干预后，人们往往会说一些他们之前并未打算说的话。

由此可见，在课堂中创造水源的场景非常有必要，可以是正式的，也可以是非正式的。例如，后面所讲的翻转技术"开放画廊"中的走动式交谈，在这里，拥有不同背景、不同想法和不同经历的人彼此分享，从而形成多元化的观点。

三）洞穴，反思式学习的场所

洞穴是对知识进行认知建构的场所，知识虽然可以由讲授者传递，但真正将知识进行内化和吸收，还需要不断反思、在脑海中将知识重新建构。要实现反思和认知建构，有两个关键点。

一是让学习成为一个主动、积极的过程。传统教学模式中，老师干巴巴地讲道理只会让学员对学习产生消极、抵触的情绪。只有亲身体验、不断尝试和寻找解决方案，学员才能产生积极、主动的情绪，而这对于知识的消化和融会贯通极为重要。

二是让学习成为一个完整的过程。如果学习只停留在某个知识点、某个单项技能时，其认知是片面的、单一的，所以学习需要以各种方式与周围环境关联、与伙伴进行互动、与自己过往经验产生连接，这个知识才是真实的、全面的。

如此一来，学习才真正地发生，才会入脑入心。

需要说明的是，洞穴还强调了给学员留出独处反思的时间和空间，这有利于学员深入思考。

四）生活，在行动中学习

中国有句古话"书到用时方恨少"，按字面意思就可以理解：真正要用时才后悔自己学的知识太少了，但对于知识来说，最可怕的不是"恨少"，而是压根没"用时"。生活的场景指的就是要将我们所学的知识投入有意义的实际应用中，这样，知识才能产生价值，实践才能出真知。

这四大学习场景对于我们翻转培训师来说是个重要的启示，如果缺乏这些场景和环节，只有单一的传统教学模式，那么极有可能出现类似图4-2的情况，这就违背了企业培训的实质意义。

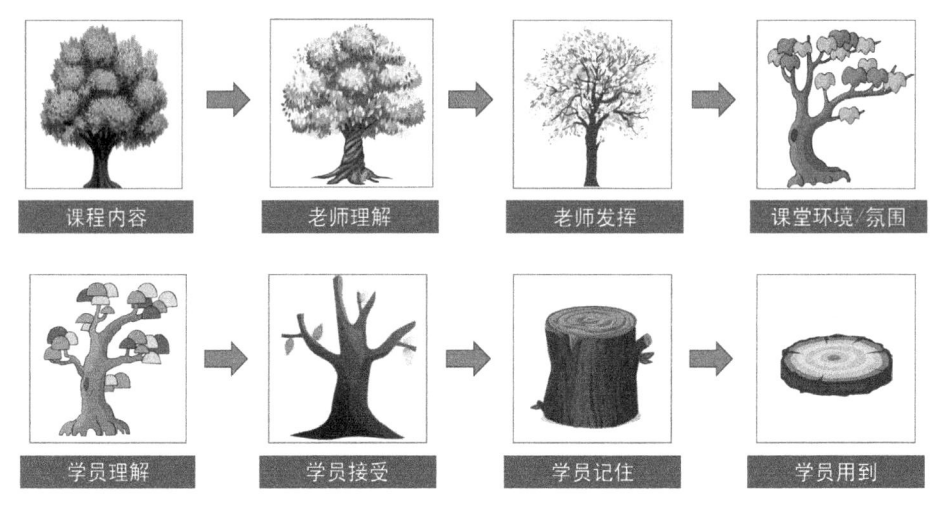

图4-2 课堂教学中的递进式变化与偏离

如何实现一个有效的培训教学过程？如何让学员从认知到理解，到内化，再到运用？接下来我们一起学习翻转课堂PECA（皮卡）设计模型，设计出能实现最佳学习效果的翻转课堂，让培训产生真正的价值。

二、独创翻转课堂PECA（皮卡）设计模型的全景和内涵

翻转课堂PECA（皮卡）设计模型是锵锵书院独创的新型课程设计模型，通过知识结构化、模拟体验、场景化连接、创设行动四个部分，全面、系统地提升翻转培训师的开发与设计能力，真正实现有趣、有料又有效的培训课堂，如图4-3所示。通过翻转课堂PECA（皮卡）设计模型设计的翻转课堂真正实现了多个场景化的学习，更符合人们喜欢的学习方式。

知识结构化
（Programming Knowledge）
把内容高度结构化，符合学员的认知和记忆规律

模拟体验
（Experience）
难以理解、抽象的内容引导学员参与体验，增强感知和理解

创设行动
（Action）
结合具体工具和方法，推动学员现场制订未来行动计划

场景化连接
（Connecting）
设定研讨和应用场景，帮助学员把知识连接到真实应用当中

图4-3 翻转课堂PECA（皮卡）设计模型

知识结构化：课堂上内容的输出应高度结构化，符合学员的认知和记忆规律，更利于学员接受；

模拟体验：输出的知识很多是抽象的、难以理解的，通过设计和引导学员参与体验，充分调动多种感官，多方位地刺激和激发学习兴趣，从而增强学员对知识的感知和理解；

场景化连接：设定研讨和应用场景，触发学员的深度交流和知识构建，帮助学员把知识连接到真实的应用场景当中；

创设行动：结合具体工具和方法，明确行动的方向，并推动学员现场制订未来行动计划。

为了让你更直观地理解翻转课堂PECA（皮卡）设计模型的内涵，我们用李佳琦直播卖口红的过程来解读一下。李佳琦人称"口红一哥"，他曾在直播间里用15分钟卖了15000多支口红，一年直播389场。他的成功不简单，你会发现李佳琦是这样卖口红的：

第一步，结构清晰、言简意赅地介绍该款口红几个显著特征——流行的主色调、质地优、大品牌、安全性好等，措辞通俗易懂，没有过多的废话，都是口红购买者关注的重点。

第二步，直接上手，把口红涂抹在自己的手背上或直接涂抹在自己的嘴唇上，边抹边描述，"这支口红的颜色是焦糖红，有些复古的色调，涂抹出来感觉非常水润，完全没有厚重感，而且不容易脱落，皮肤黄的人还特别显白……"让直播间里的观众直观地感受口红效果。此时，屏幕前的观众们视觉、听觉甚至触觉都被刺激着，仿佛感觉这支口红已经抹在了自己的嘴唇上。

第三步，让观众知道在什么场景下使用这款口红，会达到什么样的效果。例如，"日常职场用它，你就是全公司最靓的一姐；约会时用它，让你一秒回春，所有人都跪倒在你的石榴裙下……"瞬间，直播间的观众们脑海中都充满了各种场景和画面。

第四步，行动起来！秒杀价、绝对优惠、赠品比正品还多、限量款……一旁小助手不停地提示点链接，配上李佳琦魔性的声音："买它，买它，买它！"此时手机前的观众们手比脑快，赶紧点击下单，把它带回家。

解读完后，你有没有发现，李佳琦直播带货的整个过程如行云流水般流畅自如，带货的四个步骤其实就是翻转课堂PECA（皮卡）设计模型中的四个环节——知识结构化、模拟体验、场景化连接和创设行动，缺少其中任何一个环节，可能都会影响最后的消费行动触达。试想，直播间的观众如果一开始没听明白主播讲什么，或者觉得讲得没意思，一定会走人；干讲没体验，没有上嘴涂抹的环节，观众对产品没感知，更不会心动；没有告诉你使用的场景和效果，就不会激起观众的联想和购买欲望；没有最后那临门一脚的行动呐喊，也无法让观众从心动到行动，买它！

回到我们的培训课堂，我们同样都希望学员听完课后，有所触发、有所改变、有所行动！

在对翻转课堂PECA（皮卡）设计模型有更深一层的认知和理解后，要实现有效运用，关键点就是学会运用其中所包含的翻转技术，如图4-4所示。

知识结构化
（Programming Knowledge）
—金字塔结构法
—321视频微课
—大使式分享
—图形化呈现
—案例拆解法

模拟体验
（Experience）
—GRIP游戏化体验
—视觉道具
—视听体验
—啊哈测试
—即兴戏剧

创设行动
（Action）
—情感启动
—FLAG设立法
—刻意练习
—3WHAT行动法
—4R微习惯养成法

场景化连接
（Connecting）
—开放画廊
—迷你世界咖啡
—三人小组教练法
—镜像测评
—风暴墙

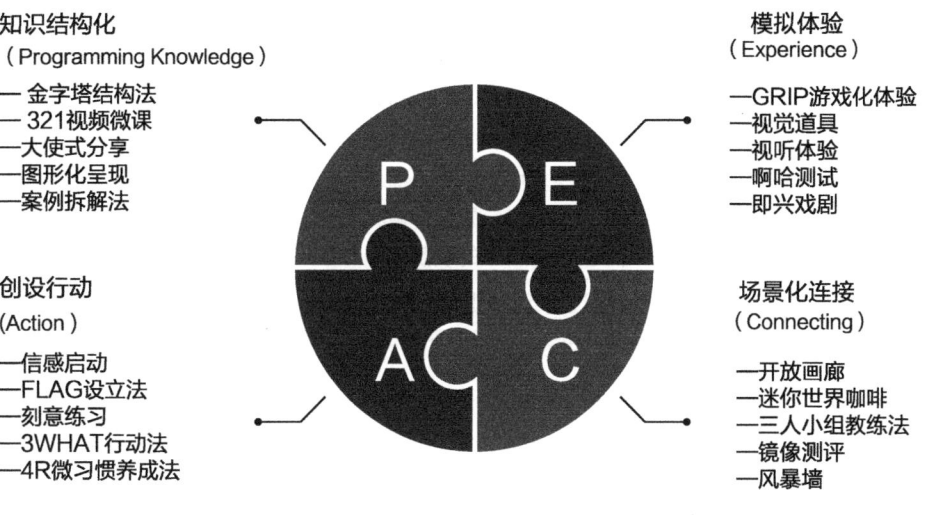

图4-4 翻转课堂PECA（皮卡）设计模型包含的技术

一）知识结构化

在培训课堂中，非常重要的一个环节就是知识的传授，也就是四大学习场景中的"营火"。如何让知识的传授更有效、更结构化，让学员听得懂、记得牢？古时候的人用的是讲故事，而如今你需要运用知识结构化中的五项技术。在一堂课程中，你既可以运用其中的某项技术，也可以在不同的知识模块运用不同的技术，表4-7梳理了知识结构化常用的翻转技术，包括技术名称、定义描述和运用场景。在本章的第五节中，你会详细地学习这些技术。

表4-7 知识结构化常用的翻转技术

技术名称	定义描述	运用场景
金字塔结构法	根据金字塔4大核心原则，构建课程核心结构，一课一主线，主次分明，层级简单	课程包含内容较多、层级较多，可运用金字塔结构梳理主线
321视频微课	通过短视频方式进行知识讲解，视频要求：①简短，3分钟以内；②带来新的冲击，包括认知和行为2个层面；③聚焦1个点	枯燥、冗长的知识点，可通过情景剧、动画小故事等视频方式讲解，轻松、有趣

续表

技术名称	定义描述	运用场景
大使式分享	一种知识共享，相互教学及信息交流的学习方式： ①每个小组先学习其中一个知识模块； ②派代表到其他小组进行知识讲解和交流； ③代表返回本组分享自己的收获	知识点模块化，比较简单易懂，学员能快速理解并基本掌握
图形化呈现	将知识信息通过特定的图形、模型（如流程图、循环图、矩阵图、梯形图等）呈现，有利于记忆和理解	知识内容能通过特定图形/模型清晰、准确地表达之间的逻辑关系
案例拆解法	传递概念、知识、方法时，通过列举典型案例，分析、提炼出案例中的关键信息，结合知识点进行讲解	新知识、新概念、新工具的学习和理解都可运用此技术，并且能找到与课程内容匹配度较高的案例

二）模拟体验

在确定知识结构化的输出后，翻转培训师需要思考如何推进学员对知识的感知和理解。回想我们小时候，认知一个事物，通常会用到手、眼和耳，甚至最开始的时候是用嘴去感知，这就是人类全面认知一个事物的天然方法，所以翻转培训师也需要调动人的多重感官去体验和认知知识、技能，同时在这一过程中，促进彼此的交流。实现四大学习场景中的"水源"场景，你需要运用模拟体验中的翻转技术，如表4-8所示。你可以在本章的第六节详细地学习这些技术。

表 4-8　模拟体验常用的翻转技术

技术名称	定义描述	运用场景
GRIP 游戏化体验	通过有趣、轻松的游戏将学员引导到学习情景之中，游戏设计包含四要素：目标明确、规则清晰、即时反馈和自愿参与	需快速激发学员兴趣。游戏中每个人都有参与，并且在参与过程中有启发和领悟，让学员在玩中体验学习的乐趣
视觉道具	根据不同的体验环节设计特定的道具，包括卡片类、实物类、画布类等	游戏、研讨、即兴戏剧等环节都可运用道具，可看、可触的道具能大大提升现场的体验感

续表

技术名称	定义描述	运用场景
视听体验	采用影视剧片段、短视频、音乐等教材，使学员在视觉、听觉上形成多方位的感受体验，从而促进学员对于知识的理解和记忆	不易理解的、抽象的知识、方法，需联系真实场景，寻找与课程匹配度较高的短视频
啊哈测试	通过有趣、好玩的测试帮助学员自我认知。测试题型要求轻松、简单，结果让学员有"啊哈"——顿悟的感觉	需改变、调整学员的一些固定型思维模式的内容
即兴戏剧	根据工作或生活中的某个场景，学员即兴设计简单剧情、人物、台词等，并且登台表演。无论是台上的表演者，还是台下的观察者，都可通过戏剧获得启发和感悟	情景感比较强，涉及多个人物角色的参与场景，如谈判场景

三）场景化连接

如果说知识结构化是让知识入眼，模拟体验是让知识入心，那么场景化连接就是让知识入脑了。入脑意味着对知识进行了反思和认知建构，意味着连接了过往的经验和未来可能运用的场景。只有入脑，才能实现最后的知识运用和转化。场景化连接的五项技术就能实现让知识入脑这一目的，如表4-9所示。

表4-9 场景化连接常用的翻转技术

技术名称	定义描述	运用场景
开放画廊	一种动态的、开放的、自由的研讨模式，参与者像逛画廊一样，无意识地走动、学习和创造	有开放的空间和场地，需要贡献想法和智慧，鼓励提出自己的观点和理解
迷你世界咖啡	营造轻松环境，参与者围坐在桌边交谈、聆听。之后，每个人移往另一张桌子，结识新朋友，交换智慧	交叉式分享和交流，没有既定的答案，需要更多的碰撞，研讨更结构化和流程化
三人小组教练法	源自教练技术的一种深度会谈方式。学员自成一组，分别设定不同角色，根据具体的场景进行有效的提问、回答和观察记录	涉及突破个人思维、改变心态，整个过程是教练式的提问和引导

续表

技术名称	定义描述	运用场景
镜像测评	通过一套科学、严谨的测评问卷探测学员在某个领域的能力水平、特质、风格偏好等，帮助学员更好地实现自我认知，为接下来的学习做准备	涉及自我认知、能力测评的内容建议采用成熟的测试题，并且测试题相对完整、简易
风暴墙	将个人头脑风暴与开放画廊中的走动学习和创造结合起来。只需要一个研讨框架、一张画布、一面墙就可以让学习和交流效果加倍	每个人都要写出自己的观点和想法，并且张贴上墙，刺激新一轮的交流、探寻

在运用场景化连接技术时一定需要先确定主题，这些主题一定需要与学员的工作场景息息相关才能产生更有用的价值。你可以在本章的第七节中详细地学习这些技术。

四）创设行动

经过前三个环节的技术翻转，学员对知识已经有了较深刻的理解和掌握，但是知识如果没有付诸实践，将很快被抛诸脑后。所以翻转培训师还需要使用创设行动的翻转技术，让学员尽可能在课堂上产生对行动有益的想法或计划，如表4-10所示。你可以在本章的第八节中详细地学习这些技术。

表4-10　创设行动常用的翻转技术

技术名称	定义描述	运用场景
信感启动	根据大脑思考反应的原理，通过四个层级的系列问题，引导知行合一、触发行动。四个层级的问题包括：信息、感受、启发、行动	适用于很多课程，回顾总结课程知识点，引发下一步的行动计划
FLAG设立法	通过氛围的烘托和营造，让学员当众立下一个与课程内容相关的目标和行动计划，并且制定相应的监督和奖惩制度	适用于学员年轻化的课堂，无负担、无压力地做出行动承诺
刻意练习	一种有明确目的、有指导反馈的反复练习，包括三大招：创建套路；走出舒适区，反复训练；即时反馈	技巧、工具、方法的实战练习
3WHAT行动法	通过三个层级的引导提问：WHAT？SO WHAT？DO WHAT？从回顾课程内容到激发顿悟，从而产生快速行动	适用很多课程，课程结束后快速产生容易实现的行为

续表

技术名称	定义描述	运用场景
4R微习惯养成法	通过简单易行的四个步骤：提示、渴求、反应、奖励，重复实施微不足道的积极行为，最终形成好习惯	偏技能类课程，培养（结合课程内容而产生）工作中或生活中的某种习惯

通过翻转课堂PECA（皮卡）设计模型设计的翻转课堂，学员将由浅入深、有条不紊、循序渐进地掌握课堂知识。以上的20项技术并不是一成不变的，你也可以根据相同的逻辑，在实践中总结归纳出新的技术，也期待有你个人独创的翻转技术。

需要强调说明一点，每项翻转技术不是独立发挥作用的，而是层层递进、相互关联，只有深刻理解翻转课堂PECA（皮卡）设计模型中四个环节的关系，所有的技术融入其中，才能设计出令人振奋的翻转课堂。

总 结

在这一小节中，你了解到了哪些信息？有什么感受？有什么启发？有哪些方法可以应用到实际工作中？

√ 信息：_____

_____

√ 感受：_____

_____

√ 启发：_____

_____

√ 行动：_____

_____

第五节　知识结构化的设计和技术运用

在前面的章节中，我们了解了传统培训师所面临的很多痛点，也了解了翻转培训师和翻转课堂的优势所在，相信你对翻转培训师这个角色已经有了初步认识。如果你想成为真正的翻转培训师，那么你必须掌握翻转培训师的相关技术。还记得吗？翻转技术需要从四个层面20项技术入手，本节将介绍第一个层面——知识结构化。

知识没有结构化就是负担！在传统的培训课堂上有种怪相，培训师以为讲得越多、越全似乎就能给学员带来满满的"干货"，殊不知，信息越多，学员接受知识所面临的挑战就越大，知识的输出≠知识的接收。

培训师真实写照一：我来讲！

台上，培训师讲得唾沫横飞，台下的学员昏昏欲睡，或者无聊地掏出手机玩儿。课堂中"最灿烂"的就是培训师，而学员只是陪衬。这样的学习方式，学员没有参与感，听到的知识左耳进右耳出。经常有学员抱怨："听了一天课，什么都没听明白，就觉得有个笑话还挺有意思的。"难道在课堂上，知识就只能培训师讲授？有没有可能学员来讲授呢？

培训师真实写照二：我都讲！

内容又多又全，学员能记得住多少？相信很多人都听过"神奇的数字7"理论，这个理论是由美国著名的心理学家乔治·米勒（George Miller）在他的论文《奇妙的数字7±2》中提出的。米勒认为，人一次能够理解的思想或概念的数量是有限的，大脑的短期记忆很难一次容纳7个以上的记忆项目。有的人可能一次能记住9个项目，而有的人只能记住5个。大脑比较容易记住的是3个项目，当然最容易记住的是1个项目。这就意味着信息量过多过杂时，学员要么记不住，要么干脆就不想记。记都记不住，课后就更谈不上运用了。

培训师真实写照三：我能讲！

培训师能确保输出的信息有条理、有逻辑吗？当各种概念、原理、要素、案例、数据、工具……铺天盖地涌来时，培训师有没有考虑学员的感受呢？学员不清楚自己为什么要学这些知识，也不知道这些知识的关键信息是什么。

作为翻转培训师，我们要意识到只有将知识有效输出，高度结构化地讲授，才符合学员的认知和记忆规律。要如何做到呢？接下来将为你介绍五项翻转技术，分别是金字塔结构法、321视频微课、大使式分享、图形化呈现、案例拆解法。

一、金字塔结构法：搭建课程框架

知识要传递得清晰，首先要确保知识的逻辑结构是清晰的，这对知识的传递方和接收方都非常重要。金字塔结构就是我们实现知识结构化的重要技术之一。

让我们先来做一个练习。在一次聚会上，朋友让你购买以下商品，他按照自己能想到的一股脑说了出来，请你在15秒内记住以下商品的名称，记住越多越好。

苹果　西红柿　可乐　啤酒　香蕉　茄子　橘子　上海青　雪碧

15秒结束后，请遮住以上商品名称，把你记住的商品名称写在以下横线中。

_____

不知道你记住了几个呢？还是冥思苦想才写出了几个答案呢？在日常生活中，你是否也会因为记不住东西而苦恼？我们换一种方式记忆，还是那9件商品，我们再用15秒记忆图4-5的商品名称，看看这次能不能轻松搞定。

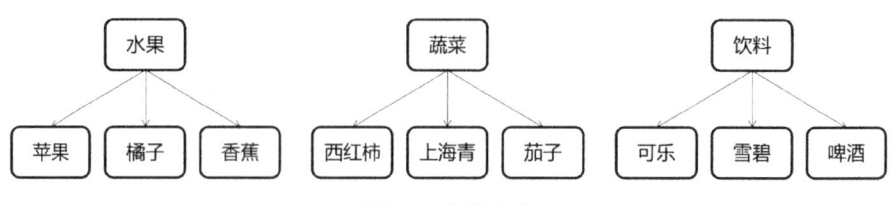

```
    水果              蔬菜              饮料
   ↙ ↓ ↘           ↙ ↓ ↘           ↙ ↓ ↘
 苹果 橘子 香蕉   西红柿 上海青 茄子   可乐 雪碧 啤酒
```

图4-5　商品名称

同样15秒结束后，请遮住以上商品的名称，把你记住的商品名称写在以下横线中。

_____

这次有没有比上次更轻松地记下更多的商品名称呢？相信你一定比第一次做得更好，这就是金字塔结构法的魔力。

在培训中，我们的课程结构和内容常常也会出现逻辑结构或呈现结构混乱的现象，如图4-6所示的呈现结构。这是"公众演讲技巧"的课程结构，给人的感觉是内容堆砌、逻辑混乱、层级复杂、缺乏应用，这很不利于知识的传授。

```
                  公众演讲技巧

 一、如何突破演讲的紧张情绪       三、如何设计演讲与组织语言
    1. 演讲的四个阶段              1. 如何设计有吸引力的开场白
    2. 心理紧张的八个原因           2. 开场白的三个目的
    3. 克服紧张的七种方法           3. 开场白的八种方式
    4. 公开演讲的六大准备           4. 如何选择演讲的内容
 二、如何运用演讲的五种表达语言     5. 如何让演讲更有条理
    1. 演讲的三种表达语言           6. 演讲语言要有"四化"
    2. 感染力训练                  7. 六种结尾方式
    3. 声音响度训练              四、如何做即兴演讲
    4. 肢体语言训练                 ……
    5. 面部表情的训练            五、演讲的控场技巧
    6. 用好道具来表达               ……
```

图4-6　"公众演讲技巧"课程结构

我们再来对比锵锵书院版权课程"演讲的力量"这门课的结构呈现方式，会不会让你感到逻辑清晰、层级简单、取舍有道、应用为主呢？这种呈现方式让受众更容易接受。"演讲的力量"的课程框架就采用了金字塔结构

来呈现，如图4-7所示。

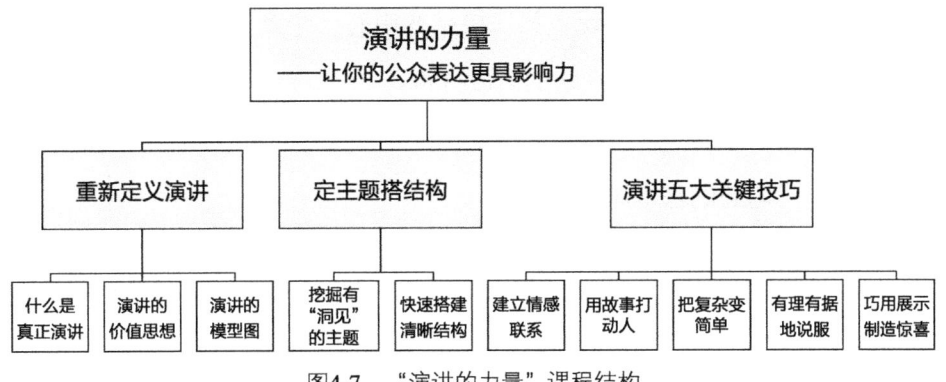

```
                    演讲的力量
              ——让你的公众表达更具影响力
        │              │              │
   重新定义演讲      定主题搭结构      演讲五大关键技巧
   ┌──┬──┬──┐    ┌────┬────┐   ┌───┬───┬───┬───┬───┐
  什么是 演讲的 演讲的  挖掘有 快速搭建  建立情感 用故事打 把复杂变 有理有据 巧用展示
  真正演讲 价值思想 模型图 "洞见" 清晰结构  联系    动人    简单    地说服  制造惊喜
                  的主题
```

图4-7 "演讲的力量"课程结构

一）什么是金字塔结构

《金字塔原理》这本书相信你已经有所耳闻，甚至已经读过。这本书是全球知名咨询公司麦肯锡的首位女咨询顾问芭芭拉·明托（Barbara Minto）为提高员工的写作能力而著。本书出版后畅销数十年，并且成为各行各业精英必读的一本书，到目前为止依然是麦肯锡公司新员工踏入咨询行业必须精读的书。这本书的核心思想就是让思绪、表达、写作等如何更有逻辑、更结构化。

对于翻转培训师来说，结构化始于课程的框架设计。我们都听过"提纲挈领，纲举目张"八个字，但很少有人知道这几个字的真正含义。"提纲挈领"原意为捕鱼撒网的时候要抓住渔网总绳，鉴定裘服（即皮衣）的质量要提起衣领才看得清；"纲举目张"原意为提起大网的总绳一撒，所有的网眼就都张开了。二者所指的意思都是抓住事物的中心和关键，就可以带动其他环节。因此，翻转培训师要想实现知识结构化输出的一个关键，就是设计课程的时候，不是直接放内容，而要运用"金字塔结构"搭建课程的基本框架，让课程逻辑清晰、转承自然。

什么是"金字塔结构"？是不是把课程框架搭成一个金字塔的样子？上尖下宽，有几个层级就可以了呢？我们来看两个案例。

在"如何做好跨部门沟通"这门课的结构中（图4-8），主题应该是围绕跨部门沟通，但你有没有发现，第二层结构中有一个章节和主题缺乏直接关联，如果你已经找到了，请在它的前面打钩。

☐ 沟通的重要性

☐ 跨部门沟通的基本原则

☐ 跨部门沟通的技巧

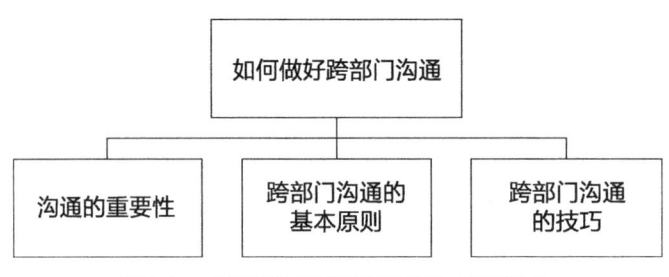

图4-8 "如何做好跨部门沟通"课程结构

虽然跨部门沟通是沟通的一种方式，但沟通的重要性和跨部门沟通的主题没有直接的联系。你选对了吗？

在"签约流程"这门课的结构中（图4-9），我们不难发现它描述的是一个操作流程，应该具有很强的时间先后顺序。但是在第二层结构中有一个章节应该排在最前面，如果你已经找到了，请在它前面打钩。

☐ 场地准备

☐ 现场签约

☐ 合同审核

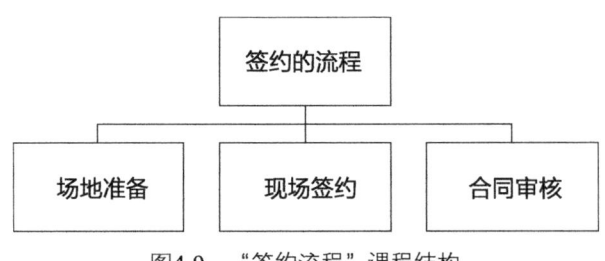

图4-9 "签约流程"课程结构

在一场签约活动中，合同是需要先拟定并通过法务等相关部门的审核，才能进行后续的签约活动。你选对了吗？

通过两个案例可以发现，金字塔结构并不是"外形"像金字塔就可以了。标准结构不仅需要满足从上至下3~4个层级，由少至多，上尖下宽，像一个三角形金字塔，所表达的思想之间具有明确的逻辑关系，条理清晰且层层递进，还要满足四大核心原则，这个是金字塔结构的"灵魂"，如图4-10所示。

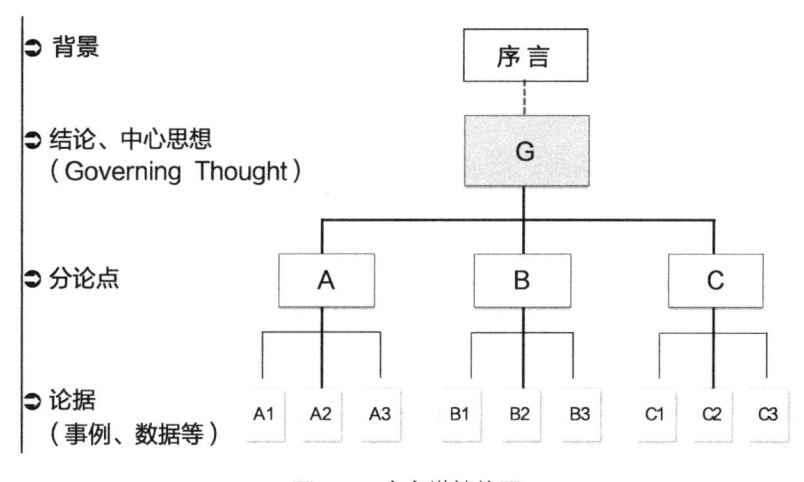

图4-10 金字塔结构图

二）用金字塔搭建课程结构的四大核心原则

1. 结论先行

结论先行也就是要先确定课程的主题，即整个课程开发的方向。学员看了主题对课程核心思想就一目了然。课程主题的确认要从学员定位开始，准确的主题需要连接学员和业务。例如，"如何做好跨部门沟通"的课程主题将主旨和结论指向了"跨部门"和"沟通"两个方面，可以让学员清楚地知道这门课是关于跨部门的沟通，不是上下级沟通，更不是平级沟通。

2．以上统下

以上统下是要确保每个章节、知识点之间有密切的关联，上一层是下一层的高度概括。

同样也是图4-8所示课程结构中，章节"沟通的重要性"与标题"跨部门沟通"并没有直接的联系，会造成课程逻辑不清晰的情况，"沟通的重要性"并不能很好地被包含在"跨部门沟通"的里面。

3．归类分组

归类分组要求每一个章节中的知识点属于同一个范畴。你还记得帮朋友购买商品的故事吗？将9件散乱的商品按照"水果""蔬菜""饮料"进行归类，你能迅速记住需要购买的商品名称。

归类分组还需要有"完全穷尽、相互独立"的思考方式。确保课程相关的重点是穷尽无遗漏的，并且每个章节的内容是相互独立无重叠的。需要注意的是，有许多热心的翻转培训师希望一次性把所有要点都传授给学员，殊不知学员为冗杂的知识点烦恼的同时，学习效果也大打折扣。在心理学中，人类短时记忆的容量为7 ± 2，会在5~9之间波动，这就是7 ± 2效应。借鉴到课程结构的搭建中，每个章节的知识点最多不要超过9个，这样有利于学员的记忆。

4．排序逻辑

课程中的章节、知识点在排序的时候要考虑哪个放在前面，哪个放在后面，就像我们常使用的"首先、其次、最后"等关联词，排序有逻辑，学员才更容易理解和记忆。在"签约流程"课程结构中，章节排序混乱，没有考虑"合同审核"需要排在最前面，这才符合时间的先后顺序。

以上就是用金字塔搭建课程结构的四大核心原则，试着将这四大原则填入图4-11中对应的位置，检验自己是否真的已经理解。

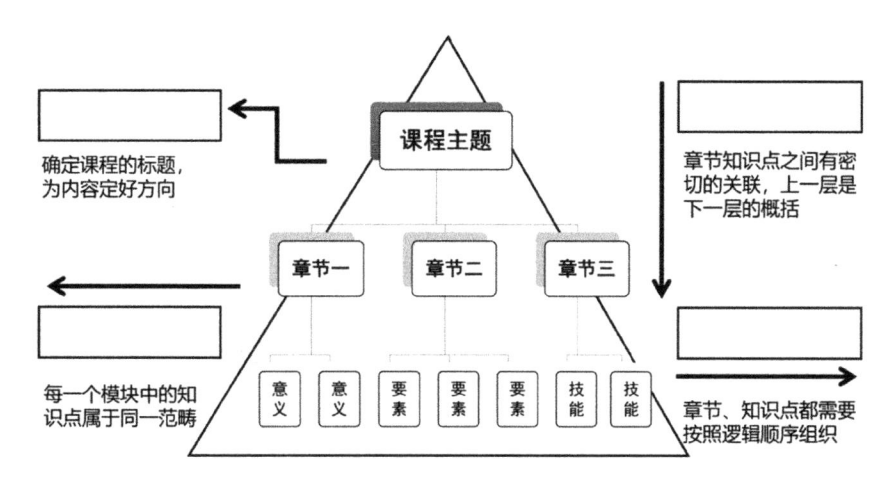

图4-11　金字塔课程结构四大核心原则

三）金字塔结构中常用的逻辑顺序

好的课程模块和知识点的逻辑顺序遵循某种规律，前后是顺理成章的。接下来你将学习排序逻辑中常用的三种逻辑顺序，分别是时间顺序、结构顺序和重要性（程度）顺序。

1．时间顺序

时间顺序顾名思义就是按照某种流程、操作步骤的时间先后顺序来规划课程内容。按照时间顺序，学员可以快速、清晰地了解整个内容的发展路径。例如，课程"销售拜访三步曲"中的三个章节——拜访前准备、拜访中洽谈、拜访后跟进，就属于典型的时间顺序。

2．结构顺序

结构顺序是把整体划分为若干相互独立的部分进行排序，并且各个部分相互独立，没有重叠。结构顺序就像把整个机器拆成零散的部件，每个部件是不同的，但是把每个部件组合起来又是一个完整的机器。例如，一家公司的部门分为销售部、生产部、财务部、研发部、人力资源部、市场部等，这就是结构顺序。再如，课程"生产现场管理"中的五个要素——人员、机器、物料、方法、环境，也属于结构顺序。

3．重要性（程度）顺序

重要性顺序也称为程度顺序，将具有共同特性的一组内容按重要程度的高低进行排序，将特性最明显或最重要的排在第一位，依次排列，先强后弱，先重要后次要。当然，反过来也可以，将重要性最低的放在第一位，重要性依次递增，将最重要的放在最后。重要性顺序最典型的例子就是我们在安排领导出席会议时，主持人介绍："张董事长、王总、李总、何经理……"这种按职级排序就是重要性顺序的一种体现。我们在撰写竞聘演讲稿时可以运用此顺序——应聘岗位解读、自我优势分析、未来工作规划，因为竞聘时你的优势、专长是围绕着你要竞聘的岗位来谈的，所以细致解读岗位尤为重要。

三种逻辑顺序你学会了多少？下面，请你分辨图4-12中的逻辑顺序分别属于哪种类型，将正确的逻辑顺序名称填在对应横线上。

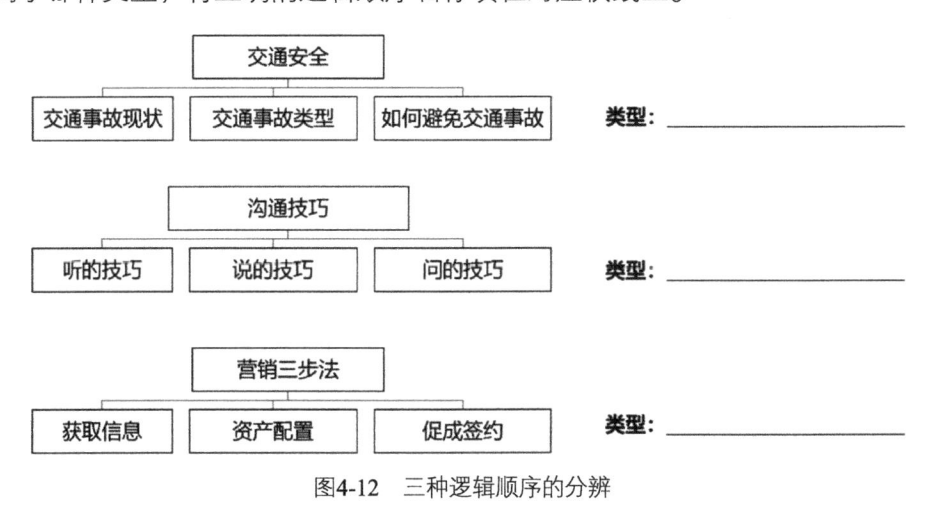

交通安全
├─ 交通事故现状
├─ 交通事故类型
└─ 如何避免交通事故
类型：_____

沟通技巧
├─ 听的技巧
├─ 说的技巧
└─ 问的技巧
类型：_____

营销三步法
├─ 获取信息
├─ 资产配置
└─ 促成签约
类型：_____

图4-12　三种逻辑顺序的分辨

（四）运用金字塔搭建课程结构的注意要点

金字塔结构想要在学员心中立住脚，靠的并不是错综复杂的知识内容，而是靠缜密的逻辑和清晰的脉络。在使用金字塔搭建课程结构时需要注意3个要点。

1．层级简单

层级简单要求一门课只能有一条主线，层级不能太复杂，以免产生内容堆积。这里的层级包括横向模块的划分和纵向知识的划分。横向模块划分决定了课程的宽度，须避免模块划分过多，5个以内的模块让学员容易抓住重点。纵向知识划分决定了课程的深度，需要避免颗粒太细的知识层级，3个层级的知识结构是最常用的层级结构。无论是横向还是纵向划分，都只能围绕一条主线展开。

2．取舍有道

取舍有道要求内容要以简单易上手的工具和方法为主，聚焦应用，包括工具和方法的选择，以及知识内容的舍弃。工具和方法的选择要以学员为中心，针对学员水平及层次的不同，选择的工具和方法应有所区别，但无论选择哪种工具和方法都要能够给目标学员带来新的尝试，而且使学员容易在实际工作场景中应用。知识内容的舍弃则要求翻转培训师转变事无巨细的想法，识别学员真正需要的知识内容，舍弃学员不需要的知识内容，知识的种子才容易在学员心中扎根生长。

3．控制内容

课程主导形式一般分翻转培训师主导的、翻转培训师和学员共同主导的、学员主导的三种类型。课程内容分为知识性内容和探索性内容两种类型。翻转培训师不仅要平衡好课程的主导形式，还要在课程结构搭建时分配好知识性内容和探索性内容的比例。以3小时的课程为例，知识性内容尽量控制在30分钟以内，将更多的时间分配在探索性内容上。

表4-11整理了运用金字塔结构搭建课程框架的详细流程，可供参考。

表4-11　运用金字塔结构搭建课程框架的流程

流程	要点
第一步： 确定金字塔的核心思想	核心思想通过课程主题一目了然 课程主题的确定是基于要解决的问题和困难 课程名称的命名，要写实并聚焦业务场景 例1："商务礼仪"改为"商务礼仪基础知识与实务"会更写实 例2："有效沟通"改为"客户沟通场景与演练"会更聚焦

续表

流程	要点
第二步： 构建金字塔的纵向关系	自上而下构建：基于主题，站在学员的角度用提问——回答的方式塔建出第二层的章节内容和第三层的知识点 自下而上构建：根据主题，收集相关课程内容信息，然后进行归类分组，并且找到相关内容之间的内在联系 无论自上而下还是自下而上，上下层级间都是对应和包含关系，并且各个章节内容、知识模块归类清楚
第三步： 梳理金字塔的横向关系	根据各内容间的内在联系，梳理出逻辑顺序：时间顺序、结构顺序或重要性顺序 提炼内容关联词，让逻辑顺序更清晰
第四步： 检查与调整	运用金字塔结构的四大核心原则进行纵向和横向检查，包括知识点的逻辑性、关联性等 调整内容或知识点的描述，避免产生理解差异

二、321视频微课：声像传递比讲授更有意思

你喜欢看短视频吗？也许你会想："谁不喜欢看呢？"在移动互联网时代，我们在茶余饭后已经离不开手机了，加上各大短视频平台的兴起，看短视频的时间已经占据了我们大部分休闲时间。

我们为什么那么喜欢看短视频呢？原因其实很简单，短视频集声音和画面于一体，场景真实，可以在观看者脑海中迅速形成映象，不费吹灰之力就将观看者喜欢的内容呈现在眼前，这种感觉谁会拒绝呢？

把自己当作学员，如果现在让你学习一门关于如何剪辑视频的课程，你是喜欢听纯讲授的课程，还是喜欢有视频演示的课程呢？我想大部分人会选择后者。如果你是培训师，要在课堂上讲解一段"产品的外包装操作流程"，你是单纯地讲，还是用一段短视频呈现的方式效果更佳？答案不言而喻，因为"听得见+看得见"让人更容易接受和理解。我们主要通过五种感官系统来感知世界和获取信息，据教育学家研究表明：人类接受知识主要是靠视觉和听觉。就其比例来说，视觉占83%，听觉占11%，如图4-13所示。在

记忆方面，只听不看的，三天后留下的印象是15%；边听边看的，三天后留下的印象是75%。由此可见，视觉和听觉占获取信息的94%，如果我们既能看到，又能听到，知识的记忆就会比传统的讲授效果好很多。

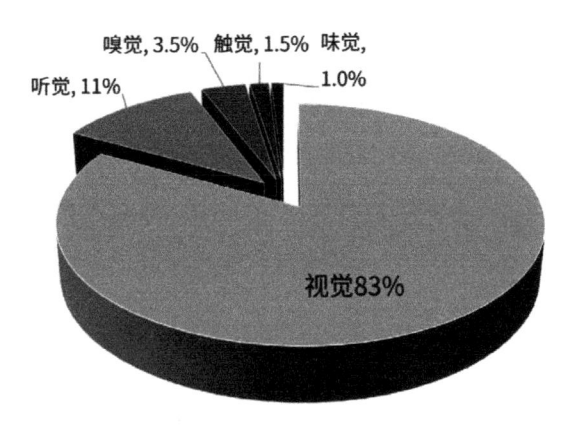

嗅觉，3.5%　触觉，1.5%　味觉，1.0%
听觉，11%
视觉83%

图4-13　人获取和接受知识的途径所占比例

在课堂中，翻转培训师要充分利用好"视觉+听觉"的教学方式，尤其是一些晦涩难懂的知识点，或操作性极强的技能方法，运用321视频微课来配合讲解，可取得事半功倍的效果。

应用案例：321视频微课在"AACTP翻转培训师认证"课上的应用

在"AACTP翻转培训师认证"课堂上，我们需要了解人的认知规律和学习方法之间有紧密的联系，这涉及一个心理学的概念——知觉学习，这个概念很多人第一次接触，如果仅靠口头讲解比较抽象难懂。

什么是知觉学习？知觉学习是我们与生俱来的一种学习能力，是指通过感官多次重复来感知事物，就能形成对事物规律的认知，也可以理解为是一种比较特别的学习方式，利用我们的五种感官系统，进行有效的多次训练，从而提升对知识的认知。

学员听完，估计脑子里只留下了一些模糊的信息，不太明白，更无法理解。

但用了321视频微课的方式后，结果截然不同了。将枯燥的概念制作成一个动画短视频，在视频中由漂亮的主持人来讲授，通过场景、人物和故事徐徐展开，短短2分钟的时间，学员全神贯注地观看，视觉、听觉被充分调动起来，最后配合翻转培训师的简单补充讲解，轻松搞定一个抽象难懂的知识点。图4-14为321视频微课的画面截图。

图4-14　321视频微课画面

一）什么是321视频微课

321视频微课是翻转课堂PECA（皮卡）设计模型中的技术之一，是在翻转课堂上针对一个知识点、技能点、案例，通过结构相对完整的短视频方式进行知识讲解的一种教学方法，但短视频需要符合"321"的原则。

3——视频应控制在3分钟以内

视频在制作或剪辑的过程中要有意识控制时长，并非时间越长效果越好。视频虽然轻松直观，但学员的注意力会有递减的趋势，过长的视频要求学员要有较大的耐心才能看完。

2——视频带来2种新冲击，包括认知层面和行为层面

平铺直叙的视频缺乏曲折、反转的趣味，没人喜欢看，有冲突、有新的冲击才更吸引人。新的冲击包括认知层面和行为层面，也就是一种反差或颠覆。

1——视频聚焦1个点

莎士比亚的名句："一千个观众眼中有一千个哈姆雷特。"意思是说每个人都会对作品有不同的看法和理解。同一段视频，有的人看剧情，有的人看自己喜欢的明星，甚至还有的人关注点在剧中人物的服饰，因此翻转培训师在制作视频或现场引导学员观看时，聚焦1个点，而且这个点是与知识点强关联的，否则视频就会变成课程中的"花瓶"，仅供观赏，没有教学效果。

二）哪些内容适合制作成321视频微课

311视频微课在课程中发挥最佳的效果，是适用于以下三类内容：抽象概念类内容、操作技能/流程类内容、情节简单的案例类内容。

1．抽象概念类

抽象难懂的概念，如前面所提到的"知觉学习"，单靠老师讲授是很难让学员理解的，毕竟听觉只占信息接收的11%，加上概念性的知识本身就比较枯燥乏味，很多老师自己讲着都觉得无趣，运用视频教学的方法就轻松、简单多了。

2．操作技能/流程类

例如，在课程"如何用好测量仪器"中，讲解各种仪器设备的操作和运用，得结合场景、流程、动作，用生动、准确、清晰的语言描述出来，真的太考验老师的演绎功力了，但最痛苦的是老师讲了半天，学员似乎听明白了，但一提问，让学员重复一下操作流程，学员就蒙了，胡编乱造一通，这是因为学员没有在大脑中形成画面，无法轻松理解和记忆。如果将测量仪器的操作步骤拍摄成短视频，就可以带领学员进入真实的操作场景，再加上老

师在一旁补充说明，这样培训师教得轻松，学员学得快乐。

3．情节简单的案例类

翻转培训师在课堂上常常需要运用案例来进行知识讲解，案例的呈现方式要么是PPT上的文字，要么是翻转培训师的口头描述，如果将案例制作成情景小剧，像"小电影"一样，将人物、对话、场景一一再现，学员在观看过程中将更容易身临其境，还原工作场景。例如，"如何做好向上沟通"的课程中，列举了一个向领导汇报时的反面案例，情节简单，只有两人，关键在于对话的过程。这样的案例就非常适合制作成视频，现场运用效果很棒。

三）321视频微课中的短视频如何制作

主要有以下四种方法作为参考，如图4-15所示。

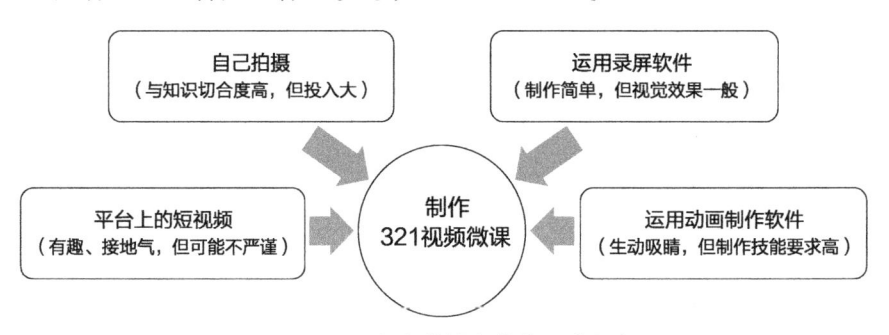

```
┌──────────────────┐              ┌──────────────────┐
│   自己拍摄        │              │   运用录屏软件    │
│（与知识切合度高， │              │（制作简单，      │
│   但投入大）      │              │   但视觉效果一般）│
└──────────────────┘              └──────────────────┘
           ↘          ┌─────────┐          ↙
                      │  制作    │
                      │321视频微课│
           ↗          └─────────┘          ↖
┌──────────────────┐              ┌──────────────────┐
│  平台上的短视频   │              │ 运用动画制作软件  │
│（有趣、接地气，  │              │（生动吸睛，      │
│   但可能不严谨）  │              │   但制作技能要求高）│
└──────────────────┘              └──────────────────┘
```

图4-15　321视频微课制作的四种方法

1．各种平台的短视频

每天打开手机，各种平台的短视频蜂拥而至，搞笑的、美食的、旅游的、科普的、娱乐的……应有尽有。这类短视频的优势就是有趣、接地气。我在课堂上经常讲一句话："讲了老半天干不过一段短视频。"的确如此，这类短视频在课堂上的播放效果非常好，但一定要用心甄选这类短视频并标注来源，因为培训课堂上的知识是严谨的、专业的，不可为了吸引眼球而滥用短视频，尤其是321视频微课中的视频，要起到传递知识的作用。

2．自己拍摄

课堂中的操作技能或情景短剧类的视频，由于需要与企业、学员有非常高的切合度，网上难以搜寻到类似视频，唯有自行拍摄。自己拍摄视频要求翻转培训师从设计脚本开始，到寻找合适的"演员"、现场摄像、布景等，会投入较大的人力、物力，但由于现在的手机具备了非常好的拍摄功能，大大降低了拍摄的难度。自己拍摄的视频与知识点结合度高，贴近业务且与真实工作场景紧密相连，在运用时能起到非常好的学习效果。具体拍摄流程可参考表4-12。

表4-12 自己拍摄视频微课的流程

步骤	要点
编写脚本	如果是情景短剧，脚本需要涵盖剧情背景、人物特征、场景要求、人物对白与表演要求、道具要求等内容 如果是操作技能类视频，脚本则需要重点涵盖场景要求、人物对白与操作要求、道具设备要求等内容
选演员	演员要选择表情自然、上镜、符合人物特点的 演员要吐字清晰、声音洪亮、普通话标准 演员要熟悉业务/技能、有一定代表性、稳定性、认可企业文化
现场拍摄	拍摄前与场地负责人沟通，说明拍摄目的、时间、场地要求等内容 场景布置要符合真实现状，道具和设备需要提前准备 拍摄时确保光线正常，降低取景角度和光线对画面的不利影响 运用"降噪麦"能更好地收音 现场检查视频问题，不符合要求可现场重拍，一个片段可预留多条视频备用
后期制作	视频剪辑时确保画面场景符合标准、人物动作和对白符合标准、声音音量大小合适、转场顺畅 视频字幕大小不影响学员观看，字幕无错别字 片头片尾、背景音乐、特效音乐、特效画面的添加 推荐视频编辑软件：剪映、爱剪辑、狸窝视频转换器（可转换格式）

3．运用录屏软件

这是目前培训界运用非常广泛的一种制作线上微课程的方式。在寻找视频素材的过程中，经常会遇到好不容易找到了合适的视频素材，但下载操作过于烦琐，而录屏软件的登场就可以直接录制电脑屏幕播放的视频，解决了翻转培训师的燃眉之急。录屏软件不仅可以在获得他人许可的情况下，录制别人的视频素材,还可以录制翻转培训师自己提前准备好的PPT课程,但在使用录屏软件时,需要确保录制到电脑系统的原音质或翻转培训师的人声,否则将影响视频的质量。具体录屏流程可参考表4-13。

表4-13 运用录屏软件制作视频微课的流程

步骤	要点
录屏软件选择	推荐软件:Camtasia Studio 录屏软件、EV 录屏、嗨格式录屏大师、Windows 10 系统自带的录屏软件 备注:需在他人允许的情况下录制视频
视频录制	如果是录制网上的视频素材可以在取得授权后直接录制,经过简单处理就可以插入 PPT 中使用 如果是录制翻转培训师的视频课,需要提前准备好 PPT、讲解话术、做好设备和话筒调试、找个安静的地方录制

4. 运用动画制作软件

运用动画制作软件制作的视频微课,画面生动有趣,人物有表情、有动作,视觉效果较好,深受学员的欢迎。这种视频制作方式比较适合运用在抽象概念类的知识上,但制作难度较大,需要掌握一定的制作技能,而且很多的动画制作软件需要付费,否则人物、素材、场景,包括最后的渲染、输出视频都会受限。具体制作流程可参考表4-14。

表4-14 运用动画制作软件/网页制作视频微课的流程

步骤	要点
动画制作软件选择	推荐软件:万彩动画大师、优芽互动电影
动画制作	动画制作软件有丰富的场景模板,可充分利用,如办公室场景、培训室场景等,选好场景为之后的动画设计打好基础 根据课程内容选好人物形象,包括动作、表情等 动画制作软件一般可以实现电脑生成配音,可免去自己录音 需要注意内容之间的衔接与转换,方便学员理解

四)321视频微课的教学流程

制作完的视频微课在正式的课堂教学中并不是播放一遍就结束了,为了确保321视频微课能够发挥更大的价值，翻转培训师还需要做好以下教学流程的把控。

1．播放前准备充分

在课程开始之前提前检查视频是否能够正常播放。翻转培训师需要使用正式的电脑、投影、音响设备来检查播放情况，确保在真实的环境中能够正常播放。在实际课程中经常出现播放事故，往往就是缺少检查，或者在非正式的环境下，用非正式的设备检查的。

围绕教学目的准备点评话术，提前预想学员观点不一致的情况和应对策略。

在正式播放之前，翻转培训师还需要对视频的背景、人物、事件做铺垫，说明学员观看视频的关注点和任务，以及观看完后需要点评和分享，让学员带着目的去观看视频。

2．播放中营造环境

在正式播放视频时，翻转培训师需要让学员保持安静，拉上窗帘，关闭灯光，调节音量大小，确保学员能够有最好的观看体验。

在必要的情况下可以暂停或重新播放视频，与学员一起记录视频中的要点。

3．播放后点评反馈

视频播放完后，翻转培训师需要安排小组讨论，让小组代表分享讨论结果。

在小组讨论后，翻转培训师做最后的点评和总结，求同存异，引导学员回归到课程核心知识点上。

在必要的情况下可以重复播放视频。

三、大使式分享：教就是最好的学

你是否听过一首老歌《独角戏》，歌词是这样的：

是谁导演这场戏

在这孤单角色里

对白总是自言自语

对手都是回忆 看不出什么结局

自始至终全是你

让我投入太彻底

这段歌词还原了很多培训师在讲台上的经历，正如歌曲最后所唱的"心碎只是我自己"。与其自己唱《独角戏》，不如换一首《有一种爱叫作放手》，敢于放手，让学员变成主角，让学员动起来、课堂就会活起来，而老师变成配角，管住自己的嘴，让自己少说一点，留出时间和空间给学员，将课堂变成师生合演的"大舞台"才会更精彩。著名教育学家陶行知先生曾指出："好的先生不是教书，不是教学生，乃是教学生学。"培训师要明白，在课堂上知识的传递并不是只有"老师讲授"这唯一的途径，试试"大使式分享"这一翻转新技术吧。

回想一下你的课堂是否存在以下情况？

- □ 课程的某个模块划分为好几个知识点，各个知识点都比较重要，但是内容较多。
- □ 针对几个同等重要的知识点讲解枯燥乏味，学员不爱听，效果较差。
- □ 针对几个同等重要的知识点讲解吃力，有种讲不下去的感觉。

以上情况很可能许多培训师都遇到过，干讲多个知识点实在枯燥；想用视频教学法，奈何找不到合适的视频素材，自己拍成本又太高；想用案例教学法，但如果多个知识点都用案例，那么案例的讲解和解析就要花费半天工夫。针对知识点太多、讲授有难度、学员不爱听的问题，翻转技术之"大使式分享"是个非常不错的选择。

一）什么是大使式分享

大使式分享能在有限的时间里实现最大限度的知识共享，它是一种相互教学及信息交流的学习方式。简单来看就三个动作：

（1）每个小组先学习其中一个知识模块；

（2）派代表到其他小组进行知识讲解和交流；

（3）代表返回本组后，小组成员分享自己的收获。

大使式分享的核心理念就是"教就是最好的学"，让学员学完后立马现场教其他的学员。这种学习方式不仅能让学员学得开心，也让翻转培训师教得轻松。

快速学好并掌握一门知识，最好的方法就是把这门知识教授给他人，在前面提到的"学习金字塔"（见图4-16）中，"学习内容平均留存率"最高的学习方式——教授给他人，对比其他方法留存率达90%。甚至几千年前，《礼记·学记》里就写道："是故学然后知不足，教然后知困。知不足，然后能自反也；知困，然后能自强也。故曰：教学相长也。"意思是，学习之后才能知道自己知识的缺乏；只有教了别人之后，才能知道自己对知识还有困惑、理解不清的地方；认识到了自己知识的不足就能自我反省，知道还有困惑就能自我提高。

	学习方式	学习内容平均留存率
被动学习	听讲 (Lecture)	5%
	阅读 (Reading)	10%
	视听 (Audiovisual)	20%
	演示 (Demonstration)	30%
主动学习	讨论 (Discussion)	50%
	实践 (Practice Doing)	75%
	教授给他人 (Teach Others)	90%

资料来源：美国缅因州国家训练实验室

图4-16　学习金字塔

大使式分享这一翻转技术正是"教就是最好的学"的最佳实践，不仅把学员的学习主动性调动起来，还推动学员对于知识的理解和记忆。因为在

"教"的过程中，学员经历了将知识从输入到内化、再到输出的过程，包含以下四个步骤，如图4-17所示。

主动学习　　梳理知识　　深度理解　　活学活用

图4-17　知识转化的四个历程

主动学习，心中有教学任务，想到能给他人分享有价值的知识，带有一种责任感和成就感，这会使内驱力猛增，学习的兴趣和意愿都大大增强。

梳理知识，在学习新知识的过程中对内容进行重新加工和梳理，将知识结构化，关联性更强。

深度理解，培训界常说一句话"要给别人倒一杯水，自己得先有一桶水"。要想教好他人，自己得先把知识学好、学透，这就需要主动思考，甚至还会寻找更多的补充资料，挖掘知识背后的逻辑，以便全面、准确地掌握这门知识。

活学活用，在教的过程中，如何将知识与听的人结合起来？听众可能会提出什么问题和挑战？如何避免？不断琢磨知识输出方式，将"死"知识与"活"应用有效地结合起来。

在了解完大使式分享这一技术的核心理念——教就是最好的学后，我们一起来深入学习吧。为了让你更快、更好地掌握这项技术，下面提供一个真实的应用案例，解析大使式分享的全过程。

> **应用案例：大使式分享在课程"自控力——从被动到主动，实现员工的自我管理"中的应用**

在课程"自控力——从被动到主动，实现员工的自我管理"中，有一模块的内容是——警惕自控力"六大陷阱"，也就是我们常说的失控的六种方式：

- 道德许可
- 恐惧对冲
- 破罐子破摔
- 向明天赊账
- 有样学样
- 自控力损耗极限

面对这六个知识点，如果都由老师讲授，不仅冗长还很无趣，估计讲到第四个陷阱，学员已经没有耐心听下去了，但如果这六个知识点不讲清楚，接下来的课程重点——破解招数，学员就根本无法理解。怎么办？翻转培训师心中有"翻转"，手里有技术，解决方法就有了！

首先，给学员观看一段动画视频"瓜哥失控的故事"，视频描述的男主——瓜哥在经历一场劫难后，为了庆祝自己"大难不死"，犒劳自己，结果连续掉进六个失控的陷阱。视频非常有趣，而且清晰易懂。在观看时，翻转培训师要提醒学员做好记录。

然后，视频观看完毕后，现场学员分为六个小组，每个小组领到一份补充学习资料——六大陷阱其中的一个。接下来，各个小组结合视频信息和学习资料，先在组内学习、研讨所负责的"陷阱之一"，然后提炼知识点，并且绘制一幅与失控陷阱相关的场景图。

接着，每个小组派一名代表，这个代表就是"大使"，出访到其他小组。此时，每个小组的成员都被打散，与来自其他小组的成员组成全新混编小组，"大使"们轮流分享自己小组的知识、观点、场景图。

分享完毕，"大使"返回各自原先的小组，再次相互交流他们所看到、听到、学到的知识。

看到此，以为结束了？还差最后一步，翻转培训师的总结和反馈。翻转培训师全程做好观察和记录，最后不仅要点评"大使"们在分享过程中的精彩点，更要简明扼要地把"六大陷阱"中的关键信息再次强化，以确保学员对这部分知识的认知和理解没有太大偏差。

应用案例讲完了，虽然你没到现场，但透过文字描述应该能感受到课堂现场的投入和兴奋。学员先放松地看完一段有趣的动画短视频，然后领到各自的任务，小组内先热火朝天地讨论一番，再绘制场景图，不用在意画画水平如何，学员经常"自我安慰"——我们都是抽象派，表达出内容意境就可以了。整个课程中最重要的时刻就是"大使"们出访，向他人传授知识、分享心得。当学员讲到自己特别有"感觉"的内容时，往往两眼放光、手舞足蹈。大使式分享这项技术最大的魅力就是让参与者体验分享的快乐，领悟教授他人时的成就感。

看到此，你可能会想，这项技术挺有意思的，但我怎么才能用好呢？

- 大使式分享适用于课程中哪些场景？
- 分组的数量要与所学知识点数量对应吗？
- 如果我没有应用案例中那样的视频给学员观看怎么办？
- 需要提前给学员准备学习资料吗？
- 小组内的讨论，提炼知识点一定要匹配"场景图"吗？
- 具体的操作细节是什么？过程中有什么"坑"？

接下来的内容就为你解答以上疑惑。

二）大使式分享的应用场景

大使式分享在课堂中的应用其实非常广泛，只要有多个知识点，并且能让学员在短时间内理解和掌握，便可以使用大使式分享。

1. 课堂内容中有4~6个知识点，而且知识点之间是并列关系

例如，前面案例中"自控力——从被动到主动，实现员工的自我管理"课程里的六大陷阱，就是六个并列关系的知识点，各知识点相互独立，不存在轻重程度之分。但如果是"六个步骤""四个流程"之类的，知识点之间

存在着递进关系或时间关系，就不适合运用"大使式分享"这一技术了。

2．仅靠老师干讲，乏味且无趣，学员难以记忆

在课程中，有些知识点又多又杂，不讲不行，因为影响后面内容的学习；讲又乏味，学员听不进，更别说记住了。运用"大使式分享"，既可以提高学员参与度，又可以在教的过程中增加对知识的印象。

3．知识点的难度不能太高

难以在短时间内学会的知识点，或者是专业性太强的知识点，建议不采用大使式分享。因为对于学员来说挑战太大，自己都搞不懂、学不会，又怎么教他人呢？就算硬着头皮上，教授的内容也可能有较大偏差。所以选择知识点的难易程度要与学员的背景相结合，背景包括学员所处行业、专业水平、学历、职级等。

三）大使式分享的操作步骤

前面的应用案例已经将大使式分享的操作过程解析了一遍，你的脑海中有了大致的流程。大使式分享的操作步骤可参考图4-18。

分组学习　　　　　　　大使出访　　　　　　　大使归组

图4-18　大使式分享的操作步骤

在具体实施时，有如下操作细则和注意事项。

1．分组学习

在分组学习环节，翻转培训师需要根据内容模块数将学员分成几个小组，如有六个内容模块就分六个小组。可以在课前分好组，学员按组入座即可，或者根据课堂中实际需要学习的模块数灵活分组，但要确保每组人数大

于或等于内容模块数。

2．学习准备

在学习准备环节，每个小组会拿到一份材料进行学习和交流。这里要求翻转培训师提前准备好学习资料，资料的形式不限，可以是视频，也可以是打印好的文档，还可以是图文并茂的卡片，但学习资料要易于学员学习和理解。每个小组领到不同的学习资料后，翻转培训师需要提醒各小组"学"与"教"的两大职责，"用好"小组组长，发挥组长的组织和带领作用。在"教"的层面，翻转培训师建议各小组把要讲授或分享的内容可视化，用A1白纸或A5便笺纸绘制下来。给每个小组预留10~15分钟的学习时间。

3．大使出访

任命各组"大使"，可以采用直接指定、小组推选、个人自荐等形式。在大使出访环节需要根据小组数安排出访人数，如现场有六个小组，就需要派出六位大使分别去不同组，按照材料顺序分享自己小组的观点。在大使出访前明确小组大使出访顺序，如顺时针、逆时针转或指定顺序，并且明确每名大使在每组的讲授时间，控制在6~10分钟比较好。

4．大使归组

在大使归组环节需要让小组成员按照资料顺序简要交流，分享所学知识。翻转培训师也可以走到小组旁，了解、检测学员对知识的掌握程度。最后翻转培训师要对过程中出现的问题及知识模块的重难点进行提炼、总结。

四）大使出访时，分享与表达的结构化

"大使"们出访，去各个小组分享和讲解时，除了要避免照本宣科，直接把翻转培训师给的资料读出来，也要避免"信口开河"，想到哪儿讲哪儿，让听的人难以理解。因此，翻转培训师可以对大使的分享与表达做出结构化的规定，按照"说事实、讲意义、连接/行动"三个层面来分享，具体话术参考表4-15。

表 4-15　大使出访表达结构与参考话术

结构化分享	参考话术
讲事实	我看到的核心内容是什么 我印象最深刻的是什么
说意义	这部分内容的现实价值和意义是什么 对此，我是如何理解这个部分的
连接/行动	这部分内容跟我工作的连接是什么 我在之后的工作中会如何应用

五）运用大使式分享注意点

（1）课程开始前需要提前分组，可以采用报数或趣味分组的小游戏，小组数要与内容模块数相同。

（2）确保发放给每个小组的学习材料能在6~8分钟学完，超过这个时间学员容易走神或疲劳，其次还要为学员预留小组内分享的时间。

（3）大使出访流动规则要清晰，为了避免混乱，翻转培训师可以现场给指令。例如，小组成员顺时针或逆时针流动，每个人要去不同桌。

（4）为了增加体验感和趣味性，可以增加视觉道具，如画布、卡片等。

（5）当众分享和讲解会让人有压力，因此在这一过程中翻转培训师要不断地鼓励和肯定"大使"们。

（6）最后翻转培训师一定要进行补充、总结，或者答疑，以避免出现学习偏差。

四、图形化呈现：图比文更利于记忆

著名的物理学家爱因斯坦（4-19）曾坦言，他在考虑问题时是先用图像来思考的。爱因斯坦在思考一些物理问题和物理场景时，他会先在脑海中用图像来思考，思考完之后再把结果转换为数学语言。像他提出的狭义相对论就是在这样的思考过程中产生的。

图4-19　爱因斯坦插画

不仅爱因斯坦如此，我们普通人对图像的感知能力也非常强，而且这种图像感知直接影响着我们的记忆。你有没有这样的体会，童年时代许多微不足道的事情，在几十年后你仍然能清晰地回想起来：放学后常和小伙伴去的那条小溪，清澈的溪水哗啦啦地流，甚至小溪旁那朵花的颜色；课间休息时玩的游戏，和谁玩，怎么玩似乎都历历在目。再问问你几年前看过的电影或电视剧，今天你也能回忆起故事中的主人公当时做了什么，在什么样的环境中做的。但很有意思的是，如果问你三天前下班做了哪些事情，估计你需要想一段时间；今天上午刚和同事谈了哪些事，具体说了什么，可能你也想不起来了。是什么原因导致我们的记忆有如此大的区别，前面已经揭晓答案了，是因为图像，而追根溯源，是因为左右脑记忆形式的不同。

人的大脑分为左、右两部分，就是我们熟知的左脑和右脑。左脑与右脑形状相同，功能却大不一样，如图4-20所示。左脑主要控制语言、文字、数据、推理、分析……我们一般把左脑称为逻辑脑或理性脑；右脑主要控制图像、直觉、色彩、想象力、创造力……我们一般把右脑称为图像脑或感性脑。左右脑分工不同，记忆形式也不同，左脑用语言进行信息的处理和存储，其特点是记得慢、忘得快，相当费时；而右脑是用图像进行信息的存储，其特点是记得快、忘得慢，甚至会过目不忘，最重要的一点——右脑记忆力是左脑的100万倍。

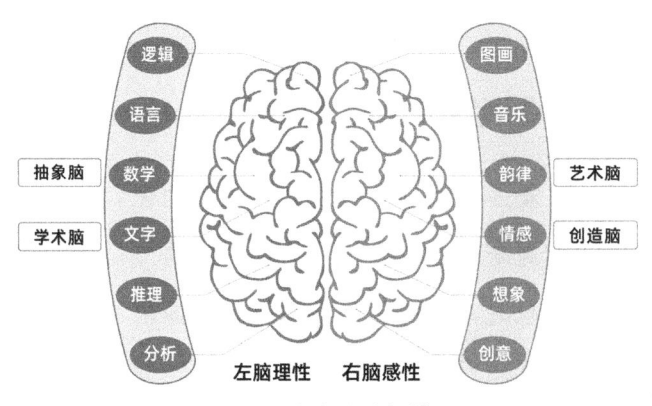

图4-20　左右脑功能差异

在远古时期，人类的右脑比较发达，因为要在恶劣的自然环境中生存需要更敏锐的感觉，尤其是对于危险的直觉。如果突然在树林中看到一只巨大的猛兽，大脑的直觉反应就是恐惧，然后化为行动——转身赶紧跑！倘若不是这样，而是用左脑理性地思考和分析一下：这个猛兽之前见过吗？危险程度有多高？我应该用什么样的防御方式更恰当？脑子刚转，估计"啊呜"一声，人早没了。但随着时代的发展，进入工业时代、数字时代，人类利用左脑的频次明显高于右脑，因为在职场中我们需要系统的逻辑思维，需要更深层的理性分析，所以出现了左脑明显比右脑发达的情况。我在课堂上经常调侃："看到台下的你们，个个表情一致，严肃、认真，就知道天天对着电脑、对着方案、数据，不是思考分析就是冥思苦想，对情感啊、想象力啊几乎绝缘了，右脑越来越萎缩，最后只有理性没有人性（感性）。"如此长期在工作中使用左脑的习惯，也导致我们在输出信息时，习惯性地用大篇幅的文字，密密麻麻的数据。最常见的场景就是汇报工作时，PPT上的文字和数据罗列，似乎只有这样才能证明自己工作的严谨度和专业度。

回到培训课堂，许多培训师在讲授课程时也是如此，习惯性地用左脑思维的方式传递知识，在投影仪上呈现的PPT只有文字，或者信息量超大的数据图表，这样的形式对于学员的学习理解会造成很大的挑战。作为翻转培训师，我们要意识到人类天生就对图像有天然的偏好，图像化的内容更容易被记忆。图像化容易让人产生联想、留下印象，并且夸张、有趣的图像更容易让人记住。那在课堂上，如何用好图像激发学员的右脑，增强记忆呢？很多的人理解就是寻找与内容相匹配的图片即可，图片的确能很好地烘托文字信息，但无法传递知识的关联性和结构化，所以你需要学习的是翻转新技术——图形化呈现。

一）什么是图形化呈现

图形化呈现，是指将知识信息通过特定的图形、模型呈现，从而使学员快速识别知识的核心要素和关联性，更利于记忆和理解，如流程图、循环图、矩阵图、梯形图、要素图等。

我们通过一个案例来对比一下，就能理解什么是图形化呈现。

> **应用案例：图形化呈现在课程"终身成长"中的应用**

在课程"终身成长"中，培训师需要向学员讲授两种不同的思维方式：固定型思维模式和成长型思维模式。这两种思维模式有何不同？遇到挫折或挑战时，会有什么样的反应和行为？

第一种知识传递和呈现的方式：文字墙！真让人崩溃！

> 固定型思维，就是认为人的能力是固定不变的，当遇到挫折和挑战的时候，有这种思维的人很容易被失败打倒，陷入负面情绪的漩涡，为自己贴上否定的标签；成长型思维则认为，人的智力和才能是可以通过培养得到提升的，就算是遇到失败，也只是说明自己当下这一方面的能力不足，只要保持不断学习的心态，就能够获得成长。当遇到挑战时，固定型思维模式的人会尽量避免挑战，而成长型思维模式的人会积极地迎接挑战。当遇到阻碍时，固定型思维模式会让人更倾向于自我保护，很容易就选择放弃，而成长型思维模式的人在面对挫折时会坚持不懈，不会轻言放弃。
>
> 两种思维模式对努力的看法也是不同的。固定型思维模式的人否定努力，他们认为努力是没有结果的，甚至努力会带来更坏的结果，因为他们相信，人的智力和能力都是注定不变的。而成长型思维的人刚好相反，他们相信智力和能力都可以通过训练得到提升，他们崇尚努力，努力会激发人的才能，让人取得更高的成就。接下来，我们再看看当面对批评时，这两种思维模式的人会有什么不同表现。固定型思维模式的人讨厌批评，抗拒批评，很难从批评中接收到有用的反馈信息。回忆过往工作中，有的人一听到批评，就下意识地抗拒，要么生气反驳，要么沉默，用无声代表拒绝和抵抗，这都是固定型思维的代表。而成长型思维的人在面对批评时，会主动思考被批评的原因，从批评中学习，避免下次出现类似的错误。

第二种知识传递和呈现的方法：一张图就轻松搞定了！（见图4-21）

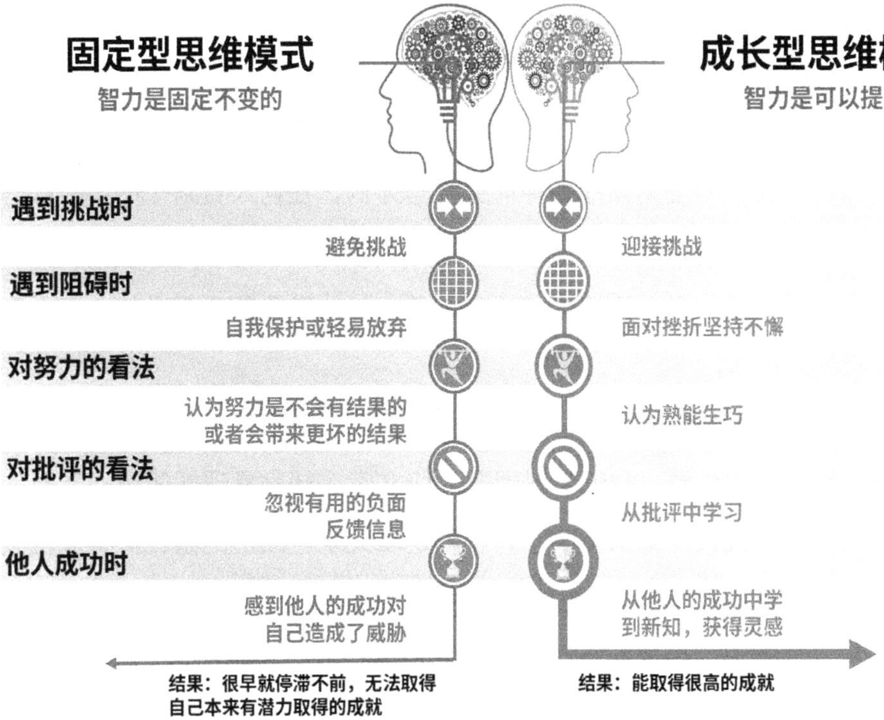

固定型思维模式	成长型思维模式
智力是固定不变的	智力是可以提高的
遇到挑战时：避免挑战	遇到挑战时：迎接挑战
遇到阻碍时：自我保护或轻易放弃	遇到阻碍时：面对挫折坚持不懈
对努力的看法：认为努力是不会有结果的或者会带来更坏的结果	对努力的看法：认为熟能生巧
对批评的看法：忽视有用的负面反馈信息	对批评的看法：从批评中学习
他人成功时：感到他人的成功对自己造成了威胁	他人成功时：从他人的成功中学到新知，获得灵感
结果：很早就停滞不前，无法取得自己本来有潜力取得的成就	结果：能取得很高的成就

图4-21　固定型思维与成长型思维的不同

图形让两种思维模式的对比一目了然，简洁、直观。对大多数人来说要记住大篇幅的文字内容很困难，但记图轻松多了。现场的学员还把这张图拍摄下来，保存在手机里，以便随时翻看，时刻提醒自己，打破固定型思维，塑造成长型思维。

二）一图胜千言，图形化呈现的优势

通过上面的案例可以发现，相对大段的文字，真的是"一图胜千言"。图形可以直观地表达自己的思想，让对方理解和记忆。

1．清晰简洁

一些难以诠释的想法或概念，要么很难找到准确的词汇来说明，要么需要花很长的篇幅才能讲明白，有时甚至还说不明白，这时候用图形化的方式表达出来就简单多了。

2．直观易懂

PPT制作有句口诀叫"文不如表、表不如图",意思就是要"视觉化"。图形是由线条、箭头等组成的,不同的组合就能表现内容之间的关联。例如,以我们司空见惯的各种箭头符号为例,任何人看到"⇨"这样一个符号,就能毫不费力地理解它所指的方向是向右。显然,图像的理解性远高于文字。更重要的是,无论哪种语言,"⇨"的意思都是相通的,不需要经过翻译就能理解。

3．利于记忆

记忆是理解的结果,我们难以理解大段文字,却容易理解简洁、清晰的图形。图形中的线条、箭头指明了内容的逻辑关系,图形的组合形状激发我们的想象,甚至图形中的色彩也能调动我们的情感,这些都让我们更容易记住图形包含的知识。很多人听说的"记忆大法"——位置记忆法、链接记忆法、宫殿记忆法等,其实基本原理都一样,都是通过图像、图形进行的右脑记忆。

"一图胜千言"的例子在培训界比比皆是,许多经典课程都有一个经典的图形,我们也称之为"模型",这是图形化的更高境界,如图4-22所示。

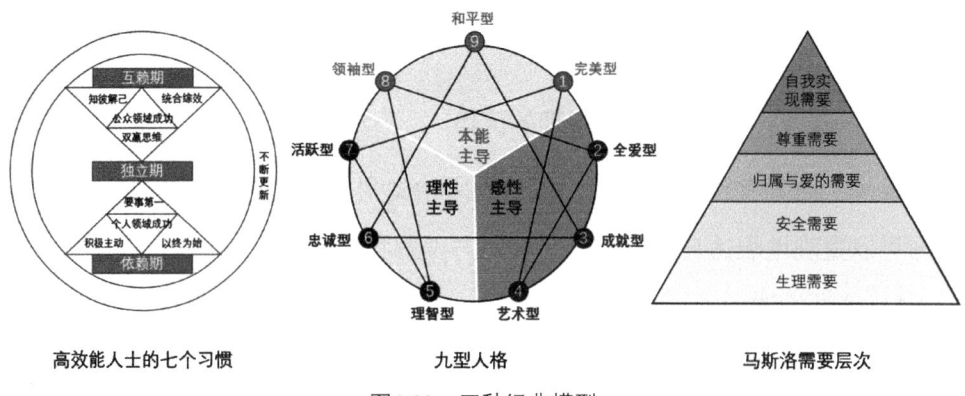

图4-22 三种经典模型

- "高效能人士的七个习惯"的习惯模型图，一张图揭示了如何从3个阶段和1个循环培养7个习惯；
- "九型人格"的九芒星图，揭示了3个直觉中心、9种性格特征、27种副型和81个变化；
- 著名的"马斯洛需要层次"，是最早的激励理论之一，是众多管理学科的基础。

这些经典的图形，将课程中的核心要素和要素间的关联性系统地呈现出来，有利于学员记忆和运用。

三）常用的图形及表达的逻辑关系

图形并不是我们简单理解的三角形、圆形、矩形等，而是线条、箭头、形状、颜色的组合，不同的组合会产生不同的内容关系，所以用好图形的一个基本点就是熟知常用图形及所呈现出来的逻辑关系。随意乱用图形会让学员产生理解的偏差。表4-16展示了八种常用的图形及表达的逻辑关系。

表4-16　常用图形及表达的逻辑关系

图形名称	参考图形样式	表达关系
逻辑图 （决策树图）	主题→A→a1,a2；B→b1,b2	分层递进关系，常用于决策或分析
循环图	A→B→C→D→E→A	循环（反复）关系，用于任务或事件的连续序列，强调阶段或步骤

续表

图形名称	参考图形样式	表达关系
要素图		各要素之间的并列关系，以及与中心的总分关系
结构图		显示上下之间的层级关系，最上层是核心主题，与下一层是包含与被包含关系
金字塔图		显示层级关系，塔的最底层 D 一般代表基础，越往上越重要
靶心图		核心与外延的关系，由内向外延展，其中最核心的是中心部分 A
流程图		递进关系，用于显示任务、流程或工作中的顺序或步骤
矩阵图		四个象限与整体之间的关系，其中的箭头指向代表不同的方向或维度

四）图形化呈现的操作流程

图形不是凭空捏造的，一般是根据文字信息整理绘制而成的。翻转培训师可通过以下几个步骤，有效地实现图形化呈现。

1．厘清逻辑关系

翻转培训师需要先梳理呈现的知识点属于哪一种逻辑关系，是类似"PDCA（计划、执行、纠偏、处理）"那样的循环递进关系，还是像"目标制定SMART原则（具体、可衡量、可实现的、相关性、明确期限）"那样，属于并列的要素关系。图形化呈现的过程实质是对知识重新梳理的过程，之前设计课程时，PPT课件上的内容是随意放上一大段文字，可一旦要用图形时，你不得不重新审视这段文字放得是否适当。

2．提炼关键信息

图形中还有一个必不可少的关键元素，就是文字。图文并茂，相得益彰。此时的文字是经过高度提炼的核心字词，不可将大段冗长的文字放上，否则图形的简洁、直观就无法体现了。请你试着找找下面"演讲的力量"课程中的关键信息，将关键信息用笔圈出来。

> **"演讲的力量"课程**
>
> 好的演讲需要具备两个基础和五个关键技巧。
>
> 两大基础：洞见和结构。
>
> 五大关键技巧：
>
> 第一个是联系——与听众建立起信任的纽带，让听众愿意认真听你说；
>
> 第二个是故事——运用故事的魅力，引起听众的情感共鸣；
>
> 第三个是解释——深入浅出，把复杂的东西简单化；
>
> 第四个是说服——用推理一步步征服听众；
>
> 第五个是展示——给听众惊喜。

3．绘制图形

最后，翻转培训师可以根据逻辑关系和关键信息手绘或用电脑软件绘制图形。以"演讲的力量"课程为例，它的逻辑关系有两种，一种是两大基础与五大技巧由内向外的关系，另外一种是五大技巧之间的要素并列关系。它的关键信息有洞见、结构、联系、故事、解释、说服和展示。所以最终可以选择类似靶心图的图形结构来呈现相应知识，如图4-23所示。

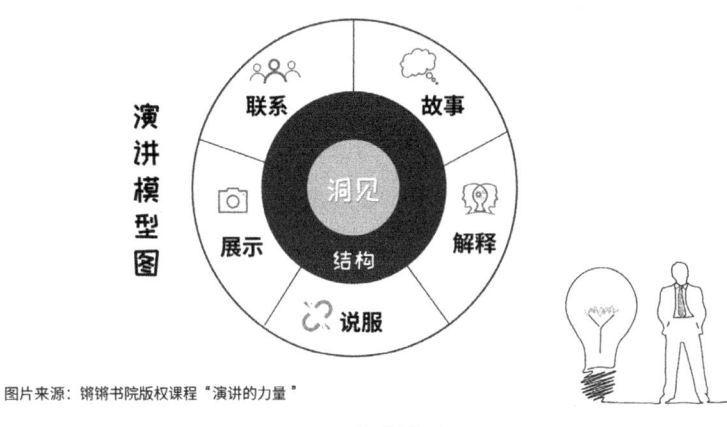

图片来源：锵锵书院版权课程"演讲的力量"

图4-23　演讲模型图

图形既可以自己绘制，也可以借鉴或引用一些现成的图形，在此基础上修改。推荐常用的两种方式，如图4-24所示。

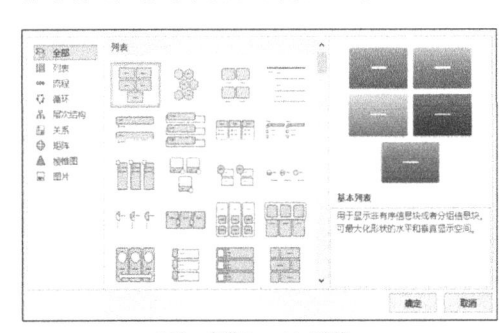

Office自带SmartArt功能　　　　　　　　　　PPT模板中包含的

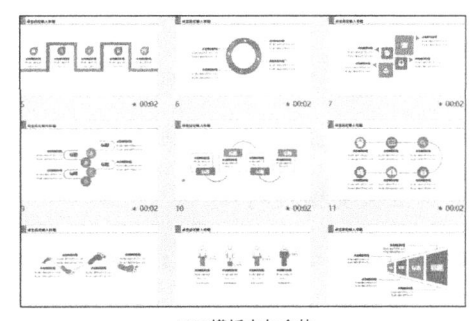

图4-24　两种图形修改方式

好的图形需要经过反复推敲、打磨，真正的好图能将思想性、知识性、趣味性三性结合。不过，现在最重要的是操练起来，接下来我们来做一个练习，请你根据练习给出的文字，依照图形化呈现的操作流程将文字信息转化为图形模式。

> 练习："终身成长"的成长型思维塑造法

塑造成长型思维的四个步骤：

第一步——接受，就是觉察到自己的固定型思维模式并敢于直面问题。

第二步——观察，通过观察事实和反思，找出造成固定型思维模式的原因。

第三步——命名，就是给这种思维模式贴个标签，这样做的目的是进一步强化并警示自己。

第四步——教育，就是自我修理，修理自己的固定型思维模式，让它变成成长型思维模式。

阅读完"终身成长"的案例文字，请你将以上内容的逻辑关系、关键信息，以及你想绘制的图形写在下方空白区。

逻辑关系是什么？	关键信息有哪些？	你绘制的图形是？

五、案例拆解法：让知识讲解深入浅出

哈佛大学的案例教学法闻名遐迩。早在1908年哈佛商学院成立时，第一任院长就有了案例教学的想法。在之后的教学发展中，案例教学成了哈佛商学院非常重要的一种方法。在1921年，哈佛商学院出版了第一本案例集，并且之后每年都要编写大概350个案例出版，涉猎广泛。哈佛商学院案例的影响已经超出了校园。例如，哈佛商学院出版社建立的案例教学资源平台，据统计，2001年平台的免费案例下载量就超过50万个，并且卖出了超过600万

个案例。案例教学的方式培养出了一批社会各界的精英人才，更可贵的是，案例教学的产物不仅是每个案例的决策方案，还形成了"知识共享"的学习氛围。

在培训课堂上，案例教学更是必不可少，管理类的课程大多会引用优秀企业的管理案例；复盘的课程一开始必会提到美国军队在越南战争中的"王牌飞行员训练计划"的案例，因为这是复盘（After Action Review，AAR）的最早起源；沟通类的课程更是少不了企业里各种沟通场景中的案例，因为少了案例，整个课程像方法论大宣贯，没有场景和代入感。讲到这，相信对于案例教学法大家都已熟知，但"案例拆解法"很少有人知道。这两种都是以案例为主，但运用方式不一样，接下来我们要来学习的就是翻转课堂PECA（皮卡）设计模型中的技术——案例拆解法。

一）什么是案例拆解法

案例拆解法是在翻转课堂上传递概念、知识、方法时，通过列举典型案例，并且分析、提炼出案例中的关键信息，最后结合知识点进行讲解的一种教学方法。说得简单点，就是运用案例来讲解某个难以理解的知识点，具体流程如图4-25所示。

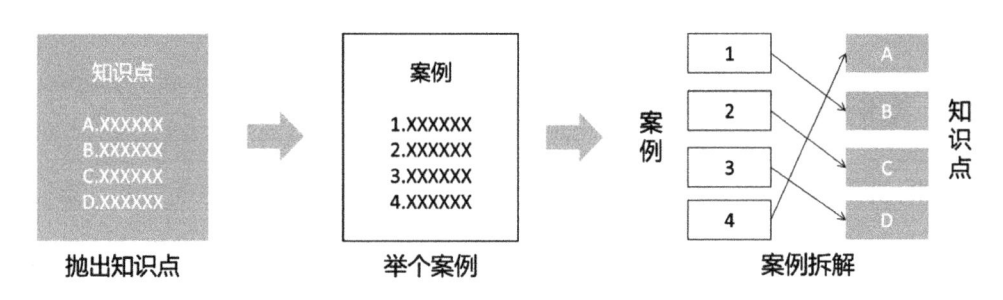

图4-25 案例拆解法流程图解

案例拆解法不等于随便举例子。案例拆解法不是泛泛地找例子，而是针对性地找论据；不是平铺直叙，而是生动地讲故事；不是简单举例子，而是结构化地拆解。

> 应用案例：案例拆解法在课程"刻意练习——从新手到高手"中的应用

在锵锵书院版权课程"刻意练习——从新手到高手"中，有一个重要知识点，刻意练习的三大招：

- 创建套路
- 走出舒适区，反复训练
- 即时反馈

这三大招单纯讲特别费劲，学员听完可能还是停留在"大概"明白的层面，但如果用案例拆解法，学员就能快速理解。在课程中我们引用了2019年奥斯卡最佳纪录片中的一个案例——男主角亚历克斯（Alex）徒手攀爬酋长岩。酋长岩是全世界最具标志性的岩壁之一，堪称"世界上最难爬的一面墙"。它是近乎垂直的花岗岩巨石，高914米，约有306层楼高，走错一步，就可能粉身碎骨。而亚历克斯徒手攀爬，全程不使用任何安全保护，他是怎么做到的呢？正是刻意练习。

第一步，创建套路，就是要找到达成目标的方法、策略、规律等。亚历克斯为了完成这次极限挑战，酝酿了8年，精心准备2年。他和团队共同设计了一套独特的训练方法：包括拆解训练难点和记录过程，并且不断调整——亚历克斯和团队把岩壁分段拆解，讨论每一段的难点，不断进行带绳训练，并且实地排除各种障碍；亚历克斯有记录各种情况变化的习惯，包括多次失败的尝试和自己身体肌肉的反应，同时不断调整训练的方式，从而做足风险应对准备。

第二步，走出舒适区，反复训练。"舒适区"是一个人习惯的方式，在这个区域人们会觉得熟悉和安全。如果在这个区域练习，你会得心应手，但你能学习的东西很少，进步缓慢。亚历克斯如何突破自己的舒适区呢？之前的亚历克斯讨厌吃蔬菜，害怕拥抱和跟陌生人说话，但是为了攀登酋长岩，保持最佳体重和体型，他开始吃各种蔬菜并保持素食习惯。为了获得更多的攀爬交流，他学会拥抱他人，学会与更多人接触。此外，他投入大量的时间不断训练，大家知道亚历克斯为了这次攀爬，准备了多长时间吗？不是几天，不是几个月，而是整整8年。

第三步，即时反馈。亚历克斯每次跟朋友踩点后都会讨论——难点、手脚点、动作，并且记录在他的笔记本上。然后，他停下来闭上眼睛，在脑海中开启"自动驾驶"模式，开始攀登，一次次更新，直到这些要点一遍又一遍像烙印般印在他的脑海中。有效的反馈方式，不仅能纠正错误，强化正确的行为或方法，还能检验训练的效果。

培训师讲完案例之后还会再与学员一起回顾案例中的知识点，重新回顾刻意练习的三大招。大部分学员都能一次性记住这三大招。

至此，案例拆解完成了，你掌握其中的精髓了吗？课程中先给出刻意练习三大招的纯干货知识点，然后为了让学员理解和记忆便举了个与知识点完美契合的案例，学员能很快对应上原来的干货知识点。通过案例拆解，学员不仅能很好地理解知识点，还能轻松地记住知识点。

在《让大脑自由》一书中有句话是这样描述的："与中性事件相比，人们往往更容易记住那些引起情绪反应的事件。"案例中有场景、故事、人物、冲突和疑问，自然能引发学员的兴趣和情绪反应，也就能很好地促进对知识的理解和记忆。对于培训师来说，重点知识、难以理解的知识如何让学员听得进？听得明？甚至记得住？那就用好案例拆解法吧。

二）案例拆解法与案例研讨法的区别

很多人觉得"案例拆解法"与"案例研讨法"是一样的，都是运用案例。其实，它们是不一样的。

首先，运用目的不同。案例拆解法是翻转课堂PECA（皮卡）设计模型中"知识结构化"部分的一种技术，所以目的是运用案例讲解某个知识点，以便学员更容易听明白和理解。而案例研讨法运用案例的目的是通过引导学员现场分析、讨论案例，培养的是学员分析问题、解决问题的能力，所以如果放在翻转课堂PECA（皮卡）设计模型中，应该是属于"场景化连接"的一项技术。

其次，案例的细致程度不同。案例拆解法与知识点的结合度非常高，例如，知识点是"刻意练习的三大招"，在编辑和拆解案例时是围绕"三大招"中的每一招进行的。再如，引用案例来讲解《非暴力沟通》中的四个要素——观察、感受、需要、请求，那么该案例的编辑和拆解也是围绕这四个要素——进行，而不是简单地抛出一个案例信息。而案例研讨法中的案例主要是用于研讨解决方法，所以案例有背景信息、场景、人物和疑问就可以，重点是突出真实性和研讨的价值。

最后，运用方式不同。案例拆解法是先抛出一个知识点，然后引用案例带着学员一步步把核心知识点拆解呈现出来。而案例研讨法是先抛出案例，然后通过学员热烈的讨论，最后得出案例的答案或解决方法。简而言之，案例研讨法是通过案例找答案，而案例拆解法则是通过知识点找案例，前者没有固定的答案，后者有固定的答案。

三）好案例从何而来

案例去哪儿找？怎么找到好案例？这些是令许多培训师头疼的问题。首先，我们得先明确一个好的案例应具备什么特征。好案例需要满足真实性、典型性、相关性和趣味性。

1．真实性

在根据知识点寻找案例的过程中，案例尽量要确保真实性，不要虚构，需要经得起推敲，符合一定的逻辑。回忆一下，你是否曾为了方便而胡编乱造过很多案例呢？例如，案例主角的名字不是叫"张三"就是叫"李四"，一看就知道是随意取的；案例的故事线一听就知道在正常的工作或生活中不太可能发生,这样的案例往往没有说服力,因为并不能引起学员的兴趣和情绪反应。

2．典型性

在寻找案例时,翻转培训师需要花费大量的时间,因为一个好的案例,一定要具有代表性和典型性。案例最好是工作或生活中经常遇到的场景,通过案例学习可以举一反三。例如,工作中经常遇到的上下级冲突的场景;与企业背景相似的事件;时下众所周知的热点新闻;经典影视剧作品中具有代表性的片段等。

3．相关性

在寻找案例时,案例与要传递的知识内容高度相关、高度匹配,才能让学员在后续的案例拆解中快速对应知识点。再真实、再生动、再典型的案例如果脱离了知识点,那么再好的案例也不能达到理解和记忆知识点的目的。

4．趣味性

能引发学员的兴趣或好奇也是案例选择必不可少的一个条件。选择新鲜、真实、具有冲突情境的典型案例,避免选择那些陈旧、简单、流水账式的案例。

案例的收集和编辑也非常关键。翻转培训师可以从这几个方面收集案例:

- 公司的案例知识库
- 公司过往的一些新闻、热议事件
- 社会公众关注的焦点、热点事件
- 行业内的一些标杆案例
- 书籍/名人传记
- 主流短视频网站
- 资讯平台/较权威的公众号

- 主流知识付费平台
- 影视剧中的经典故事改编成案例
- ……

在确定运用某个案例后，还需要从多种途径收集更多、更全面的信息，才能完成后续的编辑和打磨。例如，前面提到的"刻意练习三大招"的案例，亚历克斯整个训练过程如何进行？与一般人训练攀岩的方法有什么不同？采用了哪些方法？具体有什么细节？酋长岩的难度真的超乎常人想象？要想拆解好案例，就必须对案例了解全面，所以不仅要从影片中收集信息，还得从网络、书籍中补充收集和了解。如此一来，之后的案例编辑、打磨、优化，才能让案例以更有趣、更贴近知识点的形式呈现出来。

四）案例如何呈现才更有吸引力

案例拆解法是围绕知识点来讲解案例，如果选择的案例很经典，案例经编辑和打磨后非常贴近知识点，但最后在呈现部分"破功"就太可惜了，此处的"破功"指的是前台讲解的时候平铺直叙，索然无味，学员听了觉得还不如直接讲知识点算了，何必大费周折弄个案例。在授课时将案例生动、有趣地呈现也非常关键。有个快速有效的方法——SCQA法可以运用。

SCQA法与MECE法一样，是《金字塔原理》一书中非常重要的结构化工具。SCQA法原本是为了让咨询顾问在汇报方案时能够快速抓住客户的注意力而提出的一项结构化表达工具。案例拆解法中有很多案例属于叙事性的案例类型，针对叙事性的案例可以用SCQA法的表达结构呈现出来，让案例变得像故事一样生动有趣、引人入胜。

S：背景（Situation），描述案例的情景或场景，语言简洁，不宜过长，而且焦点突出。

C：冲突（Complication），描述案例的冲突和矛盾，制造起伏才能激起兴趣和情绪。

Q：疑问（Question），抛出问题，引发好奇心，引出如何解决冲突的问题。

A：答案（Answer），最终给出答案，展开阐述。

接下来我们通过一个案例，了解SCQA法是如何呈现案例的。

SCQA法案例呈现

在翻转课程"精力管理——超越时间管理的效率提升课"中，我们在讲知识点"意志精力"时挖掘到了一个非常棒的案例——曹德旺是如何通过企业家的意志精神，一步一步成为"中国玻璃大王"的。首先围绕该案例，我们通过多种方式收集全面的素材，包括曹德旺的企业开拓历程，他个人的一些经历故事、经典语录等。然后，我们结合知识点进行整理、打磨和提炼。最终在课堂上，我们运用了SCQA法呈现曹德旺通过找到自己的使命而保持意志精力充沛。

背景：曹德旺，他是鼎鼎有名的"玻璃大王"，他创建的福耀玻璃集团，是中国第一、世界第二大汽车玻璃供应商。

冲突：曹德旺原来只是玻璃厂的一个采购员，后来承包了这家年年亏损的玻璃厂，短短几年时间，他彻底改变了中国汽车玻璃市场100%依赖进口的历史。

疑问：从一个普通人到现在的传奇人物，他是如何做到的？

答案：最重要的原因是找到了自己的使命——立志做中国人的汽车玻璃！使命让曹德旺有了坚定的意志力，不惧困难，坚持到底。接下来我们就一起解读曹德旺的使命之路……

第四章　技术传授：手把手教你设计翻转课堂

总　结

在这一小节中，你了解到了哪些信息？有什么感受？有什么启发？有哪些方法可以应用到实际工作中？

√ 信息：_____
_____

√ 感受：_____
_____

√ 启发：_____
_____

√ 行动：_____
_____

第六节　模拟体验的设计和技术运用

上一节我们学习了知识结构化的五项翻转技术，从本节开始我们将学习模拟体验的相关技术。模拟体验技术的设计是翻转培训师非常重要的一项能力，他是将流于纸面的知识立体化，将知识精髓融入各种体验环节，让学员在体验的过程中加深对知识的理解和记忆，并且获得新知。模拟体验运用的也是行动学习的理念，学员可以在做中学，对知识的理解会更深刻，转化会更高效。

本节一共会介绍五项模拟体验技术，分别是GRIP游戏化体验、视听体验、啊哈测试、视觉道具、即兴戏剧，你将学习各种有趣的模拟体验技术。

当你将这些技术应用到自己的翻转课堂时，相信学员会爱上你的课堂，同时还能比以往有更多、更深刻的体会。

一、GRIP 游戏化体验：进入心流状态

相信很多人一听到"游戏"两个字就会兴奋、愉悦，脑海中会浮现有趣、热闹、好玩等的场景。著名未来学家、世界顶级未来趋势智库"未来学会"游戏研发总监——简·麦戈尼格尔（Jane McGonigal）在《游戏改变世界》一书中提出了关于游戏的几个重要观点：

- 游戏唤起我们的积极情感，快乐、热爱、释然、敬畏和自豪；
- 游戏让我们有更强的社会联系，在游戏里需要合作才能赢；
- 游戏能够提升人的幸福感，点燃头脑里的那根快乐雷管；
- 游戏激励我们主动挑战障碍，发挥个人强项；
- 游戏让我们保持专注、投入，甚至进入心流状态。

虽然《游戏改变世界》一书中的游戏主要指互联网上的游戏，但这些观点与培训中使用游戏的作用是相同的，培训中的游戏同样能唤起积极情感、激励挑战，只是会更侧重寓教于乐。"寓教于乐"一词最早源于古罗马时期的文艺理论家贺拉斯的著作《诗艺》，他在著作中的本意是指文艺作品既要有教育的功能，也要有娱乐的功能。他的这个思想对后世的文艺创作和文艺思想产生了深远的影响，至今仍是衡量文艺作品优劣的标准之一。到了现代，寓教于乐被人们所熟知，《现代汉语词典》的解释为："把教育跟娱乐融合为一体，使人在娱乐中受到教育。"简单说，就是把玩与学结合起来。在培训界这就是我们熟知的一种教学方法——游戏化教学，这种教学方法已经被广泛应用。游戏虽然被学员喜欢，但在实际的运用过程中，常常会遇到一些问题：

- 不知如何选择游戏，好像适合在课堂上玩的游戏特别少；

- 不知怎么调动学员对游戏的兴趣，吆喝半天没人参与；
- 现场玩得挺热闹，但启发性少，与内容的结合度不够深；
- 学员有时会挑战规则，不按常规的套路"出牌"；
- 往往会有一些不可控的"意外"发生，导致游戏结果与目标"分崩离析"
- ……

这些问题直接影响了整个课堂效果，如何有效应对这些问题？如何用好"游戏"这项活动？接下来一起学习翻转课堂PECA（皮卡）设计模型中的技术——GRIP游戏化体验。

一）什么是GRIP游戏化体验

GRIP游戏化体验是把学习变成游戏，将玩与学巧妙地结合在一起，在轻松的氛围中、欢快的活动中，甚至激烈的竞争中，引导学员去参与、感悟和体会，进入心流状态。

什么是心流状态？其实我们都曾经历过心流状态，例如，沉浸于一本好书、痴迷于绘制一幅画、融入一部电影、废寝忘食地挑战一项收获颇丰的任务……当一个人进入心流状态时，会有哪些表现？

- 注意力高度集中在当下
- 自我意识消失
- 遗忘时间
- 充满掌控感，不担心失败
- 行动会马上得到反馈
- 行动与意识相融合
- 体验来自活动自身的价值
- 每一步都有明确的目标
- 挑战与能力平衡

这些表现在培训课堂上就是最佳的一种学习状态，那如何通过游戏化体验让学员进入心流状态？通过一幅图来说明，图4-26中纵坐标表示挑战的难度由低到高，横坐标表示技能的掌握程度由低到高。如果翻转培训师设计的游戏难度过高，大大超出学员目前的能力时，学员觉得无法完成，就会感到畏惧和焦虑。相反，如果游戏过于简单，或者学员已经玩过，知道游戏的结果，也就没了参与的兴趣。只有挑战难度和技能水平相持平时，学员才有可能进入心流状态，即最佳的学习状态。

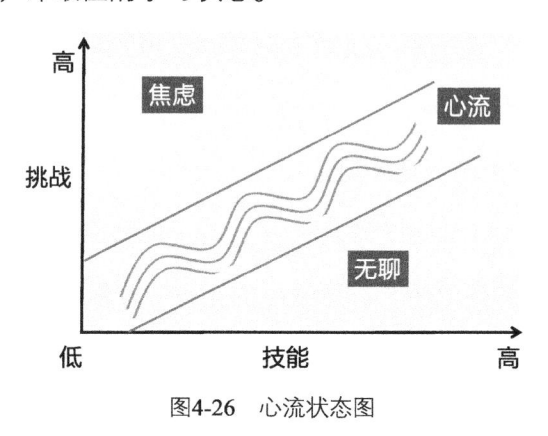

图4-26 心流状态图

二）GRIP游戏化体验的四个要素

好的游戏化体验必须满足GRIP四个要素，这也是"GRIP游戏化体验"中四个英文字母的由来。

1．Goal：目标明确

游戏的目标有两个，一个是培训师运用游戏的底牌目标，是为了带来思维方面的转变，还是加深对某个知识点的认知？在选择和设计游戏的时候培训师必须清晰这个目标。第二个目标就是游戏参与者（学员）努力达成的具体结果，这个目标是具有一定挑战性的，太简单的游戏很难调动学员的参与度，难度太大，学员也会"望而止步"，缺乏参与的勇气。

2．Rules：规则清晰

一听到玩游戏，很多学员已经跃跃欲试，有想玩的冲动了，此时老师说

"别急,仔细听好规则",然后像念说明书一样说出一串又长又复杂的规则,十几分钟过去了还没讲清楚,学员都快失去想玩的兴致了。游戏规则要清晰易懂,方便操作,还可以释放学员的创造力,培养策略性思维。规则最好5分钟内讲解清楚,如果无法用语言清晰描述,可以用图画展示,或者请学员上台配合示范,让学员快速理解:

- 游戏目标是什么?
- 可以做什么?不可以做什么?
- 如果违规会有哪些处罚?
- 有哪些道具可以运用?
- 最终获胜是否有奖励?

此外,翻转培训师在设计游戏时要预判过程中可能存在的风险或不可控因素,提前做好预防和规避风险。

3．Immediate Feedback:及时反馈

玩游戏的过程中会遇到一些挑战或困难点,此时要给学员玩下去的动力,这就需要及时反馈。翻转培训师要留意学员的游戏进度和玩法,提示学员距离目标还有多远,目前的玩法是否需要调整,调整的方向和策略是什么。反馈可以是一种正向激励,激励学员不断有玩下去的动力,而不是中途放弃。这个反馈可以来自翻转培训师,也可以来自在场的其他伙伴。

4．Participation:自愿参与

自愿参与要求所有参与游戏的学员都了解并愿意接受目标、规则和反馈,让学员知道游戏活动是安全且愉快的。在参与环节,翻转培训师需要充分调动每位学员的积极性,并且让每位学员在游戏中都有自己担当的角色,参与的深度往往影响领悟的深度。翻转培训师也要思考,人在什么情况下不愿意参与游戏?回顾图4-26,如果游戏难度太大,学员一看搞不定,就不愿参与;如果游戏太简单,没有刺激度,学员也没兴趣投入。所以翻转培训师

要结合学员的情况，调整游戏难度或提升学员玩游戏的技能。此外，游戏结合有趣的道具是提升参与度非常好的方法，道具我们会在接下来的"视觉道具"小节中详细讲解。

翻转课堂上的游戏也需要体现寓教于乐的思想，要确保玩和学是一体的。好的游戏不是一闹而过，而是要与课程知识点紧密结合，让学员通过游戏掌握某个知识点、某项技能或转变某个态度，普通游戏教学与GRIP游戏化体验的不同如图4-27所示。

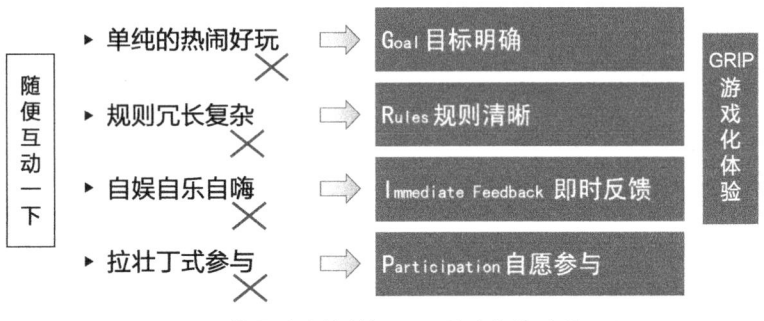

图4-27 普通游戏教学与GRIP游戏化体验的不同

应用案例：GRIP游戏化体验在"金字塔原理"课程中的应用

在翻转课程"金字塔原理"中，其中一个知识点——用金字塔原理构建结构的四大核心原则：

- 结论先行
- 以上统下
- 归类分组
- 排序逻辑

翻转培训师讲解完，如何推动学员对这个知识点的理解和记忆呢？玩个游戏吧——爱的魔力券！

游戏目的：学与玩融合，通过一套有趣的卡片，让学员更好地理解和掌握金字塔原理的四个原则。

游戏规则：以小组为单位，先将15张卡片进行分类，再进行提炼概括，并最终绘制成"金字塔结构"上台呈现，限时8分钟。

课堂游戏效果如图4-28所示。

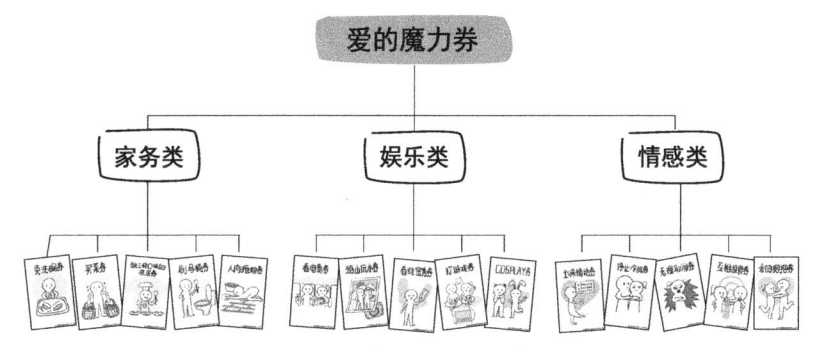

图4-28　爱的魔力券课堂效果图

这个游戏的设计和应用就充分参考了GRIP的四个要素。在培训现场，翻转培训师将游戏道具一发，气氛立刻轻松起来。各个小组成员自发地聚到一起，埋头苦干。卡片增加了游戏的趣味性，游戏又与知识点紧密联系，真正实现玩与学相结合。

游戏道具："爱的魔力券"卡片（如图4-29）。

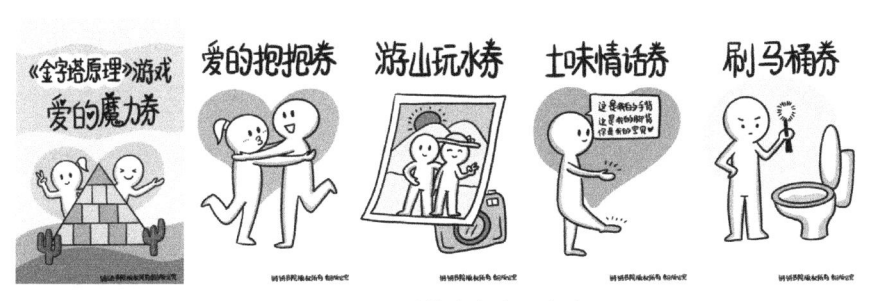

图4-29　"爱的魔力券"卡片

三）GRIP游戏化体验的特点

游戏化教学经常出现的状况就是学员上课玩得非常开心，但下课后脑袋空空。很多传统的培训师认为，当学员注意力不集中时来玩个游戏，课堂氛围就会立马提升，但培训师没有认真衡量游戏能在知识、技能、态度上给学员带来哪些帮助。活跃课堂氛围、提高学员注意力是一方面，另一方面，作为新时代的翻转培训师，我们还要有行动学习的理念，让学员在做中学、玩中学，这是我们在应用GRIP游戏化体验时需要长远考虑的问题。

因此，GRIP游戏化体验与传统培训中的游戏相比有以下五个特点。

1．围绕主题

我们在前面已经反复强调游戏化教学需要满足寓教于乐的特点，所以游戏内容要与课程内容相匹配，帮助学员在游戏中思考或模拟解决实际问题。

2．容易操作

游戏化教学的效果也源于学员对游戏规则的理解程度，游戏化体验设计要简单、易操作，避免学员花大量时间在理解规则上。

3．借助道具

道具的加入可以营造更真实、有趣的场景，也可以提高学员的注意力。游戏化教学的道具还要有趣。就像"金字塔原理"课程的"爱的魔力券"，它在内容和视觉的趣味性上都更能激发学员的参与，增强体验感。

4．全员参与

传统培训中，很多游戏只有小部分人参与，大部分人都是旁观者，但在翻转课堂上，游戏的设计不会忽略任何一个人，每个人都是游戏中的一员，这就要求翻转培训师在设计游戏时要考虑每个学员都要有角色，这也确保了每个学员都能在游戏中获得新知。

5．带出知识点

传统培训中的游戏结束后，培训师往往草草收场或马不停蹄地讲解其他知识点。而在翻转课堂上，游戏结束并不意味着真的结束，翻转培训师还需要围绕知识点点评升华，加深学员对知识点的理解。

四）GRIP游戏化体验的教学流程

好游戏最终实现的效果靠的是现场的流程把控。最后我们一起来看看

GRIP游戏化体验的具体操作流程吧,如表4-17所示。

表4-17　GRIP游戏化体验的教学流程

操作流程	具体细则
道具准备	提前准备,确认参与人数和对应数量的道具 道具检查,是否符合游戏的要求 有备无患,多准备几套道具备用,防止教学过程中道具被不慎损坏 发放时间,道具要在介绍完规则、分配好角色之后分发,以免分散学员的注意力
场景准备	桌椅的位置是否要调整,以利于学员走动 场景是否安全,以避免意外发生
介绍规则	简单清晰,避免冗长复杂 有效示范,可以边讲解规则,边做道具使用示范。示范时尽量走近学员,或让学员调整观看角度,确保学员能清楚游戏规则和道具的使用方法 明确奖罚,奖罚规则需要提前向学员说明
角色说明	所有人都是玩家,根据游戏内容确定角色分工和任务,尽可能让所有人参与其中,但要在可控的范围内 如果游戏中涉及观察者或需要知道游戏内情的角色,翻转培训师需单独召集他们到一个角落私下说明,并且要求他们做好保密工作,确保其他学员在不知情的情况下正常表现
游戏把控	留意时间,可设置一些节点提醒学员,保证游戏在限定时间内完成 可以在游戏正式开始之前让学员试着玩一遍游戏,学员不懂的地方可以马上解答,这样有利于游戏正式开始后的过程把控 在游戏过程中注意观察学员的体验和感受,以便游戏结束后总结升华
游戏反馈	游戏结束后,翻转培训师需要揭晓正确的解决方法,也可以让成功过关的学员来展示结果 如果设置了奖励机制,翻转培训师需要第一时间兑现奖励
分享点评	邀请学员分享在游戏过程中的启发和收获 "当局者迷,旁观者清",如果游戏中有设置观察者,在参与者分享完之后还可以让观察者分享观察结果 翻转培训师做总结归纳,带出课程知识点,帮助学员更深入地理解内容

接下来,我们通过一个GRIP游戏化体验的实操案例,感受一下关键的操作流程和细节。

应用案例：GRIP游戏化体验"五喜临门"

在翻转课程"精力管理——超越时间管理的效率提升课"中，为了让学员感知"精力"的影响，我们运用了一个游戏"五喜临门"，现场操作流程如下。

道具准备：每人一张A4纸和签字笔。

介绍规则：

画手掌，如图4-30所示，一只手按在A4纸上，另一只手用笔画出手掌的轮廓；

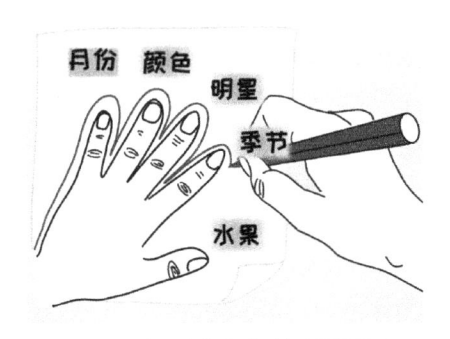

图4-30 "五喜临门"游戏规则图示

写五喜，先从大拇指开始，写出你最喜爱的水果，然后依次在食指、中指、无名指、小指对应的上方写出你最喜爱的季节、最喜爱的明星、最喜爱的颜色和最喜爱的月份；

找签名，在场内找到有相同喜好的人，在有相同喜好的A4纸上签名，3分钟内，获得最多签名的人有奖。

游戏把控：观察学员找签名的进度，在只剩1分钟时，提示时间；同时留意一直没找到同样喜好的学员，提醒他们可以在场内吆喝一下，找到的概率会高些。

游戏反馈：游戏结束后，找到最多签名的学员上台领奖，并且请他大声念出获得的签名。

总结点评：经过这个小游戏，现场氛围热烈了不少，大家的精神状态也明显比之前提升了不少，这是为什么呢？因为当我们在现场到处找小伙伴要签名时，我们的体能精力在上升，而当我们发现与自己有相同喜好的人时，会非常兴奋、开心，此时，情感精力在上升。一个小游戏就让我们感知到精力的影响，精力除了有刚才提到的体能精力、情感精力之外，还有哪些？我们如何才能有效提升精力呢？接下来就请认真听听今天的课程吧！

二、视听体验：营造最佳的感官效果

每个人的童年里一定有一个记忆深刻的动漫人物或影视人物，无论是放学后还是寒暑假，孩童时期蹲在电视机前等待着看自己最爱的影视作品，这早已成为我们的习惯。

电影是一种综合艺术，它容纳了戏剧、摄影、绘画、音乐、舞蹈、文字、雕塑、建筑等多种元素的现代科技与艺术的综合。早在1895年，法国的卢米埃尔兄弟就拍摄并放映了第一部电影，但当时的电影没有声音也没有色彩，所以1927年以前的时期被称作"默片时代"，最具代表性的莫过于喜剧大师卓别林的系列影视作品。

随着技术的发展，电影有了声音和色彩，并且从原来的2D到现在的3D、4D、5D，甚至更先进的电影技术。它们从原来只在视觉、听觉上给观影者带来巨大的冲击，到后来在触觉、嗅觉等方面也能让人有身临其境之感。可见，人们对视听体验的追求越来越挑剔，也越来越极致。视听体验确实可以在很大程度上满足人们对快速获取信息、享受娱乐方面的需求。

在体验的相关理论中，最著名的莫过于心理学中的"峰终定律"，这是由诺贝尔奖得主，心理学家丹尼尔·卡内曼（Daniel Kahneman）提出的。我们的体验记忆是由两个因素决定的，一个是过程中的高峰体验，另一个是结束前的最终体验，也就是说，如果在一段体验的高峰和结尾，你的体验感是愉快的，那么你对整段体验的感受就是愉悦的，即使过程中可能有许多时候你也会感到痛苦，如图4-31所示。峰终定律给我们翻转培训师的启示是，如果整个教学过程都是平均的、毫无起伏的，那么学员对于课堂的感受和记忆也是平淡的，会很快遗忘。但如果重点设计一些体验环节，让学员产生愉悦感的高峰，那学员对于整堂课程的感受和记忆也是愉悦的，甚至会超出期望。例如，刚学习完的翻转技术GRIP游戏化体验，精心设计的游戏是非常有可能增强学员体验感的。而接下来学习的"视听体验"也可以制造效果极佳的峰值体验。毕竟这是一个短视频"横霸天下"的时代，课堂上你苦口婆心地讲了半天可能也比不过一段短视频，因为短视频能很快把学员带到特定的故事与场景中。

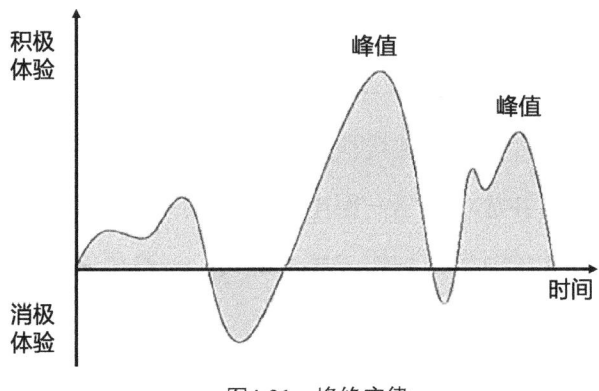

图4-31 峰终定律

一）什么是视听体验

视听体验就是在翻转课堂上，创造多感官的学习环境，采用影视剧片段、短视频、音乐等教材，使学员在视觉、听觉上形成多方位的感受体验，从而促进学员对于知识的理解和记忆。

有读者可能会问"视听体验"和"321视频微课"有什么区别吗？虽然主要元素都是视频教学，但最大的区别在于运用的目的和效果。"321视频微课"属于翻转课堂PECA（皮卡）设计模型中"知识结构化"的一项技术，运用的目的是传授知识，由翻转培训师讲授变成由视频来讲授，所以视频内容是知识点；而"视听体验"是属于翻转课堂PECA（皮卡）设计模型中"模拟体验"里的一项技术，运用的目的是增强对于某个知识点的理解和记忆，所以视频内容可以更丰富。

接下来，我们通过一个应用案例来加深对"视听体验"的理解。

应用案例：视听体验在"学九型，提升职场沟通力"中的运用

在翻转课程"学九型，提升职场沟通力"中，让学员更好地理解和记忆九种人格的典型特征是个难点。如果仅靠翻转培训师讲解完九种不同的人格特征，估计学员听完晕头转向，一堆的信息在脑海里打架。怎么办？上视频吧！

在课堂上，翻转培训师先播放一段人物视频，但是是无声的。然后，让学员猜猜视频中的人物具备哪种人格特征？依据是什么？现场学员的参与度非常高，讨论热烈，各说其词。孰是孰非则由视频中的主角们自己说吧。接下来，翻转培训师播放这些人物的一段自述，通过这段自述，学员对不同人格的代表人物都有了更清晰、更直观的认知，包括他们肢体行为、语言风格、着装饰品、喜欢的背景装饰等，图4-32为人物自述视频截图。

图4-32 人物自述视频截图

短短几分钟的视频，给学员带来的体验和参与是远远高于讲解的。最为重要的是，通过视频，学员对于"不同人格的典型特征"这个知识点有了更

深的理解和记忆。

看完上面的案例，可能你会问了："去哪儿找这样的视频题材？好像我都没有发现可以用在课程中的教学视频。"其实视听体验中的视频或音频来源十分广泛，接下来推荐几种常用的题材和获取的途径。

二）视听体验常用的题材

1．电影、电视剧片段

前面案例中提到的不同人格人物的视频，就可以从许多经典的影视作品中找到，例如，电视剧《亮剑》中的男一号李云龙，《中国合伙人》中的三位主角，《角斗士》中的主角马克西姆斯，《加勒比海盗》中的杰克，《唐人街探案》中的唐仁和秦风等。好电影，尤其是一些经典影片，都成功地塑造了具有鲜明个性的主角。当然，找准人物的必要条件是你对知识的理解要到位，对电影人物的解读也要到位。

运用这类视频，注意剪辑的方式和效果，毕竟可能很多学员没有观看过这些电影。如果剪辑的片段太乱，没有前后铺垫，那学员也会产生疑惑。此外，最好剪辑一些趣味性较强的片段，而不是无聊的场景或对话。对于任何影视片段，培训师若用于商业场合，需要注意版权问题，以免发生侵权问题。

2．热点、新闻事件的视频

新闻每天发生，视角各有不同。引发众人关注的焦点、新闻事件，也是课堂上常常运用的题材。

例如，在"质量管理"课程中就会引用"海尔砸冰箱的故事"；在"财税管控"课程中就会引用某咖啡品牌财务造假的事件；在"招聘面试技巧"中就会引用综艺节目《初入职场的我们》中孟某如何脱颖而出获得总裁董女士青睐的事件等。这些事件通过视频的形式在课堂上运用，很容易引发学员的关注和好奇，而且这些事件与课程内容的结合度一般比较高，教学效果非常好。

运用这类视频,要注意清晰度和长度,如果视频太模糊、看不清,学员的体验感会非常不好;而播放时间过长,超过5分钟,学员会失去观看耐心。

3．著名人物的视频

名人、明星这些公众人物影响力大且知名度高,尤其是培训现场的学员多多少少都有自己熟悉或喜欢的男神、女神,如果在课堂上看到他们的事例,学员愉悦的体验感会迅速上升。

例如,我们在翻转课程"演讲的力量"中,一开始就引用了全球顶尖的演讲平台TED掌门人——克里斯·安德森的一段演讲,就是凭借这场演讲,他拯救了TED这个平台。这段视频带出演讲的最大核心——分享有价值的思想,而且要用你独特的方式真诚地分享。课程的第三章节,在讲解演讲的五个技巧时,又运用了著名企业家、新东方教育集团创始人俞敏洪的一小段演讲,拆解他演讲中的技巧——联系、故事、说服、解释等。如果没有这两段视频,这个课程就没有了灵魂,没有了最直观的视听体验。

运用这类视频,同样要注意剪辑的方式和效果,既要让学员看得明白,也要确保与内容紧密相关。

4．创意短视频

这类短视频你几乎每天都能看到,已经成为互联网内容传播的一种方式。这类短视频有原创拍摄的、有剪辑加工合成的,贴近大众,比较接地气,很多人一打开手机刷短视频就停不下来了。因此,在课堂上运用此类短视频时,学员很快有共鸣。

例如,在"职场表达与沟通"课程中有一个知识点——用对方的语言才能让对方快速理解你的意思,就是我们常说的"说人话"。这个知识点听起来简单,但讲解起来有点无趣,没有场景感和画感,学员听着没感觉。这时来一段短视频——营业厅工作人员和大爷对话,学员边看边乐,看完了也就搞明白什么是"说人话"了。简单描述一下这个短视频的场景：

一位大爷到营业厅办理电话卡。

大爷：办个2G卡。

工作人员：办个5G的吧，5G的网速快啊！

大爷：我就打个电话，我就办个2G卡就可以。

工作人员：2G的你只能给大婶们发个信息，3G的你可以看到大婶们的照片，4G的你能看到大婶们跳广场舞，5G就不一样了，5G你能和大婶们一起跳广场舞！

大爷毫不犹豫地大声说：办个5G卡！

整个短视频节奏快，情节起伏，再加上浓浓的方言，短短27秒，全场学员个个咧着嘴大笑着看完，很轻松就理解了对应的知识点。

运用这类视频，最需要注意的就是视频内容不可低俗，明显有违"三观"的视频绝对不可采用，所以需谨慎筛选。

5．综艺节目的视频

例如，《奇葩说》是一档说话达人秀综艺节目，融入了许多辩论的元素，吸引了大批80后、90后甚至00后观看，其中不少高手的精彩辩论令人拍案叫绝。

《超级演说家》是一档语言竞技真人秀的节目，有许多励志感人的演讲。这些演讲观点鲜明、善于引经据典，又不失幽默风趣，看了之后让人深受启发。

以上这些综艺节目的视频，结合课程中的内容，经过精选和剪辑之后，将是课堂上非常好的视听素材。

6．特定场景的录音

视听体验中除了视频，还有音频也是非常好的题材。例如，在课程"如何有效处理客诉"中，为了让学员更好理解面对客户异议时，如何有效处理和应对，翻转培训师可以选择一些工作场景的真实录音作为学习资料，不仅可以还原工作场景，还可以让学员站在"第三方"的角度客观思考和分析。

这类音频可以设计脚本，请人提前录制好，也可以在获得授权后，直接引用真实的工作录音。

运用录音需要注意声音的清晰度。此外，因为没有图像，学员聆听时注意力难以集中，可以在PPT上呈现匹配的录音字幕。

7．音乐

音乐也是视听体验的一个元素，虽然与知识点没有紧密的关联，但在营造氛围、吸引注意力等方面发挥着重要作用。恰当舒适的音乐可以营造相应的氛围，或活泼、或安静、或感动、或兴奋……声音有抑扬顿挫，音乐也有高低起伏。音乐所带来的情绪波动如同心电图般上下摇摆，如图4-33所示。我们可以在开场、研讨、游戏、课间、结尾使用合适的音乐以达到调动学员情绪的目的。

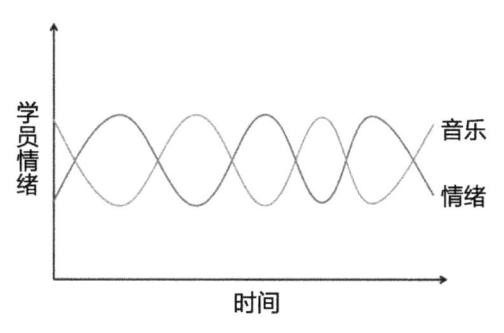

图4-33　音乐与学员情绪变化的关系

1）开场音乐

翻转培训师一般都会使用音乐暖场。在培训开始前，利用欢快的音乐衬托氛围可以让学员在未进入状态或半梦半醒间提高情绪状态。一天当中，早上的开场与下午的开场都很关键，特别是下午，在困倦的状态下一首醍醐灌顶的音乐能帮学员醒醒神。

2）研讨音乐

我在大量的培训中发现，在研讨环节播放轻快一些的轻音乐可以提升研讨效率。学员会因为音乐音量的大小来调节自己研讨的音量，当学员的音量盖过音乐声的时候，所有学员的音量都会随之提高；当整场的音量都提高时，整个课堂的研讨氛围将达到高潮。需要注意的是，音乐的音量大小要控制在合理的范围内，如果学员需要扯着嗓子才能盖过音乐，效果将适得其反。

3）游戏音乐

我在游戏环节一定会准备紧张、节奏感强的音乐，因为此类音乐不仅可以调动学员欢快的情绪，也可以渲染紧张气氛，提升学员的竞争意识。

4）课间音乐

课间音乐的主要目的是让学员放松身心，可以使用舒缓、轻松的音乐作为背景烘托，太吵闹的音乐反而会影响学员放松。

5）结尾音乐

结尾的音乐是一场培训结束时的灵魂，是最后一次高潮的助推剂，因此音乐的选择就尤为关键。我喜欢使用张震岳的《再见》作为一场培训的结尾音乐。因为这首歌曲轻松、活泼，歌词中又表达了依依不舍和期待下次相见的心情。每当这首音乐响起，我都会在教室门口与学员一一道别，挥挥手并说句"下次见"，学员也会与我愉快地道别，这样的画面往往也是整场培训中最为感性的环节。

我使用的音乐经常引发很多学员的情绪共鸣，有学员直言不讳地说："老师使用的音乐很赞。"音乐的选择不仅要考虑播放的场景，还要考虑学员的年龄层次和欣赏水平。

三）如何营造最佳的视听体验

1. 选好视频

下面罗列了几条视频选择的要点，请在你认为正确的要点前面打钩，看看你对视频选择要点的理解情况。

☐ 视频选择要主题鲜明，与课程内容相匹配。

☐ 视频需要控制时长，3分钟以内为宜。

☐ 选择的视频要容易看懂，剧情、人物比较简单。

☐ 选择的视频要有矛盾、有冲突，更能吸引眼球。

☐ 选择的视频要保证高清晰度，营造良好的视听体验。

以上的五个要点你选了几个？其实这些都是选择视频需要考虑的要点，这也是实现最佳视听体验的基础。

2．确定播放形式

视频播放的方式也是影响视听效果的一个因素。有很多老师经常在课堂上面临视频打不开的突发情况，急得抓耳挠腮，不知所措。台下的学员个个翘首以盼，等着看视频，结果老师越急越打不开，最后学员非常扫兴。所以需要确定好视频的播放形式，并且提前做好测试。在培训课堂上，视频播放的形式主要有三种，如表4-18所示。

表4-18 视频播放的三种形式

形式	播放器	超链接	插入视频
操作	直接用播放器播放	链接PPT中的某张图片或某段文字	将视频直接嵌入PPT中，与PPT融为一体
优势	可随时调整播放内容	点击链接就打开	从课程内容到视频播放，非常快速、便捷，还可远程操作自动播放
弊端	需要在PPT和视频间切换、选择，众目睽睽之下，可能选错	文件保存路径有变化时，链接打不开，须提前测试好	PPT变得非常庞大，不利于传输

3．把控实施流程

为了把视听体验做得更好，最后我们总结了一套实施流程，如表4-19所示。

表 4-19　视听体验实施流程

流程	要点
调控设备	提前测试音频线、视频打开方式 音量是否合适 调节灯光亮度，呈现最佳观看效果又不影响学员记录笔记
介绍剧情	介绍主要剧情、人物、观看重点 简明扼要，不可絮絮叨叨，影响观看心情
提出任务	提示学员重点观看什么 思考什么，记录什么，带着问题观看
观看视频	注意观察学员的状态，兴致勃勃还是索然无味 确保达到观看效果
组织讨论	将视频与课程内容进行连接 引导学员探讨分析，触发更深层思考 （提示：此步骤可视具体情况做增减）
点评升华	简单提炼总结，补充要点 巩固知识点，加深学习印象

三、啊哈测试：跳出思维的框，瞬间顿悟了

啊哈时刻原本是一个心理学概念，是德国心理学家卡尔·布勒（Karl Bühler）在100多年前提出的，英文叫"Aha moment"，又可译作"爽点""顿悟时刻""尤里卡效应（伟大创意的诞生）"，指的是一种特殊的、愉悦的体验，会让你有醍醐灌顶的感觉，简单地说就是顿悟的瞬间。

你可能在工作或生活中都遇到过啊哈时刻。例如，遇到一些卡点、难点，因为看到一句话、读到一本书、遇到一个人，突然让你跳出原来思维的框，心中大呼："啊哈，还可以这样想，还能这么做啊！"原来想不清楚的事情，现在突然就明白了。

你一定听过牛顿被苹果砸中引发了他对苹果运动方向的思考，从而发现了万有引力定律的故事。这个过程就是牛顿的"啊哈时刻"，通过外界的刺激，引发新的思考，最终发现奇妙的定律。

看到这里,你有没有发现,啊哈时刻的实质是打破固有的、习惯性的思维模式,激发新的想象和新的认知。

思维先受冲击,其他的变化才由此而来。所以对于翻转培训师来说,在课堂上冲击、打破学员的习惯性思维非常重要,否则学员会很容易对新知识、新技能产生本能的抗拒和排斥。如何让学员产生瞬间的顿悟时刻,接下来,我们一起学习翻转课堂PECA(皮卡)设计模型中的技术——啊哈测试。

一)什么是啊哈测试

啊哈测试是通过设计简单、有趣的小测试,让学员在参与体验过程中好像被拍了一下脑袋,发出"啊哈"一声,产生一些顿悟,从而帮助学员打破思维惯性,从多种角度看待问题。

在培训课堂上,每个人都有自己的思维模式,尤其是在企业中资历越深,在某个领域钻研越深的人,他的思维模式可能就越固化。我们称这些被固化的思维为固定型思维,这往往是影响学习效果的最大阻碍。在课堂上,翻转培训师教授的很多知识都是新知,甚至"颠覆"他们过往多年经验形成的认知。对于这些新理念、新技术,由于思维惯性的影响,学员很难迅速理解及接受。与其"说教",不如"体验"!啊哈测试,可以让学员通过体验,迅速从"内部"打破自己的思维惯性,更好地理解和吸收所学新知。

我们先来体验一个简单的啊哈测试,如图4-34所示。

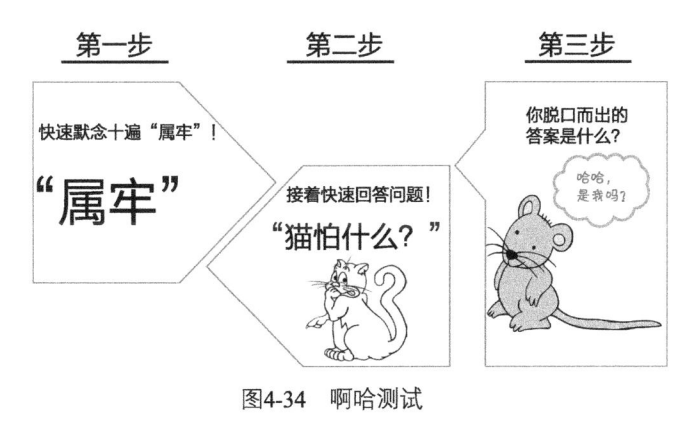

图4-34 啊哈测试

为什么你会回答"猫怕老鼠"呢？过去重复多次的经验容易让我们产生惯性思维，惯性思维会造成思想上的防御性，看事物是片面的、静止的、僵化的，如果不打破会直接影响我们的学习进程。

测试完了，有没有发现啊哈测试既简单又有趣，和我们常常玩的脑筋急转弯有点相似。

脑筋急转弯1：农民、工人、军人、科学家都靠什么吃饭？答案：靠嘴吃饭。

脑筋急转弯2：什么蛋又能走、又能跳、还会说话？答案：笨蛋。

没错，啊哈测试与脑筋急转弯有许多相似之处，都是简单、轻松的题目，答案都有点出乎意料。当你知道答案后，都会猛拍脑袋，说句："哈哈哈，这我都没想到。"不同之处在于脑筋急转弯偏娱乐性，所以答案经常会十分气人或搞笑，而啊哈测试更侧重思维方面，旨在打破人的固有思维，从别的方面来思考和破解问题。

二）哪些环节适用啊哈测试

啊哈测试的适用范围其实很广，它的主要目的是利用体验式的教学来打破学员固有的认知，一般在以下几个环节经常使用。

（1）学员对所学内容已有旧的认知，需要打破惯性、经验、僵化、固化思维的时候。

（2）学员本身有一套解决方案，需要换个角度，共创新角度、多个解决方案的内容。

（3）沿袭旧的一套方式无法解决问题，需要新的方式解决，激发学员创造性思维。

（4）内容枯燥、专业、靠讲授学员难以"感同身受"，需要借助游戏、问题等引发学员顿悟、理解。

啊哈测试的类型除了题目测试，还可以采用游戏实操类，让学员在亲身操作参与的过程中顿悟，或在知晓正确操作答案时激发顿悟。只要是能帮助学员完成思想顿悟的教学设计，我们都可以称作"啊哈测试"。

三）啊哈测试的应用案例

啊哈测试在课堂中的应用简单易行，其中在实施时比较重要的一点是不可急于将答案揭晓，而是先让学员动手、动嘴、动脑参与，有体验才有感悟。

> **应用案例1：啊哈测试在"终身成长——从固定型思维到成长型思维"课程中的运用**

在翻转课程"终身成长——从固定型思维到成长型思维"中，为了让学员更好地认知"固定型思维"的影响，设计了"九点连线"的啊哈测试。

请你也试着按照以下游戏要求完成连线，如图4-35所示。

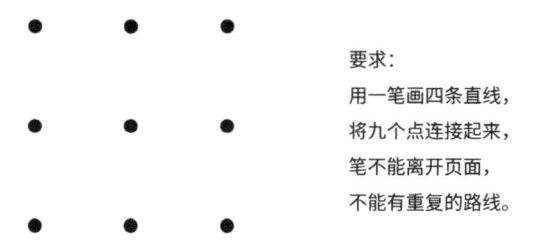

要求：
用一笔画四条直线，
将九个点连接起来，
笔不能离开页面，
不能有重复的路线。

图4-35 啊哈测试：九点连线

答案揭晓，如图4-36所示。

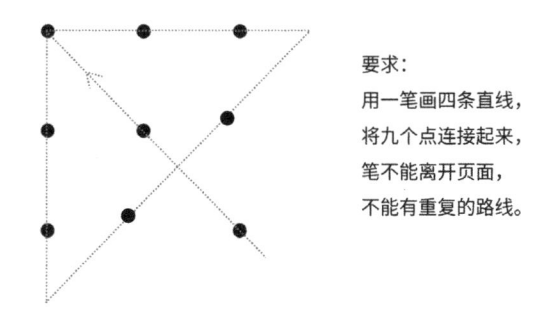

要求：
用一笔画四条直线，
将九个点连接起来，
笔不能离开页面，
不能有重复的路线。

图4-36 啊哈测试：九点连线答案

通过简单、有趣的测试，让在场的所有学员跃跃欲试，拿起笔在纸上画着。学员从开始的百思不得其解到尝试各种突破，到最后揭晓答案时发现，原来是要突破自己思维框中的"九个点"，瞬间顿悟"成长也是如此，需要突破固定型思维带来的自我限制"。

> 应用案例2：啊哈测试在"掌控习惯——用4R原子法养成职场好习惯"课程中的运用

"习惯"一词很多人都熟悉，但对于什么是习惯，它有什么具体的表现？大家并非都有正确的认知。翻转课程"掌控习惯——用4R原子法养成职场好习惯"里，设计了一个非常有意思的啊哈测试，学员十有八九"掉坑里"，现场个个惊呼："啊哈，结果太意外！"

不信，你也动手试试吧。

看谁做得最快、最正确。

说明：此次测试限时3分钟，请您阅读完全部的题再做。

（1）在这张纸的右上角写上你的姓名

（2）将你在右上角写下的"姓名"上画个圈

（3）在这张纸的右边空白处画3个正方形

（4）在刚才所画的正方形中各画一个十字

（5）用一个圆圈把所有正方形圈起来

（6）在标题"看谁做得最快、最正确"左边画个笑脸

（7）在你的姓名下写3个"好"字

（8）写下你最喜欢的一位明星

（9）在这张纸的背面，算一下70乘30的结果

（10）在第七项任务中的"好"字上画一个圆圈

（11）当你做到这儿的时候，大声拍下手

（12）用你的笔尖在右边画的3个正方形中，钻5个小洞

（13）请你把握节奏，深呼吸3次

（14）确认你都按照上面的指示做了，然后赶快大声喊出"全面正确"

（15）在以上所有题目旁的数字中，请把双数圈出

（16）现在你已经仔细读完了上述题目，请务必只做第1、2题

当你做完上面题目之后，请不要出声，点头向讲师示意你已经完成，然后观察其他没有完成的同事并思考，这个练习带给我们什么启示？当讲师宣布时间到的时候，我们再一起讨论。

你发现这份测试题的真实要求了吗？先阅读完毕再做题，只需做第1、2题。我们大多数人拿到测试题就立刻进入考试状态，时间紧，赶紧写，提笔做题从头开始，却没搞清楚真正的要求，其实这就是我们的习惯。习惯就是你重复了多次之后形成的一种自发行为，一到特定的环境、特定的时间段，这个行为在你没有意识的情况下就自动发生了。例如，早上起床就习惯性地走到洗漱台刷牙；晚上一上床就习惯性地打开手机……而十几年的考试经验让我们养成了提笔就赶快做题的习惯。有的是好习惯，有的是不良习惯，你需要意识并改进。

啊哈测试是不是非常有意思！简单的测试体验带出意料之外的结果，让学员对于知识的理解更进一层。

四）啊哈测试在设计时的关键点

啊哈测试虽然看起来简单，玩起来方便，但在设计时也有一些注意事项。

1．题型简单、有趣

啊哈测试的题目一大特点就是设计简单、操作方便。简单轻松的几道题，可以让学员放下戒备，轻松参与其中。题型虽然简单，但是翻转培训师在讲解测试题的时候要注意说清楚，并且不能透露测试的目的，防止学员反其道行之。

2．题中要有"坑"

啊哈测试就是要让学员在不经意间掉入"坑"中，这个"坑"不是翻转培训师有意为之，而是确保学员在最真实的状态下掉入自己习惯的"坑"，更利于激发学员的顿悟。

3．结果要有"反差"

啊哈测试要让学员产生顿悟，测试结果一定要确保与学员的预期和认知有"反差"。但这种"反差"是意料之外，情理之中，要能打破固有的思维。

4．总结要切题

啊哈测试的结果是服务于课程知识点的，所以翻转培训师在结束啊哈测试后需要总结测试结果，引申出课程知识点或主题。这就要求翻转培训师在设计啊哈测试时就要带着目的去找测试题材。

5．提前做测试

啊哈测试可以来源于脑筋急转弯、心理测试题、有观点输出的综艺，根据课程内容进行调整、修改。设计好的啊哈测试需要在正式使用前找人测试，反复验证其趣味性、反差性、难易度，看看测试者对题目的反应，确保达到"啊哈"的瞬间顿悟效果。最为重要的是要与知识点做连接，测试结果要导向所讲的知识点。

四、视觉道具：忍不住马上想动手

提到道具，我忍不住想给你分享两个非常经典的故事。

*故事一：惊艳四座的特殊展示。*提到史蒂夫·乔布斯（Steve Jobs），苹果手机的创始人，一位改变世界的天才。他同时还是一位演说家，每次发布会上的演讲都很经典，尤其是在2008年的Mac大会上，他的一个展示震撼了世界，至今让人记忆犹新。乔布斯在介绍完新品特点后，突然转身走向旁边的演讲台，从台上拿出一个牛皮纸质的办公信封，微笑着缓缓打开，掏出一

个纤薄小巧的笔记本电脑说："这就是新的MacBook Air。"哇，瞬间惊艳四座，台下的观众发出尖叫声、欢呼声、掌声。那是第一代MacBook Air。之前从没有这么纤薄小巧的笔记本电脑，极简的设计、近乎完美的做工，让人不禁惊呼这是来自未来的产品。

故事二：大公鸡。大教育家陶行知先生曾经有一次到武汉大学做演讲，在演讲开始前，他从身边所带的箱子里拿出一只大公鸡。下面的听众傻眼了，面面相觑，谁也不知道发生了什么事情。陶行知先生不慌不忙地掏出一把米放在桌上，然后按住公鸡的头，强迫它吃米，可是公鸡根本不买账，只叫不吃。接着他用力掰开大公鸡的嘴巴，把米使劲往它的嘴里塞。大公鸡还是拼命挣扎，不吃一粒米。最后，陶行知先生理了理大公鸡的羽毛，把它放在桌子上，自己主动往后退了几步，站到一旁。没过一会，大公鸡晃晃悠悠地走过去，自己吃起米来。观众这才醒过神来，为陶行知的开场鼓起掌来。这时陶行知的演讲真正开始："我认为，教育就跟喂鸡一样，先生强迫学生学习，把知识硬灌给他，他是不情愿学的。即使学，也会食而不化，过不了多久，他还是会把知识还给先生的。但是如果让他自由地学习，充分发挥他的主观能动性，那效果一定好得多！"

故事讲完了，你有没有发现故事中的两位大师在现场给观众带来惊喜和冲击的秘诀都是善用"道具"，加上特别的展示方式，让大家牢牢地记住了那个画面和他们所要传递的核心思想。

回到我们的培训课堂，翻转培训师同样可以运用道具，制造惊喜，让学员一看到就忍不住动手参与，一看到就瞬间理解了培训师讲授的知识。

接下来，我们将和你分享翻转课堂PECA（皮卡）设计模型中的技术——视觉道具。

一）什么是视觉道具

视觉道具指的是在翻转课堂上，在不同的体验和练习环节运用的辅助道具。它以紧扣主题、有趣、新奇为特点，以通过刺激学员的多重感官，增强学员对于知识的理解和感悟为目的。例如，我们经常在翻转课堂上使用的画布，让原本端坐着的学员能够走动交流，如图4-37所示；又如，翻转课堂中常用的卡片类道具，新奇好玩的卡片道具让学员像孩子一样在课堂中探险追逐；再如，翻转课堂中使用的游戏类操作道具，让学员在急速思考的状态下全身心投入。

图4-37　课堂画布视觉道具

应用案例1：视觉道具在课程"问题分析与解决"中的应用

在锵锵书院的版权课程"问题分析与解决"中，有一个非常经典的问题分析工具——6W3H风暴法。为了让学员更好地了解这个工具的两大特点：分析更全面、更细致，同时能寻找到更多的突破点和解决方案，我们设计了一个非常有趣的游戏体验"摆T形"，其中就运用了道具——T形板。

游戏规则很简单：

- 每组派出一名代表，上台观察如何拼出标准的T形；
- 小组代表回到组内，要求在2分钟内教会本组所有人摆出T形；

- 时间到后检查,被检查者必须在15秒内摆出T形;
- 全程不得拍照,更不能上网查询。

翻转培训师说完游戏规则,现场的学员一看到摆放在桌上的T形板,立刻兴奋起来,个个跃跃欲试,心想:这不是一件简单的活吗?于是,你动手摆,我动嘴指挥,他动眼去其他小组"查探敌情"。一个小道具,令全场所有人都兴奋了起来!这个道具看似就几块小板,摆T形很简单,实际真摆出来,还是有一定难度的,尤其是最后的检查环节,几乎全军覆没,各个小组的代表都没按时摆出来,图4-38为T形板的正确摆法。

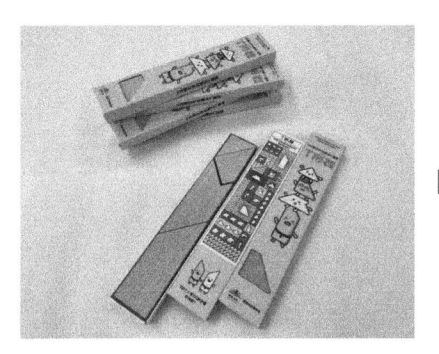

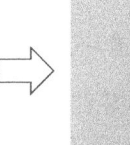

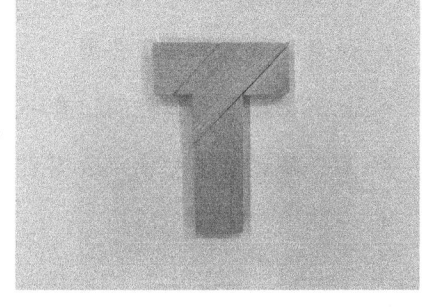

图4-38　T形板的正确摆法

通过这个应用案例,你发现了吗?视觉道具和GRIP游戏化体验是绝配!游戏本来就好玩,再加上道具,学员玩的兴趣就更高了。

所以没有难以调动的课堂,只有设计不好的教学方法。

应用案例2:视觉道具在课程开场破冰中的妙用

每场培训的开场都需要翻转培训师精心设计。好的开场不仅能快速吸引全场的注意力,建立信任,还能打破学员之间、学员与老师之间的"冰冷"关系,让场内的氛围轻松起来,这就是我们常说的"暖场破冰"。暖场破冰绝非易事,考验的是翻转培训师内容的设计能力与演绎功力。有没有简单易行的好办法呢?上道具吧!

好道具的魅力就是激发人们最原始的冲动——看到新奇、好玩的事物都忍不住动手，大家一起玩趣味性就会升级，接下来场子就会热闹起来了。

"抽签大冒险筒"这个道具就非常好地发挥了这个作用，如图4-39所示。在翻转课堂的开场，翻转培训师简单开场并把学员注意力吸引过来后，给每个小组发放一个"抽签大冒险筒"。在这里简单介绍一下规则：每组第一位成员先自我介绍，然后他的下一位伙伴从"抽签大冒险筒"中抽取一根签，刚做完自我介绍的伙伴要按照签上的要求完成对应的任务。这个道具最有意思的就是各个签上的任务了：

- 与旁边的伙伴摆出爱心姿势
- 表演大猩猩捶胸呐喊
- 做鬼脸与老师拍张合影
- 把笔夹在嘴、鼻之间，背一首古诗
- 右手跨过后脑勺从左边摸右眼
- ……

图4-39 抽签大冒险道具

布置完任务，摆放好道具，学员自己就玩开了，全场欢声笑语此起彼伏。"暖场破冰"很快就搞定了，学员间的情感快速升温，对课堂的感受明显愉悦起来，看翻转培训师的眼神都不一样了！

提示：类似这样的培训道具，可从专业网站上购买，也可结合课堂自行开发设计，达到运用效果时还是非常有成就感的！

二）视觉道具在翻转课堂中的四大助力点

通过上面的案例，你已经发现了道具虽小，在课堂上发挥的魅力和威力却是无穷的。培训上常用的视觉道具主要包括三大类：

- 操作实物类
- 画布类
- 卡片类

这三大类视觉道具对于课堂效果有以下助力点：

1．助力游戏环节

回想一下我们小时候和小伙伴们玩游戏，如果一看到玩具，所有人眼睛都亮起来，个个小脸上都是喜悦、好奇的表情，大家都会争先恐后抢着玩。在培训课堂上，游戏中的道具就发挥了玩具的作用，充分刺激着我们的多重感官体验——视觉、触觉、听觉……参与度增强了，趣味性也增加了。

2．打造欢快场域

在翻转课堂上，当学员看到有趣、好玩的道具，人人都会是参与者，就像前面应用案例2中的"抽签大冒险筒"，玩起来全场欢声笑语，氛围迅速升温。

3．促进现场实操

实物道具的一个重要作用是用来实操体验，让学员更容易理解和学习一些操作技能。我曾经参加过一场咖啡知识的培训，培训师讲解完就带我们体验了一次咖啡冲泡的操作，让我们深度体验了通过闻味道判断咖啡的烘焙方式，识别不同的冲泡工具和使用方法，特别是通过咖啡的风味来判断咖啡产地的体验教学至今让我记忆犹新。

4．形成视觉冲击

色彩明快、造型新颖的道具可以让学员大脑的创造思维更活跃。我喜欢在翻转课堂上使用色彩鲜艳的道具来吸引学员的眼球，明亮的色彩带来温暖、活泼、舒适的感觉，可以激发学员感性的一面。

三）视觉道具的制作要点——操作实物类

操作实物类视觉道具是培训课堂上学员最喜欢的道具，因为这类道具往往是和游戏、技能实操在一起运用的，又有趣又好玩。

操作实物类视觉道具的制作要点有以下几点：

（1）结合内容进行设计，可以从专业培训网站上购买，也可运用其他道具进行改动、调整；

（2）设计新颖、造型独特，让人看到就有想玩的欲望；

（3）要求操作简便，无须过多解释；

（4）质感要好，可以通过道具感受课程的品质；

（5）使用安全，无隐患；

（6）道具准备好后需要测试其使用效果，尤其多人同时使用时要确保使用效果。

图4-40为版权课程"演讲的力量""问题分析与解决""刻意练习"经常使用的操作实物类视觉道具。

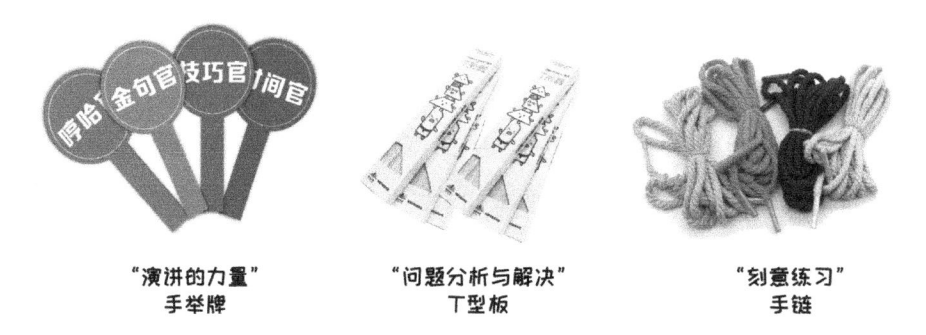

图4-40 锵锵书院版权课程常用视觉道具

四）视觉道具的制作要点——画布类

1. 展示类画布

展示类画布的主要用途是对课程中的核心知识、重要工具、关键方法的视觉展示，以图文并茂的形式绘制在画面上，张贴于培训现场、课室墙壁。学员一进课堂就有极佳的视觉体验，同时还加深了对这个重点知识的记忆。

展示类画布视觉道具的制作要点有以下几点：

（1）需要先明确展示目的，确定画布风格；

（2）事先整理出画布中的文字内容；

（3）根据文字内容匹配合适的图形、图片；

（4）手绘设计或平面设计出画布的视觉效果图；

（5）制作材质建议为可反复使用的软布，参考尺寸70 cm×110 cm。

图4-41为锵锵书院版权课程"金字塔原理"中的一张展示类画布，画布采用手绘的形式来呈现。

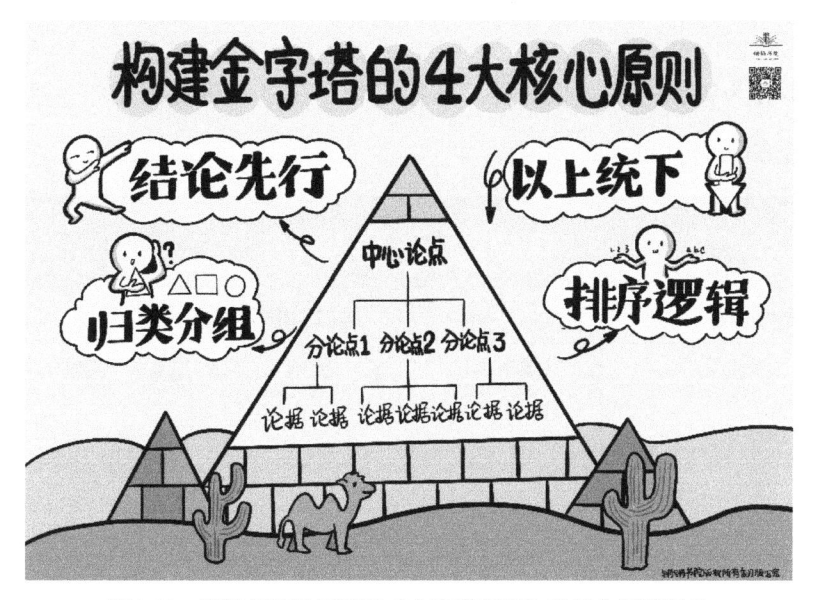

图4-41　锵锵书院版权课程"金字塔原理"的画布视觉道具

2．研讨类画布

研讨类画布的主要用途是记录和展示研讨共创的成果。在传统课堂上，小组研讨输出的信息一般都在A1大白纸上记录下来，而研讨画布与A1大白纸最大的不同在于它有非常强的引导作用。研讨画布在设计中将研讨的主题、流程、步骤都融入其中，不仅有利于引导学员研讨的方向，还方便学员高效输出研讨的成果，甚至还可以在画布上列举一些例子，让学员"依葫芦画瓢"，模仿、参考例子，快速聚焦，输出成果。

研讨类画布视觉道具的制作要点有以下几点：

（1）确定研讨的主题和内容；

（2）梳理研讨的流程或步骤；

（3）考虑是否需要在画布中提供参考案例，利于学员借鉴；

（4）确定内容后设计画布的排版和布局，预留适当空间用于记录研讨成果；

（5）制作材质建议为可反复使用的软布，参考尺寸80 cm×120 cm；

（6）画布印刷出来后需要测试画布研讨效果，如果有改进空间可以修改优化。

图4-42为锵锵书院版权课程"掌控习惯"中的一张课程画布，主要用于翻转课堂的研讨共创。

图4-42 锵锵书院版权课程"掌控习惯"的画布视觉道具

重要提示：研讨画布需要与各种型号的便笺纸配套使用，因为软布制作的画布可以反复使用，所以在研讨过程中可以要求学员不要在画布上记录、写写画画，而是用便笺纸写好后粘贴上去，以后画布还能反复使用。

图4-43是翻转课堂上硕果累累的研讨画布。

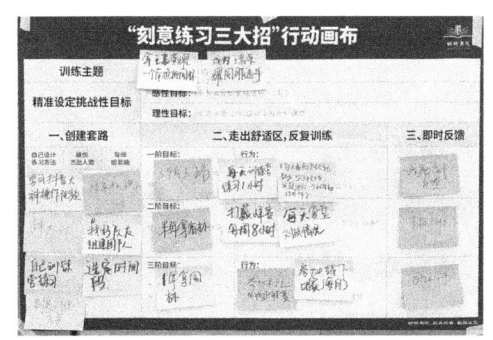

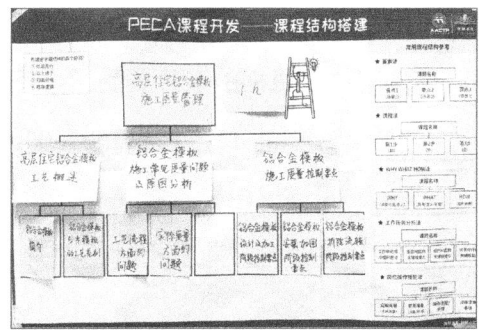

图4-43　翻转课堂研讨画布研讨效果图

图4-44是翻转培训师认证课程上的入场调查画布。

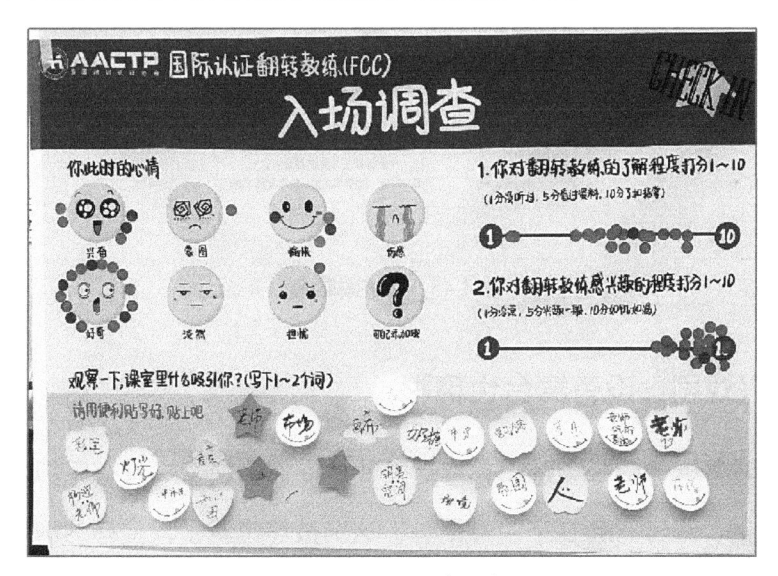

图4-44　入场调查画布

五）视觉道具的制作要点——卡片类

卡片类视觉道具主要的用途是调动学员的积极参与，部分卡片与课程知识点相关，它有助于学员对知识点的理解，还有部分卡片是互动工具，可以让学员积极参与课堂互动。

卡片类视觉道具的制作要点有以下几点：

（1）明确运用卡片的目的及与课程内容的结合度；

（2）预判卡片数量及大小；

（3）设计卡片正反面的信息；

（4）手绘风格的卡片更受学员喜欢；

（5）考虑卡片厚度——250~600g，可循环使用。

图4-45为锵锵书院版权课程"演讲的力量"中使用的演讲主题卡，选中不同卡片的学员需要根据卡片主题来练习演讲表达技巧。

图4-45　演讲主题卡

五、即兴戏剧：没有舞台也精彩

如果我告诉你蜜蜂会跳舞，你信吗？也许你会说蜜蜂没有手脚是靠翅膀飞在空中的，难道它会在空中舞蹈吗？这倒被你想对了，蜜蜂的确是在空中舞蹈的。蜜蜂是通过舞蹈来传递信息，如果侦查蜂在距离蜂窝100米以内的地方找到了蜜源，它会用圆舞来告知同伴，还会用摆尾舞来告知蜜源离蜂窝的距离和方位。在相同的时间内，距离越近，蜜蜂圆舞的圈数就越多。在生活中，蜜蜂还会通过特定声音来传递信息，进行特定活动。所以，蜜蜂看似无规则的舞蹈其实有它特殊的意义。

在原始社会，人类也是通过肢体语言和手势来传递信息的。例如，在狩猎时，远古人类会用特定的动作表示发现猎物的大小，还会用手势来表示狩猎行动的策略。就算是在当今文明社会，人类不同的表情和动作也会体现一个人的情绪波动，这种信息传递的效果往往比声音和文字来得更准确。

心理学家麦恩瑞提出过一个著名的55387定律，后来被用来描述人们在沟通时信息获取的效果。人们在沟通时，55%的信息来自信息传递者的服饰外表、表情、肢体语言等这些非语言类信息；38%来自声音的语音语调；只有7%是来自信息的内容本身，如图4-46所示。说明人们会更愿意相信眼睛看到的，然后是耳朵听到的，而内容本身的影响比较小。

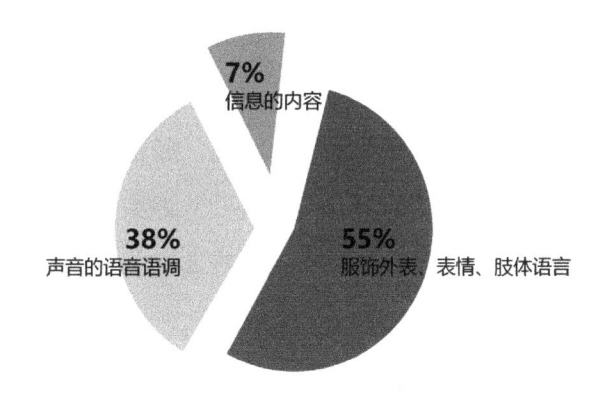

图4-46 沟通中信息获取的占比

在培训课堂上，提到用肢体语言和表达来传递信息，大多数人第一时间想到的就是台上的培训师，其实学员也是课堂中信息传递的重要"载体"。有一项翻转技术就融合了多种信息同时传递的优势，还能让学员全员参与、趣味无穷。接下来让我们一起学习翻转课堂PECA（皮卡）设计模型中的技术——即兴戏剧。

一）什么是即兴戏剧

即兴戏剧是在翻转课堂上，根据工作或生活中的某个场景，学员即兴设计简单的剧情、人物、台词等，然后登台表演。无论是台上的表演者，还是台下的观察者，都可通过戏剧获得启发和感悟。

这项技术有两个关键词：即兴、戏剧。这两点听着就很有趣，感觉是在释放天性，肆意发挥。没错，在翻转课堂上，即兴戏剧特别受年轻学员的欢迎，运用时会取得意想不到的效果。

- 即兴创造令参与者脑洞大开，创意源源不断地涌出；
- 释放天性的表演可以让人畅快淋漓；
- 灵光一闪的台词，可以留下永久的经典；
- 在表演的过程中创造快乐，在欢声笑语中学习；
- 还可以借助戏剧中的人物角色，表达内在感受；
- 也可以和伙伴在协同合作中，找到无穷的默契。

在即兴戏剧中，"戏剧"虽然是假设，但获得的成就和体验是真的，所有人都是参与者和收获者，包括台上的"演员"和台下的学员。台上参与表演的学员全程专注投入，设计剧情、背诵台词、训练表情等，从而加深了对所学内容的理解和记忆。台下观众观看现场表演远比听培训师在台上讲课要生动有趣得多，也更容易加深对学习内容的印象。

应用案例1：即兴戏剧在"企业文化"课程中的应用

"企业文化"可以说是每个企业的必修课，因为这是企业员工的价值观之根，行为之本。但在大多数人的印象中，企业文化的课程就是"宣贯"，台上的老师把一堆的知识信息，如企业的发展史、里程碑事件、愿景、价值观、使命、规章制度等全部讲完，然后就指望着通过一堂课让企业文化落地。如果课程这么讲，学员还只是停留在"听到"的层面，没法知道（理解）和用到。

试试即兴戏剧吧！

学习完企业的五个核心价值观，如精益求精、创新为要、尊重个人、信任团队……

每个小组领到任务：选择其中一个价值观，即兴设计一个情景短剧，展现对企业价值观的正确理解。

设计要求：情景短剧必须是工作中的场景，有主题、有人物角色、有对白、有场景提示等。

接下来的15~20分钟，就可以看到现场热火朝天的景象了。各个小组立刻自发地组织起来，有人做剧本创作，有人自告奋勇演男一号，有人被推举为导演，有人擅长做演出道具……准备结束后，学员便要登台表演了！虽然有些演员的演技"惨不忍睹"，但不乏出现最诙谐表演、最传神表演、最别出心裁表演，总而言之，精彩绝伦！

即兴戏剧里的"戏剧"虽然是假设的，但获得的成就和体验是真的！通过这个环节，学员深入理解了企业文化中价值观的内核，融入自己的语言、行为，并且结合日常工作中的方方面面，最终表演出来。

应用案例2：即兴戏剧在"高效沟通技巧"课程中的应用

在"高效沟通技巧"课程中，一般都会有一个知识模块——如何与不同风格的人进行沟通与合作，包括上司、同事、客户等。最简单、常用的工具是根据PDP（Professional Dyna-Metric Programs，行为特质动态衡量系统）性格测试，根据人的个性特质，将人分为5类，并且分别用5种动物来代表：

- 老虎型
- 孔雀型
- 猫头鹰型
- 考拉型
- 变色龙型

这部分知识的难点是，信息量比较大且讲授方式有些枯燥乏味。学员听完后没感觉，没有完全吸收和记住。

在培训中，只有当知识与积极的活动紧密联系在一起的时候，枯燥的知识才能变成鲜活知识。如何实现"积极的活动"？试试加入戏剧的元素吧！剧情、角色、动作、声音、表情……

- 每个小组设计一个情景短剧，出演时长5分钟以内；
- 短剧要有故事性，可以是工作场景，也可以是生活场景；
- 剧中人物需要结合5种个性特质设计，通过对白、表情、肢体、着装等，表现出各个风格的明显特征。

接下来的剧本创作时间，学员开始大量地查阅资料，琢磨各个风格的典型特征，研讨和剖析通过哪些场景可以明显地表现出来。

登台时刻，有的小组表演的是上下级汇报的场景；有的小组表演的是夫妻之间的一场冲突；还有的小组甚至把电视剧《杜拉拉升职记》中的一个片段搬上了课堂……

从设计到表演，再到最后翻转培训师的反馈总结，学员对于这5种个性特质有了非常深刻的理解和自己的解读。

即兴戏剧就发挥着这样的作用，通过即兴创造和投入表演的方式，推动学员对知识的理解和吸收，并且形成自己的思想。

二）即兴戏剧和角色扮演有什么不同

角色扮演也是我们培训课堂常用的一种教学方法，角色扮演法指的是预先设计好一定的场景和角色，给予学员参与表演、角色实践的机会，使学员在模拟场景中，体验某种行为，加深印象。这么一看，角色扮演似乎与即兴戏剧很相似，那有何不同呢？我们先来看一个角色扮演的应用案例。

课程：如何有效应对客户投诉

背景：一大早，一位顾客怒气冲冲地来到服务厅，一看到工作人员，立即在店内大声嚷嚷起来,抱怨上个星期刚买的手机出现了问题,触屏不灵,点哪个软件都没反应。如果你是现场的工作人员,该如何处理?

角色一:投诉的客户

角色二:工作人员

接下来,现场请出两位学员模拟背景信息里的场景,出演如何应对客户投诉。台下的学员做好观察和记录。

看完案例,你对角色扮演是不是有了更多了解?我们把即兴戏剧和角色扮演对比一下,如表4-20所示。

表4-20 即兴戏剧与角色扮演的对比

	即兴戏剧	角色扮演
场景设计	没有剧本,学员需要从零开始创作	给定场景信息和相关人物,学员可上台发挥,也可设计台词
知识结合	侧重对知识点的理解和记忆	侧重解决给定场景中的问题
参与度	全员高参与,投入度更高	台上表演者的参与度较高
时间要求	从设计剧本到每组上台表演用时较长	相对用时较短,只需少数人出演
可控性	不可控因素更多,如剧本设计偏离主题;多人合作表演未配合好;演到兴头严重超时等	存在一定不可控因素,如演员的表演可能与预期结果"风马牛不相及"
共同点	联系某个主题或场景 台上学员参与表演,台下学员观察、思考 对现场的控场和引导要求高	

三)即兴戏剧的教学流程

即兴戏剧也不是纯粹地走个过场,玩个热闹,需要和其他技术一样设计好教学流程,才能实现最佳的教学效果。即兴戏剧需要按照给定场景或主题、设计脚本、准备道具、登台表演、引导反思这五步展开教学。

1. 给定场景或主题

首先翻转培训师在课堂上给学员设定的场景或主题要与课程内容相结合,主题不能过窄,要留有学员发挥创作的空间,并且说明清楚表演的时间与规则。但为了让小组之间的戏剧内容有所区别,翻转培训师可以让小组之间相互竞赛,当某个小组确定了某个主题后,其他小组就不能选择一样的主题,或者翻转培训师可以提前确定好几个主题,指定每个组表演固定的主题。

2．设计脚本

翻转培训师可以借助设计清单引导学员设计戏剧脚本,需要提醒学员设计有矛盾冲突的剧情会更加吸引人,但要避免过于复杂。设计完脚本后,如果时间充裕,可以让学员在内部进行预演。表4-21为即兴戏剧脚本设计清单模板。

表 4-21　即兴戏剧脚本设计清单模板

主要剧情		
主要人物	人物名称	人物特征
	A：	
	B：	
	C：	
场地要求		
人物台词		
辅助道具		

3．准备道具

在登台表演前,翻转培训师需要提醒学员可以准备道具。借助道具不仅能激发学员的表演欲望,也能让台下观众更容易融入剧情。翻转培训师可以提前准备一些材料,让学员现场加工,也可以鼓励学员利用课堂中现有的资源进行制作。

4．登台表演

在正式表演环节,翻转培训师需要提前沟通留出能充分舒展和表演的空间,并且需要引导台下观众记录并观察台上表演者的表演情况。表演结束后要求台下观众分享观看后的感受。翻转培训师还要在表演前再次提醒学员表演时间，在表演过程中把控节奏和保持现场纪律。

5．引导反思

即兴戏剧是个高感性体验技术，表演完后，很多学员都会"有话想说"，所以给学员适当的分享和交流，并且引导学员对表演过程进行反思，强化体验的意义，触发更深层的自我对话。

四）如何避免即兴戏剧成为闹剧

即兴戏剧的趣味性很容易激发学员的表演欲，所以课堂氛围经常容易失控，甚至变成一场闹剧。为了避免即兴戏剧变成闹剧，翻转培训师需要从以下四个方面做好整体的把控：

第一，翻转培训师在一开始给定场景时，就要明确即兴戏剧的目的，防止学员错误理解，导致即兴戏剧教学效果不佳。

第二，翻转培训师需要设定合理的表演时间，多次提醒和控制现场表演状况，以防演出拉长了教学时间。翻转培训师可以在学员准备环节观察学员准备情况，并且适当给予指导和提示。

第三，如果学员"演砸了"即兴戏剧，翻转培训师需要及时出场强调体验的过程，说明表演并不是要和专业演员一较高下。如果第一组表演结果与预期效果相差甚远，翻转培训师可以先暂停表演，完成第一组的点评之后，再给几分钟时间让学员准备，准备好后重新开始上台表演。

第四，为了避免台下学员无所事事的心态，翻转培训师需要在观看时，对台下学员提出观看要求，例如，做好观看记录，结束后还需要相互点评。也可以提前设置激励因素，鼓励学员认真准备和表演，并且可以给点评精彩的学员适当奖励。

总结

在这一小节中,你了解到了哪些信息?有什么感受?有什么启发?有哪些方法可以应用到实际工作中?

√ 信息:_____
_____

√ 感受:_____
_____

√ 启发:_____
_____

√ 行动:_____
_____

第七节 场景化连接的设计和技术运用

我们已经在前面学习了翻转课堂PECA(皮卡)设计模型中的知识结构化和模拟体验两个层面的翻转技术,知识结构化的技术是把内容高度结构化,符合学员的认知和记忆规律,让知识输出更有效;模拟体验的技术则可以让晦涩难懂、抽象的纸面知识立体化,引导学员参与各种体验,增强对知识的感知和理解。知识理解了、吸收了,学员是不是就会运用了呢?未必。我们都听过这么一句话:"纸上得来终觉浅,绝知此事要躬行。"意思是从书本上得来的知识,毕竟是不够完善的。如果想要深入领悟其中的道理,必须亲自实践才行。但重要的是,去哪儿实践呢?有哪些场景可以实践呢?

接下来我们进入翻转课堂PECA（皮卡）设计模型的第三个层面：场景化连接。这是知识从"知"到"行"的关键一环，其核心是设定深度研讨和应用场景，引发反思，帮助学员把知识连接到真实应用场景当中。我们会从开放画廊、迷你世界咖啡、三人小组教练法、镜像测评、风暴墙这五项技术入手，让你成为打造场域、汇聚智慧的高手。

一、开放画廊：走动式的交流与学习

开放画廊是源于促动技术"开放空间"（Open Space）的一项创新翻转技术，说起开放空间，它的起源非常戏剧性，并不是来自详细的计划和精心的设计，用原创者哈里森·欧文（Harrison Owen）的话来说"是从挫败而来的一个笑话"。怎么回事？1983年，哈里森·欧文策划了一场250人参与的国际会议，他用了近一年的时间进行筹备，当完成所有的细节，处理完所有问题后，哈里森·欧文却感到非常沮丧，并下决心再也不揽这样的活了！可整个会议有一个令人非常惊讶的地方，所有参会者反馈最有用、最喜欢的环节竟然是茶歇时间，而这个环节恰恰是哈里森·欧文完全没有施力和付出心思来安排的。

他非常好奇背后的原因，并且开始思考：

（1）能否把咖啡茶歇时呈现的协同效益与兴奋感，与会议主要活动结合在一起呢？

（2）能否大幅度减少会议的筹备工作？

（3）能否在会议结束前，快速整理出会议记录？

带着这些问题，哈里森·欧文开始了探索和研究。他回想起20世纪60年代末，那时他担任摄影记者去了西非利比里亚的巴拉马小村落，采访的重点是男孩的成年礼。这个庆典每7年举办一次，持续4天，各种仪式与活动穿插，非常复杂。但是，参与其中的500人非常有组织地、心满意足地投入庆典中。哈里森·欧文从这次经历中总结出几个关键的元素：圆圈、呼吸、公布栏和集市。

- 圆圈：圆形的会议形式，面对面相处，创造无界沟通的环境；
- 呼吸：过程无须过多干预，而是像呼吸一样自然、有韵律；
- 公布栏和集市，创造"茶歇时间"的形态，公布栏是用简单的方式来确认大家感兴趣的话题，集市则是用有秩序的方法汇集大家的兴趣。

这几个元素正是开放空间的核心。随后，开放空间被五大洲的组织、团体等广泛应用，并且得到人们的认可和喜爱。

了解开放空间的起源和关键元素对于学习"开放画廊"这项翻转技术十分有必要，因为这是这项技术的底层内核。但开放空间本质是行动学习中的一项促动技术，如果是在培训课堂上运用，如何与课堂内容相结合？如何更简单易行地操作？就让我们一起学习翻转课堂PECA（皮卡）设计模型中的技术——开放画廊。

一）什么是开放画廊

开放画廊是源于"开放空间"的一项创新翻转技术，一种动态、开放和自由的研讨模式。在很少的规则辅助下，让参与者像逛画廊一样，无意识地走动、学习、创造，图4-47为开放画廊插图。

图4-47　开放画廊插图

开放画廊可以简单地理解为一种深度研讨的方式。研讨是课堂上必不可少的环节，研讨让思维碰撞，让信息交换，让知识在脑中产生新的连接。但研讨在运用时往往存在许多弊端，回想一下，你是否也遇到过以下的研讨场景，如果是，可以在其前面打钩。

☐ 小组里的权势人物"一言堂"，其他人沉默不语；

☐ 不愿参与，感觉主题没意思，不感兴趣；

☐ 闲聊式的讨论，高谈阔论，各持己见，没有实质性成果输出；

☐ 配合式地完成任务，一人说一句，过程中没有产生思维碰撞的火花。

相信你也有过以上经历，作为学员其实更期待的是人人参与、氛围轻松、畅所欲言、认真倾听、有成果输出，甚至还能随意走动，看看其他小组的研讨成果。在翻转课堂上，开放画廊打造出了一个自由开放的场域，学员像逛画廊一样，随意走动，在感兴趣的主题前聚集，充分表达自己的观点，或者聆听他人的想法。每个人都积极主动地贡献智慧、集思广益、共同创造成果。

为了让你更好理解这项技术，我们把它与小组研讨进行对比，如表4-22所示。

表 4-22 开放画廊与小组讨论的区别

	开放画廊	小组研讨
参与人员	全场学员	组内成员
参与度	走动让视野和思维更广阔 有更高自主权，自己选择"角色" "转角遇到爱"，思维被不断碰撞和激发 更充分地表达和交流，但需考虑时长	围坐让视角更聚焦，但有一定局限 容易被"一言堂"主导 "群攻"下陷入发言压力 为了完成任务尽快作答，效率高
输出成果	更多启发，更多"惊喜和意外"	取决于小组成员的专业度和开放度

二）开放画廊中的双脚法则和四种角色

在开放画廊中，有一项有趣的法则——双脚法则。在研讨的过程中，如果参与者发现自己在某处没有获得学习，也没有什么贡献时，可以移动双脚到自己喜欢的地方去，可以加入另一组的研讨，甚至可以什么也不做，喝杯咖啡、吃些点心。无论如何，就是不要坐在那儿感到无聊、难过。

基于"双脚法则",开放画廊中设定了四种角色,如图4-48所示。

摊主(主人)
- 子议题的负责人
- 吸引游客围观、驻足
- 激发游客贡献智慧
- 整理汇总信息

蜜蜂
- 信息贡献者和传播者
- 在各议题间"飞来飞去"
- 分享观点、想法

蝴蝶
- 好的倾听者
- 看看停停
- 默默倾听他人分享
- 被某个话题吸引

长颈鹿
- 很想参与自己感兴趣的议题,但由于某种原因停留在某个小组
- 始终伸着脖子看别的小组

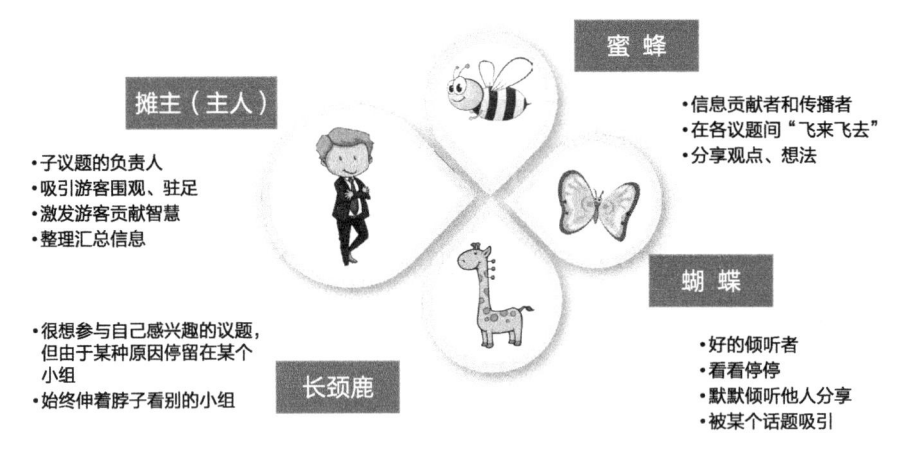

图4-48　开放画廊中的四种角色

1．摊主

开放画廊一般有几个研讨的子议题,每个子议题需要有负责的摊主,主要职责是尽可能地吸引游客围观、驻足;激发游客贡献智慧,并且撰写、记录在墙上议题纸上;最后整理、汇总信息进行汇报。

2．蜜蜂

蜜蜂代表的是信息的贡献者和传播者,他们在各个议题间"飞来飞去",分享观点、想法,就像自然界中的蜜蜂传递花粉一样,为讨论注入了丰富与多元的内容。

3．蝴蝶

蝴蝶代表着倾听者,他们停停看看,默默倾听他人想法。他们似乎看起来没有什么贡献,就是做了符合蝴蝶自然天性的事情——被美丽吸引,当他们被某个话题吸引时,就会停留在话题周围,对话也会由此展开。

4．长颈鹿

长颈鹿是个一心二用者,他们很想参与自己感兴趣的议题,可是往往碍于面子不得不停留在某个小组中,但是他们始终伸着脖子看别的小组,或者是心早飞到那边。

这四种角色中，除了摊主需要固定为一个角色，其他成员可以不固定角色，可以当贡献智慧的蜜蜂；可以安静地聆听和思考，就像蝴蝶；也可以成为一心二用的长颈鹿。所以在开放画廊这里，一切都是自然流动，随意、轻松、自由，让每个人做自己当下最想做的事，讨论自己最想讨论的话题，借助现场讨论的能量，产生自己灵光乍现的时刻。

> **应用案例：开放画廊在"自控力——从被动到主动，实现员工的自我管理"课程中的应用**

在翻转课堂"自控力——从被动到主动，实现员工的自我管理"中，提升自控力，实现自我管理的前提是找到自己曾经失控的点。如何让学员联系过往经历，发现自己的失控场景？相互碰撞和激发是关键，为此，翻转培训师在课程中设计了开放画廊的环节。

开放画廊的大主题：那些年我们的失控事件。

基于大主题，翻转培训师提前设定6个子议题。

掉入失控的陷阱：①道德许可

掉入失控的陷阱：②破罐子破摔

掉入失控的陷阱：③向明天赊账

掉入失控的陷阱：④有样学样

……

6个子议题提前设计好，用画布形式在课室的四周墙上张贴出来，运用画布的好处是无须过多讲解，学员一看便知如何参与。

翻转培训师简要说明参与规则和四种角色后，让每位学员带上马克笔和便签纸，起立、出发，在场内自由地走动和研讨，规则如图4-49所示。

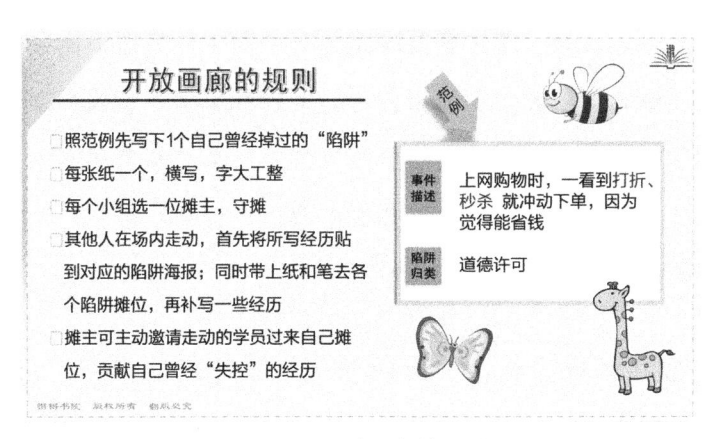

图4-49 开放画廊的规则

整个过程轻松有趣，学员可以在全场随意走动，在感兴趣的议题前驻足，将自己曾经的"失控"经历写在便笺纸上并粘贴上墙。在这个过程中，学员也可以倾听他人观点，交流心得，当发现与自己类似的失控经历时，几个人仰天哈哈大笑，"原来我们的自控力都不怎么样！"有的人刚开始没感觉，一直在神游，突然被某个人或某个点吸引时，也会不由自主地加入研讨。在走走逛逛、写写画画中，交流、碰撞自然而然地发生了，学员不仅将知识与自己的经历进行连接，还实现了与他人的经历连接，最后创造了满满的知识成果，如图4-50所示。

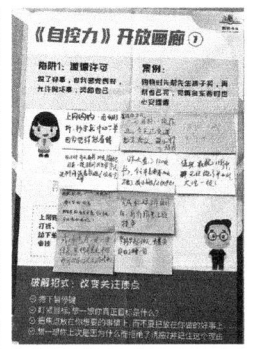

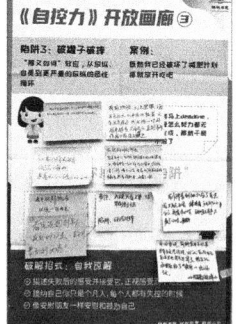

图4-50 开放画廊的课堂效果

三）如何确保开放画廊的有效运用

开放画廊这项技术营造了轻松、自由的研讨氛围，激发学员对于课堂的热情，推动了彼此间更充分的交流，但同时你可能会有以下疑惑：

- 现场如果不控场，大家走得七零八落怎么办？
- 如果有的子议题前聚了一堆人，而有的子议题前无人问津怎么办？
- 研讨时分歧太大，发生争吵怎么办？
- 多少人适合呢？人多好像容易乱，人少交谈起来没有氛围。
- 子议题是翻转培训师提前准备好的，还是基于现场提出来的呢？
- ……

带着疑惑和运用好这项技术的目的，我们一起来关注以下的注意事项。

1．适用的环节

前面已经说明"开放画廊"是属于场景化连接中的一项技术，其目的是引导学员进行深度研讨和交流，触动自我反思，实现人与知识、人与人、人与场景的连接。所以，翻转培训师要明晰"开放画廊"在以下课程环节中适合运用：

- 需要调动全员参与研讨的内容；
- 前期进行了知识的铺垫，否则研讨输出的成果质量不高；
- 知识点需要联系到实际的应用场景；
- 主题开放性强，没有标准或已知的答案；
- 各个子主题之间是平行关系，没有轻重之分；
- 子议题可连接到个人，通过共创可以激发更多的创意。

2．场地的布置

教室不可太狭小，要有足够宽敞的空间，距离墙面至少有1.5米的走道。研讨开始时，学员会走到墙面张贴的议题前讨论，需要进进出出，自由走动；当场面热闹起来后，有的子议题前不可避免地会有多人聚集，但宽敞的空间令人放松，学员能轻松交流。

此外，教室要有利于粘贴议题的墙面，有的教室除了门，其他三面都是落地窗和窗帘，没法粘贴研讨大白纸，这种情况就要想办法，要么就换教室。场地布置要求参考图4-51。

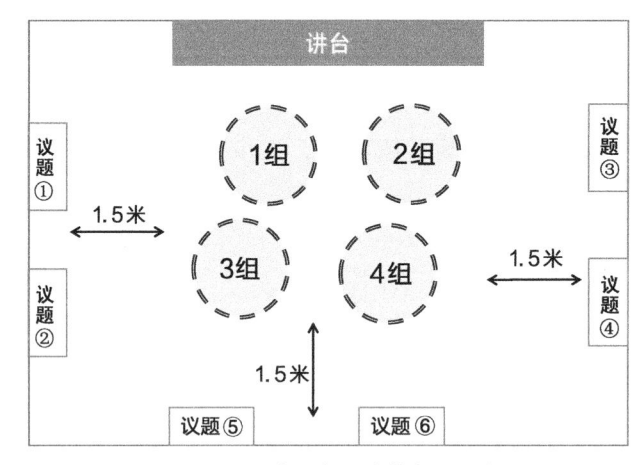

图4-51　开放画廊场地的布置要求

3．适合的人数

开放画廊能够让10~500人同时参与，需要注意参与人数与场地大小的匹配。如果人数少，而场地过大，走动时就会显得特别空旷，研讨的氛围也会显得"冷冷清清"的；如果人数较多，50人以上，并且场地适宜，研讨的氛围就会热烈很多，也容易感染更多的人参与。同时，人数的多少也会影响整个过程的时长，人数越少，可能相互交流的时长也会短一些。

4．议题的准备

开放画廊是基于一个大主题，衍生出各个研讨的子议题，子议题可以由翻转培训师提前准备，也可以在现场让学员提出他们关注或感兴趣的议题，这种方式的好处就是与学员的结合度更紧密。如果学员提出想研讨的议题过多，也可通过现场投票的方式选出大家最感兴趣的几个。议题的数量需要与参与人数匹配，人数较少时，议题随之减少；人数较多时，可适当增加议题数量，如30~50人的课堂，子议题数量4~6个为宜。

现场碰撞出来的子议题，可以直接在A4纸或A3纸上写出来（字体够大够清晰），然后粘贴在A1大白纸的左上角，如图4-52所示，这张大白纸可以上墙成为研讨成果的记录纸。

图4-52 议题粘贴的位置

（四）开放画廊的现场实施流程

由于开放画廊让研讨更开放、更自由，所以在课堂实施过程中，有一定的挑战和难度。无论是主题的确定、氛围的营造，还是过程中的引导，都需要提前设计，并且在实施时有流程、有步骤地进行，图4-53为打造开放画廊的6步骤。

1. 营造场域　2. 发起主题　3. 说明角色　4. 讲解规则　5. 走动讨论　6. 会谈分享

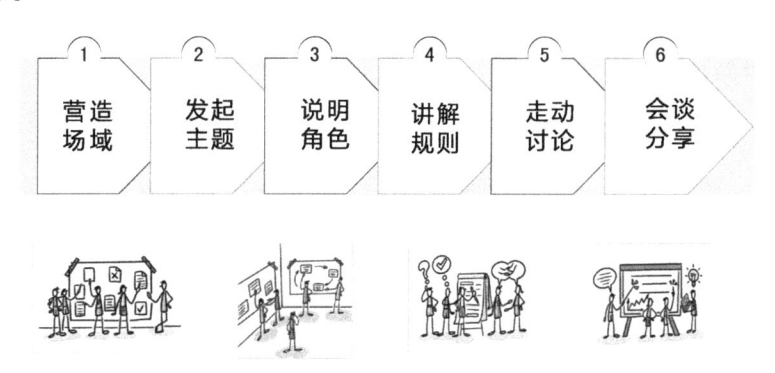

图4-53 打造开放画廊的6步骤

1. 营造场域

在营造场域环节，翻转培训师需要在课程开始前就张贴好主题画布，开放空间的场域至少有两面墙是便于张贴主题画布的，并且要留出一定空间利于学员走动交流。

另外道具的准备也必不可少，为营造轻松、有趣的场域，常常会用到色彩鲜明的画布、便利贴、彩色笔等道具，充分调动出学员的参与热情。

2．发起主题

主题可以是翻转培训师根据课程内容，预先设定好现场研讨的小主题，也可以是现场各小组基于翻转培训师给出的大主题，自行讨论出的小主题，小主题需要进行公示。

好的主题要是开放性问题，描述简洁，清晰易懂；要能够引发学员的研讨兴趣；答案要多元化，有创造性思考的空间。

3．说明角色

在开放画廊中，人人都是参与者，这些参与者可以被赋予不同的角色：摊主、蜜蜂、蝴蝶、长颈鹿，四种角色的具体含义前面已说明。翻转培训师告知学员四种角色的目的，一是增加感性元素，增强学员在开放画廊中的代入感和参与感；二是强调场内的参与者都有自己的价值，可以做自己当下最想做的事，讨论自己最想讨论的话题。

4．讲解规则

（1）规则讲解时需要说明分享观点的方式，例如，可以直接书写在研讨大白纸上，或者运用A6/B5便利贴书写后，再粘贴在可重复使用的画布上；

（2）需要确定每个子议题的摊主，如果现场学员较少，可让1个摊主负责2个子议题；

（3）明确"逛画廊"大致的时间段；

（4）发放便利贴、马克笔等道具。

5．走动讨论

明确规则后，所有人离开座位自由走动。摊主驻守在主题画布之前，发挥自己的人格魅力，尽量吸引游客为自己的摊位贡献智慧，并且维持摊位的整洁、美观。其余角色就可以带上便利贴、马克笔等去感兴趣的主题前分享讨论，写写画画。开放画廊需要给学员充足的时间，才能收集到足够多的智慧成果。在讨论环节，翻转培训师可以准备合适的音乐，通过音乐让开放画廊的氛围更加热烈。

6. 会谈分享

开放画廊结束之后，除摊主之外其他学员先要归位就座，摊主留下来需要将所有收集到的信息和所有学员分享。摊主或小组成员可选出对主题帮助最大的三条信息，对该信息的提供者予以奖励。

二、迷你世界咖啡：激发异花授粉，思维碰撞

先与你分享一个小故事。

1995年1月的一个多雨的清晨，在加利福尼亚，戴维·伊萨克和他的合作伙伴朱安妮塔·布朗博士正在主持一场聚会，主题是关于智力资本的战略会谈。原定是在院子里举行的，可雨一直下，朱安妮塔开始担忧起来，该怎么布置场地呢？这时戴维灵光一闪："为什么我们不在客厅摆上我们的桌子，大家可以坐在桌子旁喝咖啡，同时等着其他人的到来？然后，我们再收起这些桌子，开始我们的正式会谈呢？"

当他们正在摆放小桌子和椅子的时候，互动绘图专家汤米先到，她提出："这些桌子看起来像咖啡桌，我觉得我们还需要一些桌布！"她随即抽出几张折纸铺在桌上，一下子事情变得有趣起来。朱安妮塔又决定在桌上放些鲜花，汤米在每张桌上放了几支彩色蜡笔，最后他们又在门口制作了一个可爱的招牌，上面写着"欢迎来到驻家咖啡馆"。

人们陆续到达，大家都觉得开心有趣，取了些点心后，大家便在咖啡桌旁随意聚集，开始聊起来，聊的过程中他们还拿起彩笔在桌布上涂写。45分

钟过去了,其中有人大声说道:"我也很想听听其他桌的人讨论了什么,为何不每桌留下一个主持人,其他人旅行到其他桌,带着我们的思想种子,和其他桌的内容产生连接?"大家觉得这个提议很有趣,于是,主持人留在原位,其他人则走向其他桌继续会谈。

整个房间充满活力,会谈一个小时后,又有一个伙伴提议:"为何不再试一次,主持人继续留在原桌,其他人继续旅行,继续去分享和连接我们的发现?"

几个小时飞逝而过,智慧的火花在碰撞,会谈的想法、观点都留在了桌上的纸上,有文字、有图画、有符号……桌上的纸变成了"大画纸",最后组合在一起形成了令人拍案叫绝的视觉化成果。

故事分享完了,其实这就是"世界咖啡"的诞生故事,和"开放空间"起源有些相似,都是从"意外"中发现的一项技术,后来在不同情境下不断探索和尝试,取得了意想不到的效果。

"世界咖啡"后来被称为"创造集体智慧的最好的会谈方法",以其轻松的场域,浓厚的学习交流氛围,惊艳的会谈结果受到了广泛认可。在很多企业内部经常可以见到"世界咖啡"的身影,它常常被应用于行动学习中,调动群体的智慧解决问题。

对于翻转培训师来说,如何将这绝佳的会谈方式运用在自己的培训课堂上呢?本节将和你一起学习翻转课堂PECA(皮卡)设计模型中的技术——迷你世界咖啡。

一)什么是迷你世界咖啡

迷你世界咖啡,可以简单理解为培训课堂中一种深度研讨的模式,营造轻松、平和环境,如同朋友喝咖啡一样围坐在桌边交谈、记录、聆听,之后每个人又移往另一张桌子,结识新朋友,像蜜蜂异花授粉一样交换智慧,经过2~3轮转桌后,最终形成视觉化的研讨成果,如图4-54所示。与行动学习中的促动技术"世界咖啡"相比,"迷你世界咖啡"与培训课堂的结合度更高,流程更简单,操作更容易。

图4-54 世界咖啡参与者的反馈

迷你世界咖啡具有非常鲜明的6个特点,如图4-55所示。

图4-55 迷你世界咖啡的6个特点

(1)一种有生命的网络,在过程中,大家有走动、连接,通过转桌不断形成新的网络;

(2)以问题为引子,围绕大主题,每桌都有自己探讨的小问题,每轮激发不同的贡献;

(3)异花授粉,在过程中,通过换桌、移动、结识新伙伴,产生新想法;

（4）鼓励贡献，邀请每位参与者发出声音，彼此贡献；

（5）多元化观点，参与者来自不同行业、不同背景，从而拥有了多方不同视角；

（6）释放灵感，轻松的氛围和不同的思维碰撞，令灵感不断出现。

二）哪些场景适用迷你世界咖啡

"仅仅告诉人们新思路是远远不够的。你必须让他们以某种方式去体验，从而激发这种新思路的能量和可能性。与其灌输知识到人们的大脑，倒不如帮他们打磨一副全新的眼镜，让他们从新的视角去看世界。"约翰·希利·布朗（John Seely Brown）在《以不同的方式审视世界：关于创新的意见》（*Seeing Differently: Insights on Innovation*）里的这句话道出了世界咖啡的真谛——独特体验方式+激发能量+新的视角，这也就意味着翻转培训师在选择运用场景时，需要从这几个角度进行思考和设计。

- 比较宽松、放松的场域，便于四处走动、交谈，这样才能实现最佳的体验效果；
- 研讨的主题与参与者有较强的相关性，而且这些话题没有固定答案，能引发丰富的讨论；
- 通过会谈，产出的成果是有创造性的，而不是"预期"中的；
- 确保参与者风格、背景各异，实现"跨界"沟通；
- 至少12人参加，至少分3个小组，至少经过两轮的小组成员互换，如此才能实现"转桌"的意义；
- 有充足的会谈时间，至少30分钟。

三）迷你世界咖啡中参与者的角色分配

还记得上一节中开放画廊的技术里有四种角色：摊主、蜜蜂、蝴蝶、长颈鹿吗？在迷你世界咖啡中也有四种角色，分别是桌长、记录员、计时官、参与者。

桌长：顾名思义就是每张桌子的负责人，类似我们熟悉的小组组长。桌长由各小组自然选举产生，主要的职责包括鼓励参与者贡献智慧，提醒相互倾听；邀请特定组员补充发言，或自行补充发言；提示记录员及时记录研讨内容；管理研讨时间，可使用"发言权杖"；每轮转桌时，桌长留下，其他参与者可以任意走动到其他小组；每轮组成新的小组时，桌长欢迎新成员的到来，同时向他们简单介绍上轮讨论要点，并且主持新一轮研讨。

记录员：记录大家的研讨要点，最好使用图文并茂的方式。记录员可以在每轮换桌时，由组内成员自愿担任。

计时官：令人兴奋的研讨往往会让人忘记时间，所以每组每轮设定一位计时人员，提醒大家注意时间。

参与者：场内所有人都是参与者，贡献自己的观点，互相聆听，不要打断他人发言，把观点记录在大白纸上。

> 应用案例1：迷你世界咖啡在"AACTP国际认证翻转培训师"课程中的应用

在"AACTP国际认证翻转培训师"的课堂上，学员学习完翻转课堂PECA（皮卡）设计模型和大量的翻转技术后，会进入关键环节——如何将这些所学的知识与自己的实际运用场景相结合？让现场的人来一场智慧大碰撞吧。

首先，利用课间休息时间，"悄悄"对课室做了些改变：

- 给每个小组换上清新的桌布；
- 桌布上铺上大白纸，放上各色彩笔和一个造型独特的"发言棒"；
- 播放令人愉快的轻音乐；
- 让助教冲几杯浓香的咖啡，举着咖啡在课室里四处走动一下，香气四溢；

- ……

学员一进课室，发现眼前的一切发生了改变，开始兴奋起来。

接着，导师开始简单讲解规则：

- 将进行三轮会谈，每轮有新的主题；
- 说明现场的四种角色，每组选出桌长、记录员和计时官；
- 说明在此过程中遵守的规则——我们的约定，如图4-56所示。

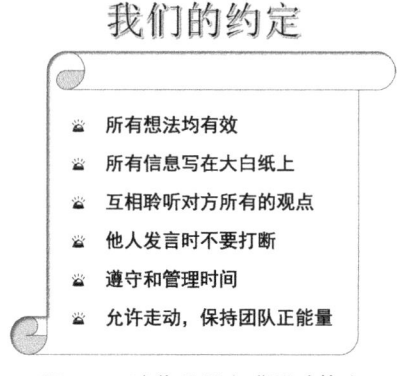

我们的约定
- 所有想法均有效
- 所有信息写在大白纸上
- 互相聆听对方所有的观点
- 他人发言时不要打断
- 遵守和管理时间
- 允许走动，保持团队正能量

图4-56 迷你世界咖啡活动约定

下一步，三轮会谈开始，每轮研讨时间15分钟。结束后，除桌长外，其他成员自由走动，组成新的团队开启新一轮会谈。

第一轮主题：整个课程中哪些环节会让你印象最深刻？（图文形式并配上代表当时心情的表情包）

第二轮主题：你获得的最大顿悟或启发是什么？

第三轮主题：你会做何改变，如何运用所学所获？（立个目标）

注意：每轮主题是上一轮结束后再告知学员，而不是一次性把三个主题都呈现出来。

最后，大家将自己的成果展示、分享，图4-57为真实成果展示。

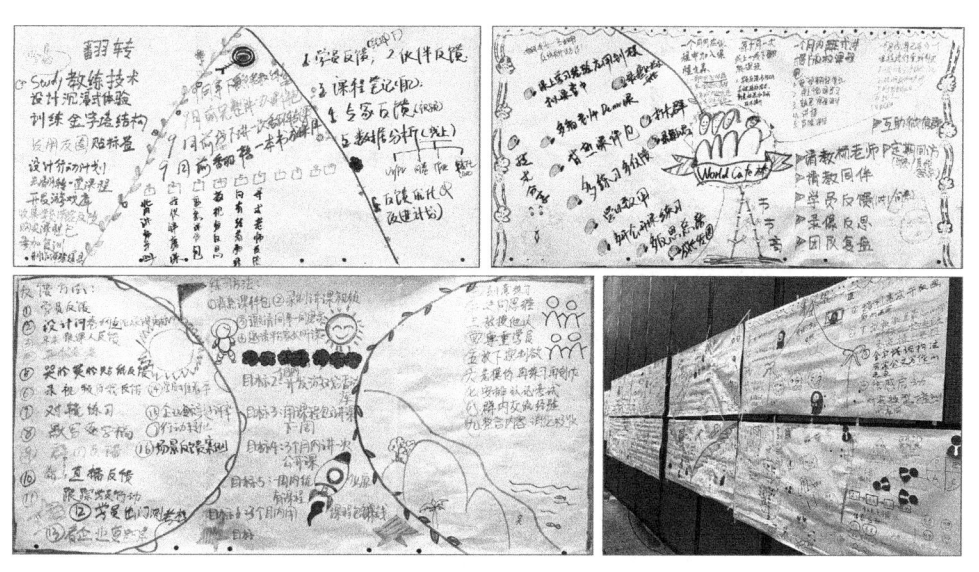

图4-57　迷你世界咖啡课堂成果

这就是整个"迷你世界咖啡"的运用过程，现场效果极好，每个人都能充分发表自己的观点和想法，获得尊重和认可，彼此间相互碰撞又能产生许多新思路和想法。尤其是色彩斑斓的绘画大大刺激了大脑的活跃度，学员边写边画，越画越投入。这个环节对于推动学员连接知识、连接应用场景起到了重要作用，使学员真正迈出了从知到行的关键一步。

四）迷你世界咖啡可以这么简单

在迷你世界咖啡这项技术中，最核心的点就是"转桌"，与不同的人产生新的交流和新的火花。抓住这个核心，在培训课程上的操作就可以更简单了。我们来看一个应用案例。

> 应用案例2：迷你世界咖啡在"学九型，提升职场沟通力"课程中的应用

翻转课堂"学九型，提升职场沟通力"的第三章节——九型沟通之道，也就是学习如何与不同性格的人沟通、协作。

用传统小组研讨的方式？学员没有新鲜感了，影响参与度，试试"转桌研讨"吧。

翻转培训师先让每个小组自己确定一个小主题，但都必须与大主题"如何与不同性格的人沟通、协作"相关，可以给些参考，例如：

- 向8号上司汇报工作时需注意什么？
- 如何赢得6号客户的信任？
- 如何处理与3号同事的冲突？
- ……

各小组定好小主题后，进行公示，避免重复，还可以让学员有所期待——下一个研讨主题是什么？会与谁研讨？

接下来，翻转培训师简明扼要地呈现规则，如图4-58所示，强调每轮研讨时间为8分钟，研讨就开始了。

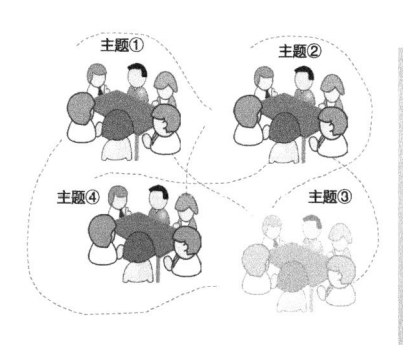

图4-58　迷你世界咖啡研讨规则

规则：
★ 各小组确定一个研讨主题
★ 选出一名桌长
★ 第一轮研讨时间：8分钟，研讨内容记录在大白纸上
★ 一轮研讨完毕后，桌长留下，其他组员走动到其他小组，继续研讨新小组的主题（6分钟）
★ 研讨结束后，分享成果

整个过程非常简单，但学员兴致勃勃，首先自己定的主题是自己感兴趣的、关注的；其次，每轮研讨结束后，自己想去哪个主题自己做主，所以学员的走动很积极，都带着好奇和兴奋进行新一轮研讨，带着这种好奇，不断有新的发现。

看到这儿，你会发现"迷你世界咖啡"的"转桌方式"更随性，研讨主题与课程内容紧密结合，整体操作更简单易行。

五）迷你世界咖啡的现场实施流程

"迷你世界咖啡"的运用会有一定难度，因为这种研讨方式是动态的，学员需要来回换桌，如果节奏没把控好，研讨的质量和换桌的秩序都会出现较大的问题。此外，学员不仅只思考一个问题，随着轮换，学员到了新的小组又要面对新的问题，这比较考验学员的思考能力，如果研讨的主题太难也会影响研讨结论的质量。所以现场实施时，翻转培训师需把控好五个步骤：场域准备、主题确定、规则讲解、会谈与换组、整理与汇报。

1．场域准备

和"开放画廊"翻转技术一样，"迷你世界咖啡"需要打造一个适合走动交流的场域，但相比于"开放画廊"，"迷你世界咖啡"的场域只要能确保学员有适合书写的课桌和可以自由走动的过道就没什么问题了。

当然，如果在营造氛围上用点"小心机"，现场的体验感和愉悦感会大大提升。例如，铺上温馨的桌布，墙上粘贴着几幅有些艺术感的手绘画，播放几首轻松、舒缓的音乐，彩笔、大白纸等道具必不可少，如果现场有些可口的茶点就更好了。

除此以外，翻转培训师需要准备一个吸引大家讨论的主题，可以提前分配好每个小组会谈的小主题。

2．主题确定

翻转培训师需要提前设计好研讨的大主题，主题需与学员有较强关联，能激发学员兴趣和参与。基于大主题设定研讨的各个小主题，小主题可提前设定，也可以由现场学员提出，但需经过筛选、整理。研讨的小主题必须是开放式的问题，而且预判答案具有多元性和创造性。

研讨的各个小主题之间可以是并列的、同一范畴的，类似前面应用案例2中的小主题举例；也可以是每轮结构化的、递进关系的，类似前面应用案例1。在实践过程中，我发现结构化的小主题在几轮研讨后，输出的成果质量更高。

3．规则讲解

"迷你世界咖啡"之所以可以取得成功，很重要的原因在于它打破了职场中的层级、职级观念，在这个场域里，每个个体都值得被尊重，每个观点都需要被重视，参与者才愿意贡献自己的想法和智慧，以达到最好的研讨结果。要营造这样的氛围，就必须在规则讲解时说清楚会谈的要点。

1）会谈约定

会谈约定如同心灵契约，在大原则下进行"迷你世界咖啡"才能确保场域氛围的营造。以下为几点会谈约定的举例，可以作为参考。

- □ 所有想法均有效。
- □ 所有信息写在大白纸上。
- □ 互相聆听对方所有的观点。
- □ 他人发言时不要打断。
- □ 遵守和管理时间。
- □ 允许走动，保持团队正能量。

2）角色说明

"迷你世界咖啡"也是一种有组织的活动形式，要确保研讨能有序进行，角色的分工必不可少。我们可以将学员分为四种角色，分别是桌长、记录员、计时官和参与者，具体职责前面已说明。

3）换桌规则

换桌规则是最关键的环节，如果讲述不清楚，学员理解不到位，到了真正的换桌环节，学员会像热锅上的蚂蚁一样团团转，这种情况对"迷你世界咖啡"的组织效果影响很大。以下换桌规则的举例，可以作为参考。

- □ 一般进行2~3轮会谈，完成一轮探讨后，桌长留下，其余人便走动到其他桌，继续分享、聆听；
- □ 每轮会谈10~15分钟，设定结束暗号或设定计时官；

☐ 新一轮换桌时，桌长安排新成员自我介绍并分享上轮讨论的结果。

4）会谈与换组

我们可以给每轮的会谈起个有意思名称，例如：

第一轮，搅拌思想……

第二轮，智慧流动……

第三轮，思维碰撞……

会谈的过程中，翻转培训师不可过多干预，而是在旁边观察，当发现有些小组的研讨停滞时，可适当给些指导或提示小组成员去其他小组看看，走动走动获得些灵感。

在换组时，是按顺时针，还是按逆时针换呢？最好的方式就是自由换，让学员自己决定去参与感兴趣小组的研讨，大多数学员每轮都会选择不同的小组、不同的研讨主题。采用自由换组方式是希望参与者有更高的自由度，能与更多伙伴交流，发现更多的惊喜，原汁原味的"世界咖啡"也是这种自由轻松的场域。

当然，自由换组方式也会存在人流不均的情况，有的小组"人满为患"，而有的小组"门可罗雀"，急得桌长团团转，没人来可怎么研讨啊？这时，翻转培训师需要在现场做引导和分流，可以提醒大家——每个小组的主题都非常有研讨的价值。

5）整理与汇报

几轮会谈结束后，学员回到自己原来的小组，桌长可以根据会谈结果先进行整理，整理结束后各小组轮流分享最终成果，展示集体智慧，建议每个小组分享时间控制在3~5分钟。

三、三人小组教练法：深度会谈激发个人潜能

2012年4月在北京，互联网行业的两位重要人物——马化腾和凯文·凯利

（Kevin Kelly）以"失控与控制——探索互联网本质"为主题进行了尖峰对话。现场提出了七个问题，据说这七个问题价值千亿。马化腾大家都非常熟悉，腾讯创始人，腾讯产品从QQ到微信、腾讯视频、腾讯游戏，可以说是渗透到了中国网民生活的方方面面，所以马化腾被称为中国的"产品帝"。而凯文·凯利被称为互联网的"预言帝"，他预言了互联网的未来，在其1994年出版的书《失控》中，他就预见了今天的云计算、敏捷开发、网络社区、虚拟现实等。

在这场尖峰对话中，马化腾问："未来腾讯最大的敌人是谁？"

凯文·凯利回答："这个问题价值10亿美元。即将消灭你的人，还没有出现在你的敌人名单里面。"

这场对话就像"教练式的对话"，凯文·凯利的回答可谓具有颠覆性的，给马化腾带来了新的冲击和认知——做企业不要只盯着自己的竞争对手，而是敢于跨界，敢于创新。受此启发，腾讯开发出微信来与自己的QQ竞争，让腾讯的市值从400亿美元升到了7000亿美元。

一场看似简单的对话，可能会让对话中的当事人瞬间觉醒，获得新的领悟或突破。我们在培训课堂上，有没有可能也创造这样的"对话"，激发学员的深层思考，获得新的领悟或突破，从而构建新的认知体系呢？

本节将和你分享翻转课堂PECA（皮卡）设计模型中的技术——三人小组教练法。

一）什么是三人小组教练法

三人小组教练法是源自教练技术的一种深度会谈方式。学员自成一组，分别设定不同的角色，根据具体的场景进行有效的提问、回答和观察记录，以帮助学员厘清问题，激发内在潜能。三人小组教练法主题聚焦，小组成员可以实现一对一交流，并且可以在安全的环境下循序渐进地实现自我察觉，图4-59为三人小组教练法三种角色的位置示意图。

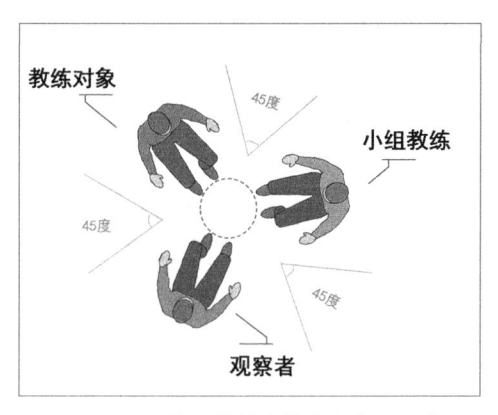

图4-59 三人小组教练法的角色位置示意图

这项技术具有四个鲜明的特点：

- 一对一交流，不同于其他公开的研讨方式，专注点在小组中的某位成员；
- 氛围安全，交流仅在三人小范围内进行，没有过多的压力，更容易建立信任；
- 主题聚焦，围绕共同的目标和任务，避免泛泛而谈，过于发散；
- 循序渐进，有前奏的氛围铺垫，有过程中的耐心引导，还有最后的即时反馈。

应用案例1：三人小组教练法在"终身成长"课程中的应用

在课程"终身成长"中，在讲解完两种不同的思维模式：固定型思维模式和成长型思维模式后，就会进行第三章——四步塑造成长型思维的学习。这部分内容与个人有高度的结合，需要真正挖掘个人的"固定型思维"，才能突破原有的思维模式，获得成长。运用哪项技术才能实现这个效果？显而易见是"三人小组教练法"。

首先，翻转培训师说明规则，如图4-60所示。

图4-60 成长型思维现场训练规则

（1）三人一个小组，进行成长型思维现场训练；

（2）三个人的角色分配分别是小组教练、教练对象和观察者；

（3）小组教练的职责是耐心地提问和聆听，可以借助一套"提问引导卡"进行提问，如图4-61所示；教练对象就是塑造成长型思维的体验者；观察者运用"观察记录表"来记录和反馈教练对象过程中的关键信息；

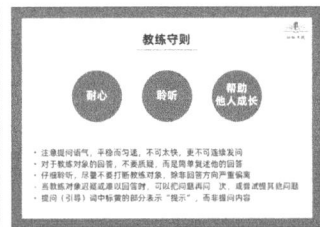

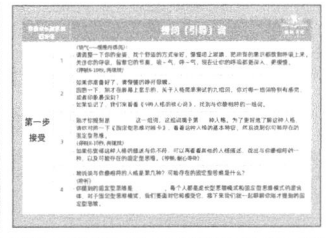

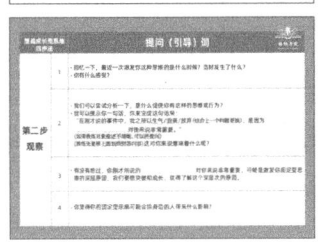

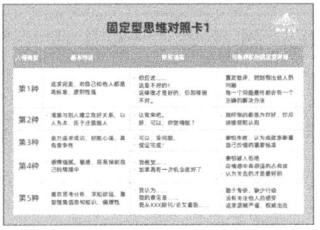

图4-61 小组教练的"提问引导卡"

（4）座位方式，教练和教练对象尽量避免面对面坐，三人之间最好形成45度角。

接下来，现场的学员自由组合，三人一组，并且请各个小组成员确定好训练的角色。

翻转培训师需要强调，这不是游戏，而是一个非常重要的思维训练，希望大家全身心地投入，才能有真实的体验和不一样的收获。随后，各小组开始现场实操。

40分钟后，预定的时间到了，许多小组感觉意犹未尽，甚至提出可否互换角色再来一次。如果时间允许的情况下，可以适当增加训练时间。

到了分享时刻，翻转培训师邀请学员代表上台分享他们的所得，其中，感触最深的当属教练对象。

"这是一次完全不一样的体验，刚开始我有些戒备和抵触，教练让我先调整坐姿和呼吸，找到自己舒服的状态再进行，这一点让我慢慢放松下来。"

"提问过程中突然有个点击中了我，让我意识到在这个方面我有严重的固定型思维，而之前我根本没有觉察到。"

"观察者最后的记录反馈让我很意外，没想到面对这个问题时，我内心这么纠结，想了好久才回应。"

……

小组教练也表示非常有成就感："没想到这种提问对话的方式竟然能让对方深刻地自我反思，甚至戳到了他的痛处，开始时有点抗拒，但最后他似乎领悟到了什么。"

通过这些分享，我们不难看出"三人小组教练法"在运用时的价值：唤醒学员的自我觉察，让所学的知识与他原来的经验产生连接，重新在脑海中构建新的认知。

看完这个应用案例，相信你会产生很多疑问：

- 哪些内容适合运用这项技术？
- 三人小组座位的方式还有讲究？对场地有什么要求？
- 小组教练是不是之前要接受过专业的教练技术训练才能发挥作用？

- 怎么让学员进入"教练"的状态，而不是简简单单的一问一答？
- "提问引导卡"和"观察记录表"如何设计？
- ……

带着这些疑问和困惑，我们进一步深入学习这项技术吧。

二）如何确保三人小组教练法运用的有效性

1. 选择适合运用的内容

三人小组教练法不像小组讨论一样泛泛而谈，也不像其他大型的教学方法那样可以随意走动，它会更聚焦到独立的个体身上，所以这项翻转技术有一定的针对性，一般以下四种情况适合采用三人小组教练法：

- 主题与个人密切相关的内容；
- 想要引发学员自我觉察的内容；
- 涉及思维模式突破的内容；
- 需要激发学员内在潜能，触动深层思维的内容。

2．做好"心理空间位置"

"心理空间位置"一词可能对许多人来说比较陌生，指的是空间位置（主要指座位、站位等）的安排和相互关系对人们心理活动及关系所造成的影响。这个概念要求翻转培训师意识到在培训课堂中，小组会谈采用的座位方式会影响参与者的心理，进而直接影响会谈的效果。常见的一些小组会谈座位方式如图4-62所示。

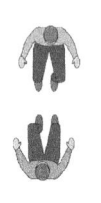

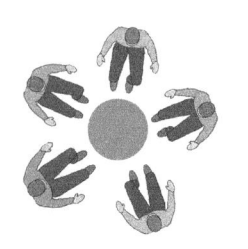

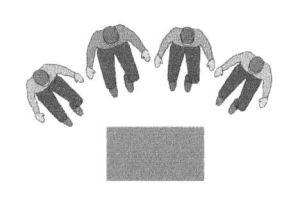

直接面对面　　　圆形结构　　　半圆形结构

图4-62　常见小组会谈座位方式

直接面对面的座位方式，表明两人相互间有强烈影响的关系，可能是正面的友好关系，可能是负面的冲突关系，两人靠得越近，影响的幅度就越大。

圆形结构的座位方式，强化小组成员之间的关系，暗示所有成员和所有观点都是平等的，有同等价值的，而不会过度聚焦在某个人或某个观点上。这种方式如果运用在头脑风暴之类的活动上，可以快速进行思维的碰撞。

半圆形结构的座位方式，暗示彼此间是伙伴关系，但焦点更多是在特定的任务上，如分析问题、制订计划等，他们的目标是达成共识。

了解了"心理空间位置"后，在运用三人小组教练法时，翻转培训师要适当引导小组成员的座位方式。在本节开篇说明"什么是三人小组教练"时，已有图示：三人形成三角状，营造平等、轻松交流的心理空间位置。小组教练和教练对象尽量避免直接近距离地面对面相坐，这会给教练对象造成心理压力；更要避免小组教练和观察者并行坐着，两人面对教练对象，可能会让教练对象感觉像被"审讯"，莫名紧张起来。

3．提前设计提问和记录工具

三人小组教练法中的角色，无论是小组教练还是观察者都是现场临时确定的，基本都没有接受过专业的教练技术训练，那如何才能让这些角色充分发挥好作用？要降低要求和难度吗？最好的办法就是提前设计和准备好辅助材料，主要包括小组教练的"提问引导卡"（也称"提问指引表"）和观察员的"观察记录表"。

1）"提问引导卡"

在三人小组教练法中，小组教练是个重要的角色，主要通过耐心地提问和聆听来引导教练对象。如何提问，可是个有技术含量的活。小组教练几乎都是非教练出身的，如果控制不好，可能出现随意发挥，导致效果南辕北辙，又或是提问时咄咄逼人，连环炮式地"逼问"，引发教练对象的强烈反感。如何确保实施效果？翻转培训师需提前设计好提问的参考话术，小组

教练只需"依葫芦画瓢",根据指引,逐一提问就可以了。设计"提问引导卡"需要注意几个维度:

- 开头说明基本的教练守则,如注意提问的语气、不要质疑对方的回答等;
- 问题通俗易懂,不可太拗口;
- 问题的表达无歧义,不需要过多的解释;
- 开放性问题,引发对方更充分的陈述;
- 与主题内容匹配,结构化地循序渐进。

2)"观察记录表"

三人小组教练法中,观察员的目的看似记录,实质是收集信息,他不是交流中的主要互动者,而是抽离出来,更客观、全面地记录一些非常有价值的信息。"观察记录表"的设计无须太复杂,着重提示观察者看什么、听什么、记什么,以及最后反馈什么。

应用案例1:三人小组教练法在"问题分析与解决"课程中的应用

在锵锵书院版权课程"问题分析与解决"中,有一个重要的问题分析与解决工具——逻辑层次法,这个工具需要个人在思维上有非常大的突破才能有效解决复杂的问题,所以运用了三人小组教练法这项技术,图4-63和图4-64分别是其中的"提问引导卡"和"观察记录表"。

三)三人小组教练法的现场实施流程

三人小组教练法的一个重点在于前期设计。在课堂上运用时,翻转培训师还需要有步骤、有流程的引导,包括氛围营造、组建小组、角色说明、规则讲解、现场管理和总结升华。

第四章 技术传授：手把手教你设计翻转课堂

版权课程"问题分析与解决"辅助教材

"逻辑层次法"——提问引导卡

锵锵书院 QIANG QIANG ACADEMY

教练守则

聆听	保持聆听，尽量不要打断对方，除非回答方向严重偏离 尊重对方并相信他自己有解决问题的能力，在教练过程中尽量不给建议
提问	按教练话术来提问，注意让自己的语气缓慢并柔和，保持相对放松的氛围 当教练对象迟疑或难以回答时，可以把问题再问一次，或尝试换个角度发问
复述	对于教练对象的回答，不要质疑，做些记录并简要复述他的回答

提问话术参考

教练与问题主人握个手，然后教练邀请问题的主人在纸上写下需要解决的问题。

前期准备 （与被教练者 建立良好关系）	1	提示语：现在选个你最舒服的姿势坐着，深吸一口气。把注意力放在你想要解决的问题上来。闭着眼睛回想一下可能跟这个问题有关的人、事、物等。如果想好，可以睁开眼睛。（语气缓和，注意控制时长在1分钟左右）
	2	现在邀请你用3-5分钟来描述一下这个问题（可以从背景、起因、经过这几个方面来描述）（提示：教练适当做一些笔记，记录关键词）
	3	好的，我收到你说的信息了，你说到了这几个点（用几句话复述一下他描述的起因、经过和结果）是这样的对吗？（如不是，可请他再澄清一下。）

锵锵书院版权所有 翻版必究

图4-63 提问引导卡

版权课程"问题分析与解决"辅助教材

"逻辑层次法"—— 提问引导卡

锵锵书院

提问话术参考

层次	序号	提问话术
愿景 （我理想中的世界）	1	假设这个问题被解决了，你心目中的理想画面是什么样的呢？ （如果对方一下说不出来，没关系，可以继续问第二个问题）
	2	你想象一下，你看到什么，听到什么，感受到什么。
身份 （我是谁？想成为谁？）	3	为了实现这个愿景，你希望成为一个怎样的自己？
	4	如果把时间放长远来看，假设这个问题已经成功解决了，你会有什么变化和不同？
信念 （为什么？）	5	那我们再来看看，为什么解决这个问题对你那么重要？（停顿、聆听、再提问）成功解决对你来说意味着什么？
	6	如果这个问题没能如预期解决，会给你带来什么影响？（停顿、聆听、再提问）一定会有这样的影响吗？
	7	要成功解决这个问题你还面临的阻碍和挑战是什么？（停顿、聆听、再提问）他们是来自外部还是自己的想法呢？
能力 （如何做？）	8	你觉得要怎样做才能突破这些阻碍和挑战？（如果他说暂时没想到，可以引导他回想身边是否有成功案例？别人是如何解决的，如实在没有进入下一个问题）
	9	你认为自己已经具备了什么能力来解决这个问题？
	10	还需要补充哪些方面的能力呢？（追问：如果你不具备这些能力怎么办？）
行为 （做什么？）	11	为了解决这个问题，你做过什么，还没做过的又是什么呢？ （追问：没做过的原因是什么？）
	12	你有看到身边的人（互联网、微信、视频号）是怎么做的吗？（你接下来的计划是什么？打算如何开展呢？）
环境 （何时何地，外部条件）	13	你觉得具备什么外部条件时可以开始做？
	14	你打算何时何地开始？打算让谁来参与呢？ （追问：除了这些，还有什么是我没问到的，你想补充的？）

致谢：感谢你真诚分享自己的问题以及对我的信任，我们的对话到此结束。（双方握手致谢）

锵锵书院版权所有 翻版必究

图4-63 提问引导卡（续）

版权课程"问题分析与解决"辅助教材

"逻辑层次法"——观察记录表

观察员：　　　　　　　　　　　记录日期：

主要任务	观察+记录关键要点+最后反馈		
记录内容	观察到的 （问题主人回答的关键点，困惑点）	补充提问	建议 （启发问题主人解决问题的提问/建议）
愿景 （我理想中的世界）			
身份 （我是谁？想成为谁？）			
信念 （为什么？）			
能力 （如何做？）			
行为 （做什么？）			
环境 （何时何地，外部条件）			

锵锵书院　版权所有，未经许可，不得外传

图4-64　观察记录表

1．氛围营造

翻转培训师首先需要说明三人小组教练法的教学目的，不是想挖掘学员隐私而是希望帮助大家成长，让学员尽量卸下戒备心理。

2．组建小组

现场成立三人小组，可以用1、2、3、1、2、3……报数的方式组成一个个三人小组；也可以自由组合。如果有人落单，可列入其他小组，作为观察员。

在场地布置上，各小组之间尽量保持一定距离，以免组与组之间造成干扰。

3．角色说明

三人小组教练法总共分为三种角色，分别是小组教练、教练对象和观察者，在训练开始前，翻转培训师需要让小组内确定好角色，然后讲解角色的任务和职责。

小组教练：教练需要通过耐心的提问和聆听，帮助教练对象完成练习。

教练对象：教练对象则需要跟着小组教练的提问如实回答问题，扮演一个体验者。

观察者：观察者需要观察教练对象或小组教练，并且做好相关记录，结束后给予双方反馈。

4．规则讲解

小组教练和教练对象尽量避免面对面坐，三人之间最好形成45度角。发放各个角色所需辅助材料，如"提问引导卡""观察记录表"等，并且说明使用方式。

同时翻转培训师需要强调：这不是游戏，而是一个非常重要的思维训练，全身心地投入，才能有真实的体验和不一样的收获。

5．现场管理

训练过程中，翻转培训师可以走动，观察和记录学员的状态，但要避免过多干扰。适时提醒时间、进度，防止教学超时。提示已完成的小组小声交流，避免影响还在进行中的小组。

在时间允许的情况下，三人小组教练法也可以像体育训练一样轮流切换角色、轮流扮演不同的角色，让每位学员得到充分训练。例如，我在曾经的"招聘面试"培训中，采用过三人小组教练法，三人分别扮演面试官、求职者、观察者，训练共三轮，每一轮的角色都有轮换，让学员充分实践面试技巧。

6. 总结升华

训练结束后，翻转培训师需要邀请小组各角色分享教练过程中的感悟和启发。翻转培训师根据在过程中观察到的情况、学员的分享做最后的总结和归纳。

四、镜像测评：敲醒自我的觉察

童话故事《白雪公主》里有一面魔镜，邪恶的王后经常问镜子："魔镜，魔镜，谁是这个世界上最美丽的女人？"魔镜非常诚实，每次都实话实说："全世界最美的女人就是您，王后。"直到有一次魔镜的实话变了："您非常美丽，但现在的白雪公主比您更美丽。"也正是魔镜的这句话，吸引着王后一步步去找到真相。

现实中的我们也需要一面"魔镜"，给自己一些真实的反馈，可以在一定程度上帮助我们更清楚地看到自己的位置和状态，从而更好地提升和改善，这也是自我觉察的一种方法。在翻转课堂上，翻转培训师有没有可能为学员提供这样的"魔镜"呢？

本节将和你一起学习翻转课堂PECA（皮卡）设计模型中的技术——镜像测评。

一）什么是镜像测评

镜像测评就是通过一套科学、严谨的测评问卷，探测学员在某个领域的能力水平、特质、风格偏好等，如同"照镜子"一般给予反馈，从而帮助学员更好地自我认知，为接下来的学习做好准备。

我们在课堂上经常看到或用过这些测评工具：性格测评、大五人格测评、情商EQ测评、情绪风格测评、影响力测评、领导力测评、团队角色测评、思维偏好测评、个人行为动机测试、个人优势测评、企业文化测评……

测评可以帮助学员快速进行自我认知和定位。例如，PDP性格测评一般只需要5~10分钟就能完成，学员可以根据测评的数据结果，初步了解自己是哪种类型的性格？这样接下来的学习会更聚焦，先关注与自己密切相关的内容，再拓展学习其他的性格特征。

测评还可以激发学员的学习动机和提升自我的欲望。例如，一套关于情商EQ的测评，先告诉你这套测试题是可口可乐、麦当劳等众多世界500强企业的员工EQ测试题，快速帮助员工了解自己的EQ状况，最高EQ是174分。这一前期说明就能够吸引你，让你很想知道自己的EQ是多少分？自己是不是个"EQ低能儿"？接下来动手测试完后，一算总分，呀！才110分，对照评分说明：如果你的得分在90~129分，说明你的EQ一般……这时候你有点着急了，开始反思自己的过往行为、人际关系等，想着赶紧好好学习，掌握提升情商的工具和方法，让自己变成一个EQ高手。

这就是镜像测评的意义，加强自我认知和激发学习动机。

> **应用案例：镜像测评在"影响力——影响和说服他人的六大套路"课程中的应用**

在锵锵书院的版权课程"影响力——影响和说服他人的六大套路"中，影响力指的是一种以别人乐于接受的方式，改变他人的思想和行动的能力，而影响和说服他人有六个让人自动顺从的开关，分别是互惠、承诺和一致、社会认同、喜好、权威、稀缺。我们都希望提升自己的影响力，但了解现状才知道提升的方向。为了让学员快速了解自己的影响力水平如何，我们运用镜像测评技术，设计了几道测试题，虽简单但可管中窥豹，精心设计的小测试也能反映大致的影响力水平。接下来，一起测一测吧！

请你拿出一张A4纸和一支签字笔，共有5道测试题，请根据自己的实际理解快速把答案写在纸上。书写格式：序号+答案。

第一题，在哪种情况下，人们更有可能被缺乏说服力的证据说服：

A. 赶时间

B. 对该话题根本不感兴趣

C. 对话题的兴趣一般

D. A和B

第二题，假如你需要将拥有三种不同价位的同一种产品（低价位、中价位、高价位）推销给顾客，研究表明在哪种情况下，销售额会更高？

A. 从价格最低的商品开始，然后向上销售

B. 从价格最高的商品开始，然后向下销售

C. 从价格适中的商品开始，然后让顾客自己决定需要买哪一种

第三题，如果你是理财顾问，你觉得你的顾客在投资方面过于保守，为了说服他投资风险较高、回报也较高的项目，你可以这样说：

A. 与他相似的人是如何犯同样的错误的

B. 如果他没有在那些风险较大的项目上投资，他会得到什么

C. 如果他没有在那些风险较大的项目上投资，他会失去什么

第四题，假设你正在给客户做方案呈现，这时要进入核心部分，这部分的内容极具说服力、还能支持你的观点。请问，讲到这一部分时，你的语速：

A. 特别快

B. 稍微快一点

C. 语速适中

D. 语速很慢

第五题，你知道一个新消息，在跟朋友分享时，你会选择什么时候说出它是新消息呢？

A. 在讲述这则消息之前

B. 在讲述这则消息之中

C. 在讲述这则消息之后

D. 你不会提到这是一个新消息的

测试完了，根据图4-65中的参考答案，来看看自己的影响力水平如何吧。对一题得1分，你的总分是多少呢？如果只得1分，那说明你是影响力菜鸟，需要提升的空间非常大；如果得了5分，恭喜你，你是个影响力高手！在接下来的学习中，你可以贡献自己的经典案例哦！

影响力测试参考答案

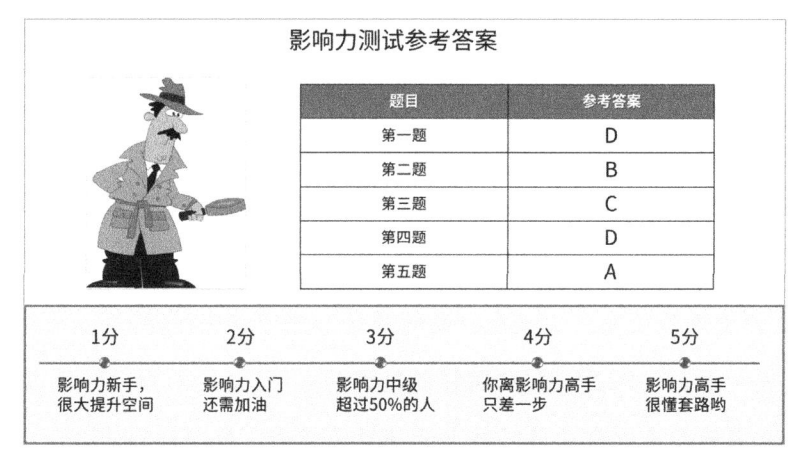

题目	参考答案
第一题	D
第二题	B
第三题	C
第四题	D
第五题	A

1分	2分	3分	4分	5分
影响力新手，很大提升空间	影响力入门还需加油	影响力中级超过50%的人	你离影响力高手只差一步	影响力高手很懂套路哟

图4-65　影响力测试参考答案

在真实的课堂上，测试并没有到此结束，因为此时学员不仅初步了解了自己的影响力水平，还充满疑问和好奇，为什么是这些答案啊？这些答案与影响力有什么关系呢？

接下来，翻转培训师就要结合课程内容对答案进行解析和说明了。例如，第三题的答案为什么是C？因为研究表明，对失去某种东西的恐惧比对获得同一物品的渴望，更能激发人们的行动力。特别是处在风险和不确定性的条件下，遭受潜在损失的威胁更能强有力地影响人们的决定。这个答案关联的是影响力的六大开关之一：稀缺，当某个东西越稀缺时，价值就会越高。

看到这，我相信你会和现场的学员一样，激起了浓浓的学习欲望，影响力太有意思了。这就是镜像测评这项技术的意义！运用适当时，这项技术就像"魔镜"一样，不仅给你反馈，还吸引你想知道更多的真相。

二）镜像测评与啊哈测试的区别

有人提出疑问，镜像测评很像前面学习的技术——啊哈测试，两项技术的区别是什么呢？回顾一下什么是啊哈测试，它是模拟体验中的一项技术，通过设计简单、有趣的小测试，让学员在参与体验过程中好像被拍了一下脑袋，发出"啊哈"一声，产生一些顿悟，从而帮助学员打破思维惯性，多种角度看待问题。通过这个定义我们就可以看出，啊哈测试更简单，以轻松的体验为主，而镜像测评属于场景化连接中的一项技术，通过测评让学员与知识产生更紧密的连接，所以相对更复杂。

我们可以通过表4-23，更清晰地对比两项技术。

表4-23 镜像测评与啊哈测试的区别

	镜像测评	啊哈测试
运用目的	让学员与知识产生更紧密的连接	简单的体验为主
测试题目	更严谨、更专业	简单、轻松
测试时间	用时5~45分钟，有的测试题量较大，有100多道题，所以可以课前先测，以免占用大量课堂时间	用时较短，有的甚至可以在30秒内完成，但必须在课堂现场完成
测试说明	需要告知测试目的和做题方法	直接带入，让学员没有过多的想法
测试过程	无须过多干预，让学员用最自然、最真实的状态答题	有目的地步步引导
测试结果	为自我认知提供一定的数据参考依据	情理之中但意料之外的结果带来瞬间顿悟，突破原有的思维模式
测试解析	结合课程内容做出比较详细的解释说明	一语道破即可，过多的解释反而破坏了当下的意境

三）镜像测评的四项重要准备工作

镜像测评真正发挥好的效果就是像"照镜子"一样，其测评结果能比较真实、客观地反映出测试者在某个领域的能力水平、特质、风格偏好等。影响测试结果有效性的因素有很多，如测试者的主观意愿度、答题过程中的干扰信息等，这些是翻转培训师不好控制的，但做好以下四项工作能大大提升镜像测评的效果。

1. 精心选题

要确保测评题（测评问卷）的科学性和严谨性，所以在选择测试题或设计测评问卷时，建议使用专业书籍或权威网站上的测试题，可做适当调整或增加数量，但需确保不影响测试结果。测试题描述要简洁、清晰，减少学员阅读的精力成本。需要注意题目数量，如果是课堂现场测试，10题左右为宜，如果测试题较多，可提前发给学员自行做题，上课时需要将测评结果带到课堂中来。题目避免过于简单，防止学员可以轻易地预测或改变测试结果。

2. 严谨论证

正式运用测评问卷之前，需要先找足够数量的"小白鼠"，也就是测试人员进行答题测试，比对测试结果，判断其正确性和有效性。需要注意的是，"小白鼠"测试人员与实际的测试者应具备类似的背景。如果是自己设计的测试题，则至少需要两次的样本测试和修订，而且样本测试的数量足够多。

3. 研究解析

测评问卷的解析是一项很重要的工作，翻转培训师需要在准备阶段就大量学习和翻阅相关资料，了解如何才能做好相关测评的解析工作。需要注意的是，任何测评都有可能因为人为和环境的影响而产生偏差，翻转培训师需要用发展和辩证的眼光看待测评结果。例如，我在曾经的性格测评解析中就会反复和学员强调："性格没有好坏之分，它会随着年龄、经历、环境的不同而发生变化，不要给别人贴标签。"

4．导入设计

前面提到影响测试结果有效性的因素有很多，包括测试者的主观意愿度和答题状态，如何让测试者快速搞懂如何做题呢？如何让测试者以放松、自然、没有太多顾虑的状态答题呢？这就需要在测试问卷的导入部分简单、清晰地说明，给出指引和提示。

以下是两个测试问卷的导入设计，可供参考。

> **测评问卷 A**
>
> 问卷中共有 28 道问题，每道题都有 4 组描述性的词汇，你需要从中分别选出一个最接近和最不接近你工作中的状态，但这两个答案不能是相同的。如果你发现难以决定选择哪一项的时候，只需要靠你的直觉来回答即可，你不用担心会导致结果不准，问卷这样设计正是为了帮助你厘清潜藏在心里的"真我"！

> **测评问卷 B**
>
> 此份测评问卷主要用于帮助你有效地掌握个人的行为习惯，它包含了 144 道二选一的题目。
>
> 在此测试中所回答的答案没有正确与错误之分，它仅是反映你自己的个性和世界观。
>
> 此份问卷将有助于你更好地了解自身的优势和弱点，并且知道在何种情形下你的行动将更为有效。
>
> 在答题时，可能会遇到两种状况都不适用于你，或两种状况都适用于你，无论哪种情况，请选择其中你最倾向的答案（即使你对两种状况都不同意）。
>
> 如您留有空项或多选，那将影响你的测试结果！
>
> 为了使这份问卷对你有真实的帮助，请如实地回答每道题并在 45 分钟内做完。

四）镜像测评的现场实施流程

镜像测评的教学流程相对比较简单，比较考验翻转培训师的是对测评结果的解析，翻转培训师需要从背景介绍、规则说明、测评答题、结果揭晓、点评解析五个环节展开教学。

1．背景介绍

翻转培训师需要在测评开始前简单介绍测评背景、题目来源、测评的价值和意义。背景介绍完之后可以先把测评问卷发给学员，或者告知学员测评问卷在《学员手册》的第几页。

2．规则说明

翻转培训师需要引导学员跟着自己的思路走，手上也要拿着测评问卷，可以先说明测评的题型、数量、作答方式、答题时间等，再介绍评分的统计规则，如果学员对统计规则不清楚，很可能造成测评结果不准确。

3．测评答题

在测评答题环节，翻转培训师需要提示学员根据实际情况答题才能得到真实有效的结果，在测评过程中观察学员的答题状况，解答学员的疑问。

4．结果揭晓

测评结束后，翻转培训师公布测评结果，视情况展开提问与讨论。

5．点评解析

最后，翻转培训师需要讲解答案背后的原理，引导学员根据测评结果学习课程内容。

五、风暴墙：让创意思维来得更猛些吧

我们先来看一个场景。海面上，一艘渔船选定位置后，渔民们将一个大网撒向海里，渔船缓慢地拖行一段时间后，渔民们准备收网。这是最刺激的时刻，船上所有人一起屏住呼吸，目不转睛地盯着从水里不断拉起来的网，一看到鱼大家便会一阵欢呼，要是偶尔遇到大家伙，那绝对会有一阵阵尖叫。捕获的海鲜各种各样，有小鱼、小虾、贝壳、螃蟹、海草……偶尔也能抓到大家伙，如鳗鱼，很大的八爪鱼，甚至还有令人狂喜的石斑鱼、野生大黄鱼、帝王蟹等珍宝。清点完收获后，渔民们就会把它们分门别类，做不同的加工和处理，最后带到市场上。

这个场景和我们常见的一种研讨方式——头脑风暴有些相似，过程可能会收获许多的"小鱼小虾""海草"，一些看似简单的、没有意义的想法，但持续的"风暴碰撞"和挖掘，加上有效的引导，最终会让隐藏的珍宝或很

有价值的观点浮现，从而引发团队的突破，这就是头脑风暴的特别之处。

头脑风暴法（Brain-storming），是由美国创造学家亚历克斯·奥斯本（Alex Osborn）首次提出，1953年正式发表在《应用想象力》（*Applied Imagination*）一书中的一种激发性思维的方法。这种方法被广泛应用于各类会议或研讨中。很多人熟知头脑风暴法，却不知"头脑风暴"一词最早是精神病理学上的用语，指的是精神病患者在精神错乱状态下的胡言乱语。现在，头脑风暴的含义转变为无限制的自由联想和讨论，其目的在于产生新观念或激发创新设想。

在翻转课堂上，我们也希望可以实现这样的研讨效果——引发自由联想和发散思维，不断碰撞，相互激发，从而产生新观点、新设想和新创意。接下来我们就来一起学习翻转课堂PECA（皮卡）设计模型中的技术——风暴墙。

一）什么是风暴墙

风暴墙是源于头脑风暴的一项培训技术，它是围绕特定的研讨主题，先让个人进行自由思考，将观点写在便利贴上，然后将便利贴贴在画布上让组内成员可见，最后在小组内继续激发想法，让想法像风暴一样不断涌现出来的群体研讨方式。

风暴墙具有3个明显的特征：

1．自由书写

每个参与者将激发出来的想法写在便利贴上，想怎么写，写多少，都由自己做主。传统的头脑风暴法是要求参与者要依次说出自己的想法，然后由一名记录者记录在白板上，对比这种头脑风暴法，风暴墙自由书写的方式令参与者没有压力，更放松。

2．可视化呈现

当参与者将写有各种想法的便利贴贴到墙上时，所有的信息映入眼帘，这种直观、清晰的形式更有利于激发新的想法。此外，墙上丰富多彩的便利贴颜色，如同我们小时候喜欢看的万花筒，绚烂多姿，这大大刺激了大脑的活跃度和创造力。研究表明，大脑喜欢彩色，彩色能令人脑洞大开。

3．激发竞争

当看到其他人源源不断的想法时，自己也会不由自主地加把劲，多贡献几个想法。当参与者的竞争意识被激发出来，他的思维就会开足马力，力求有独到见解、新奇观念。心理学的原理告诉我们，人类有争强好胜的心理，在有竞争意识的情况下，人的心理活动效率可增加50%或更多。

应用案例1：风暴墙在"影响力——影响和说服他人的六大套路"课程中的应用

在课程"影响力——影响和说服他人的六大套路"上，影响力发挥作用最重要的就是6大开关。为了让学员更好地理解6大开关在实际场景中的应用。我们应用了风暴墙这项技术。

研讨的主题：发现身边影响力的6大开关。

应用的过程：

（1）个人头脑风暴，先写下2~5个被影响事例；

（2）每个人将写好的便利贴贴到对应画布上，边读边贴；

（3）组内继续头脑风暴，交流、研讨写下更多事例；

（4）最后呈现出成果满满的风暴墙，如图4-66所示。

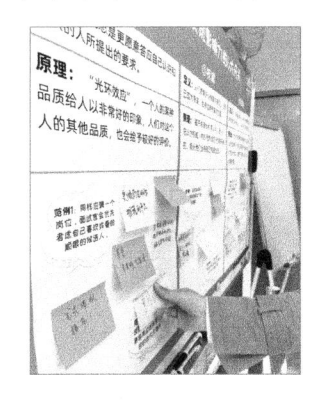

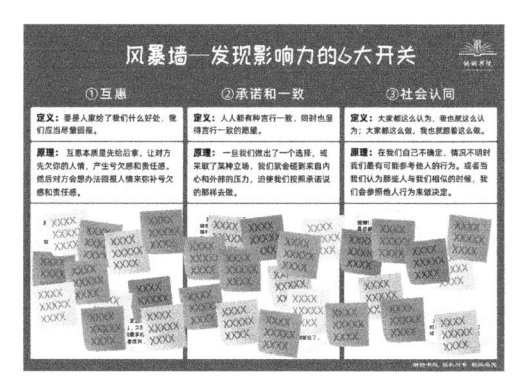

图4-66　风暴墙成果

实施的效果：

（1）不是只有权威人士可以发言，而是所有人都能参与其中；

（2）不是公众之下有压力的表达，而是运用便利贴让智慧流淌；

（3）不是说完就没了下文，而是可视化的信息呈现，大家不断做加法。

> 应用案例2：风暴墙在"掌控习惯——用4R原子法养成职场好习惯"课程中的应用

在课程"掌控习惯——用4R原子法养成职场好习惯"上，有一个重要的知识点，养成习惯或改变习惯的关键是给自己找到身份标签，也就是你想成为什么样的人？越是以某一身份为傲，越有动力保持相关习惯。可如何找到自己想要的或想改掉的"身份标签"？先来一场头脑风暴吧，激活大家对标签的认知，再来探寻自己的身份标签。

翻转培训师先让每人用便利贴写2~3个身份标签，想到的、听到的、看到的、现编的都可以。每张便利贴只写一个标签，要求横着写，字体较大。刚开始的时候，有的学员没有方向，茫然地东张西望，当一看到其他伙伴粘贴在墙上的身份标签后，灵感也来了，马上能提笔写出几个，结果小组头脑风暴产生的身份标签真是五花八门：

大"表"姐、啰唆夫斯基、万金油、海珠区博尔特、移动的案例库、妇女之友、灵魂画手、活广告、大磨叽、差不多小姐、嘴炮、懒癌晚期……

最终现场所有的成果汇聚成了一幅大大的风暴涂鸦墙，如图4-67所示。

图4-67 风暴涂鸦墙

受此"风暴"的启发，学员很快找到了自己的身份标签，为接下来的习惯养成迈出重要一步。

风暴墙作为一项激发性思维的研讨技术，在课堂上运用的场景非常多。

例如，在"情绪管理"课程中，在讲到要善于觉察和描述自己的情绪时，平时在课堂上问学员如何描述，得到最多的答案就几个词——开心、不开心、郁闷，但如果运用风暴墙，出来的成果绝对是"情绪词汇大全"。尤其是"方言大混战"，广东话派：中意、火滚、吹胀、苦瓜面；四川话派：毛焦火辣、好恼火、哦豁……看到此，你的脑洞是不是也打开了。

再如，在"TTT培训师授课技巧"课程中，讲到如何应对课堂中的突发状况时，与其告诉答案，不如运用风暴墙，让学员一起共同想出面对不同状况时，可以采取的应对方法，相互激发出来的想法极有可能跳出原来思维的框，产生"珍宝"和有价值的设想。

二）风暴墙研讨的四项基本原则

风暴墙要达到人人参与，智慧不断涌现的效果还需要翻转培训师在组织风暴墙之前说明研讨规则，其中这四个原则是确保风暴墙效果的重点所在，如图4-68所示。

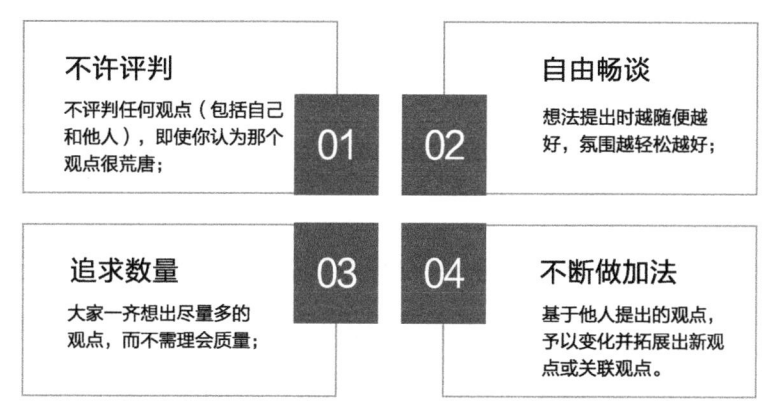

不许评判 01	02 **自由畅谈**
不评判任何观点（包括自己和他人），即使你认为那个观点很荒唐；	想法提出时越随便越好，氛围越轻松越好；
追求数量 03	04 **不断做加法**
大家一齐想出尽量多的观点，而不需理会质量；	基于他人提出的观点，予以变化并拓展出新观点或关联观点。

图4-68　风暴墙遵循的四项基本原则

1．不许评判

在开展风暴墙期间，小组成员不评判任何观点，即使学员认为某个观点很荒唐或不认同，也要用好奇和包容的心态参与风暴墙研讨。

请判断一下，以下语言是否属于评判？

- 我之前尝试过很多次，没有用。
- 太平庸了，没有刺激点。
- 理论上好像不错的想法，实际上却是另一回事。
- 有没有考虑过预算问题？
- 谁来负责呢？
- 这句话太"反人性"了吧！
- 这明显违反了公司的政策。
- 想法虽好，但我没有共鸣。
- 这种事不会真的发生吧？
- 这写得实在是太敷衍了，我们都没看懂。
- 观点有点旧，现在的年轻人不会这么想。
- ……

很明显，这些语言都属于评判甚至批评的语言，这会扼杀许多创新的想法，令发言人受挫，从而闭上嘴巴。批评对创造性思维无疑会产生抑制作用，但说的人往往并没有意识到，只是脱口而出。所以在课堂上，翻转培训师可以把这些语言通过PPT的形式或绘图的方式呈现出来，提示参与者避免这类语言，只需聆听和肯定。

2．自由畅谈

翻转培训师需要强调，无论对错任何信息都可以写出来，学员在过程中不要有负担和担忧，不受任何条条框框限制，放松思想，让思维自由驰骋。

学员可以从不同角度、不同层次、不同方位，大胆地展开想象，尽可能地标新立异，与众不同，提出独创性的想法。

3．追求数量

鼓励学员尽量产生更多的观点，追求数量是首要任务，而不需要理会质量，质量问题可留到下一个阶段去解决。在某种意义上，设想的质量和数量密切相关，产生的设想越多，其中的创造性、建设性的想法就可能越多。

4．不断做加法

激励学员在他人的想法或创意基础上进行补充、改进或整合，借题发挥。也可以在别人想法的基础上产生新的想法，利用一个灵感激发新的灵感，整个过程相互启发、相互补充和相互完善。

三）风暴墙的教学流程

风暴墙对于学员和翻转培训师双方都是比较轻松自在的一项技术。翻转培训师需要按照确定议题、规则讲解、个人头脑风暴、组内头脑风暴、总结反馈这五个步骤展开教学，如图4-69所示。

图4-69　风暴墙的教学流程

1．确定议题

一个好的风暴墙从对问题的准确阐明开始。因此，开始前必须确定一个目标，使参与者明确这次研讨的方向是什么？要解决的问题是什么？同时不要限制可能的答案范围。

一般而言，比较具体的议题能让学员快速理解并展开研讨和设想。例如，在"情绪管理"课程中，"表达情绪的词汇有哪些？包括中文、英文，甚至地方语言"；再如，在"精益管理"课程中，"如何解决生产现场的浪费问题"。

比较抽象和宏观的议题则需要做一些解释或启发，并且引发设想的时间较长，不过设想的创造性也可能较强，如"品牌营销"课程中的风暴议题"数字化营销中如何抓住消费者的兴趣点"。

2．规则讲解

在规则讲解环节，翻转培训师需要说清楚研讨的原则、使用的物料和研讨的时间、分工。原则方面需要强调不评判、自由畅谈、追求数量、不断做加法这四项原则。物料介绍方面要介绍便利贴、风暴墙画布、书写方法、笔、每人写的张数等。时间和分工方面，需要说明研讨时长和角色分工等。

3．个人头脑风暴

基于主题，先进行个人头脑风暴，个人书写2~5张便利贴，每张便利贴一个想法，字迹稍大，以便其他人看清楚。在这一过程中，学员要独立思考，不需要出声和讨论，以免干扰别人思考。

提示：当翻转培训师发现很多学员无法展开思路，停滞不前时，可以适当地抛砖引玉，给一些提示和引导。

4．组内头脑风暴

组内头脑风暴可以有两种形式。

形式一：

（1）组长邀请小组成员把写好的便利贴快速分享一遍并贴上风暴墙；

（2）组长组织小组成员继续头脑风暴，写出更多的想法并贴上风暴墙；

（3）整个过程提倡自由发言，畅所欲言，恣意思考；

（4）不强调个人成绩，应以小组的整体利益为重。

形式二：

（1）小组成员把写好想法的便利贴粘贴上墙；

（2）组内成员从墙上拿走一张其他人的便利贴；

（3）从他人的观点中获得新的灵感，贡献新的智慧写在便利贴上，也可以在他人的观点上做补充；

（4）写完一张后，可以再重新拿一张，继续补充或写下新的想法；

（5）规定时间到后，小组内收集并分享所有的想法。

5. 总结反馈

各小组派代表上台，汇报分享组内的成果，翻转培训师需要点评、反馈，对于特别优秀的做法，翻转培训师可以给予表扬和奖励，最后带领学员回顾这个环节对应的课程内容。

总 结

在这一小节中，你了解到了哪些信息？有什么感受？有什么启发？有哪些方法可以应用到实际工作中？

√ 信息：_____

_____

√ 感受：_____

_____

√ 启发：_____

_____

√ 行动：_____

_____

第八节 创设行动的设计和技术运用

我们已经学习了翻转课堂PECA（皮卡）设计模型中的知识结构化、模拟体验、场景化连接三部分的翻转技术。

知识结构化的技术可以让你的课程内容输出更有效，更利于学员接收和理解；模拟体验的技术引导学员参与有挑战、有趣味的体验活动，激发视觉、听觉、触觉等多重感官，从而增强对知识的感知和理解，并且转化为大脑中的记忆；场景化连接的技术则可以打造自由、轻松、安全的场域，让学员毫无顾虑地研讨，激发想法，更好地连接实际的工作与生活场景，让知识可以与实际场景产生连接。

企业培训的最终目的是知识转化，成果落地，所以接下来的创设行动部分就是打通知行合一的"最后一公里"了。都知道行动重要，但现实是知易行难。听听学员的吐槽：

- "曾国藩的识人用人之道，很有道理，但毕竟这是古人的经验吗。"
- "今天教的处理团队冲突的方法，感觉不一定有用，因为和我的团队现状不太一样。"
- "世界500强的现场管理方法？离我的企业有点远，算了，别折腾了。"

看似都有充分的理由，实质就是不想动！究其原因是，人的本性喜欢安逸、稳定，喜欢在自己的舒适圈里，不喜欢改变。改变可能会面临危险、不安全！而行动就意味着改变，意味着打破原来舒适的状态！所以培训后，指望学员立刻主动学以致用，快速行动起来的确有点"反人性"！那么，人在什么情况下才愿改变，行动起来？通常有两种情况：一是外部环境压力，来自社会、企业、家庭等各方面的压力迫使行动；二是内部动力觉醒，找到了目标感、使命感、前进的动力，从而激发内在行动力量。

基于这两点，在课程结束后，翻转培训师可以从以下几方面推动学员的行动：

- 触发反思，联系现状，找到行动的目标和价值。
- 趁热打铁，踹一脚，激起行动的欲望。
- 给到简单有效的方法、工具，拿到就能用。

如何实现？接下来，我们一起进入第四部分翻转技术的学习——创设行动，在这个部分共有五项技术，分别是信感启动、FLAG设立法、刻意练习、3WHAT行动法和4R微习惯养成法。

一、信感启动：四层级提问，引导知行合一

先来看两个生活中的例子。

例子1：

女司机开车快速行驶到一个十字路口，看到前方的黄灯，她说了句："讨厌！"

她在心里快速估算着在红灯亮起前通过路口的机会，根据估算，她踩了刹车，车"尖叫"一声猛地停了下来。

例子2：

一天你在小区散步时看到一只大狗，没人牵着，你心里感到特别害怕，担心被咬一口怎么办？

你心想，怎么才能安全逃离，绕路走还是硬闯呢？最后还是决定绕路走吧。

有没有发现这两个例子的相似之处，都是先看到了某个事物，然后才有情绪上的反应，接下来开始内心揣摩，最后做出行动。其实这也是我们平时做出某种行为或动作的过程。人做出行动并不是突如其来，往往需要几个历程，从感知到情绪反应，再到思考，最后才有行动。稍微解读一下，我们的

感知是来自我们在客观世界里所看到的和听到的，对于这些真实信息，我们就会有感受（情绪反应），为了避免不好的感受变成现实，我们就会相应地做出一些行为来规避某些不好后果的发生，或者让结果达到理想状态。

回到我们的培训课堂，如何推动学员行动，就运用这几个历程吧。我们接下来要讲解翻转课堂PECA（皮卡）设计模型中的技术——信感启动。

一）什么是信感启动

"信感启动"是一种结构化的会谈方式，它根据大脑思考反应的原理，通过四个层级循序渐进地提问，引导回答者从事情的表象进入深层次的思考，并且最终做出行为决策的过程。

四个层级的提问：

信息——看到什么？听到什么？触摸到什么？指是的通过我们的感官系统收集到的信息。

感受——产生了什么情绪？我们右脑的感性部分，受到刺激本能地产生情绪。

启发——有何意义？我们左脑的理性思维，进行更深层次的思考。

行动——该做些什么？最后行动起来。

这四个层级的提问符合人类大脑对于信息处理的路径。人的大脑对于外来的信息处理往往会经过三个最基本的阶段，输入—处理—输出，如图4-70所示。

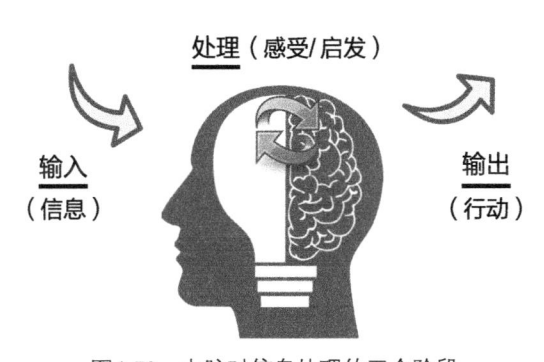

图4-70　大脑对信息处理的三个阶段

假设我们直接向对方提问，"你会如何运用？""你的计划是什么？""你打算怎么做？"。这类问题实际上对应了大脑"输出"部分，要么对方无法回应，要么可能是答非所问，甚至还可能引发对方的戒备而拒绝回答。如果按照"输入（信息）—处理（感受/启发）—输出（行动）"来提问，就符合大脑正常的思考路径，对方的回答也会循序渐进，也就更真实，这就是"信感启动"设计的基本逻辑。

二）信感启动的具体描述和运用要点

在翻转课堂上，"信感启动"作为创设行动中的一项技术，适合在培训课程即将结束时运用。首先回顾学习的内容，看到什么，听到什么；紧接着调动感性情绪；然后上升到理性的分析；最后，得出结论，确定下一步的行动方向与计划。具体描述和运用要点参照表4-24。

表 4-24 信感启动的具体描述和运用要点

四层级	具体描述	课堂提问举例	运用要点
信息	发生的事实、数据、资料等，包括看到、听到、触摸到、闻到、品尝到的，如课堂上的知识点、体验环节、研讨共创等	哪些内容让你印象最深 哪些知识点吸引了你的注意 课程中哪个场景给你留下深刻印象 还有其他什么吸引你的 关于今天的课程，你记得什么	回顾当天学习的内容 指通过感官系统收集到的信息：听到、看到、触摸到的……而非经过思考的
感受	唤起个人内在的情感反应的，可以用"意外、惊喜、沮丧、焦虑"等情绪词汇或表情图来表达	给你带来什么样的感受 你的第一反应是什么 课程内容中，有什么让你感到困惑的 哪些方面感到吃力 你最喜欢/最不喜欢哪些地方 你要如何形容今天的情绪 今天的情绪高峰是什么 今天的情绪低点是什么	先激起右脑情绪上的反应，才能更好地进入下一步深层思考 当对方难以描述自己的情绪时，可以引导对方用更简单的方式表达，例如，画个表情包，或者给出关于情绪描述的词汇让他做选择

续表

四层级	具体描述	课堂提问举例	运用要点
启发	挖掘价值、意义、目的，引发更深层次的思考	用一句话总结给你带来的启发、感悟 它会怎么影响我们的工作 这对我们来说会带来什么不同 这一切对我们有何意义 我们从中学到什么 有哪些新的收获 今天一个重要的领悟是什么	挖掘正面的价值更容易引发后面的行动 可以引导总结出一句规律性的语言，如"人才是折腾出来的"，能激发瞬间的顿悟
行动	引发行动，当对话结束后，人们能够对未来做出决定	学完后的第一周，你打算做什么 如何应用到工作或生活中 需要做出什么决定 下一步怎么办	与前面的启发紧密关联，拍脑袋决定一个行动都可以 不可过多关注行动是否可行或具体方案

三）信感启动运用时避免掉的"坑"

"信感启动"看似简单，但实际运用时，常常会掉入一些陷阱，影响最终效果。

1．第一个陷阱：四层级问题≠四个问题

信感启动是四个层级的提问，但不代表只能问四个问题。实际运用的时候，关键的第一步是打开对方记忆的阀门，让学员的思绪涌动起来，后面才更有可能层层引导。所以在第一层级"信息"部分，可以多问2~3个问题，让学员大脑活跃起来。此外，当向学员提出一个问题，而学员长时间没有反应或无法回答时，可以尝试换一个问题，但要是同一个层级的问题。

2．第二个陷阱："情绪"出不来就死磕

中国人在大多数情况下不太善于表达自己的情绪，用得最多的几个词就是开心、不开心、郁闷等，所以在第二个层级"感受"所提出的问题往往会受阻。此时，有的翻转培训师会选择跳过这个问题，而有翻转培训师则会选择坚持，一定要让学员回答出当时的情绪。可以尝试换一个直接带有情绪的问题，如"课程中令你最兴奋的是哪个点？"或让对方画表情包也是个简单易行的方法。

3．第三个陷阱：生搬硬套，没有与课程内容结合

提问非常生硬，既没有与课程结合，也没有与学员的回答相结合，导致引导效果不好。翻转培训师在运用时，可以在每个层级加些小心思。

> **应用案例：信感启动在课堂上的运用**

课程即将结束，最后我们一起总结、回顾一下一天的课程内容。

信息：今天课程中哪些内容让你印象最深？全场脑力激荡一下，每个人说出两个点，提示一下，是今天课程中你看到的、听到的或体验到的印象最深的两个点，简单描述一下。

感受：通过刚才大家的描述，课堂中令我们记忆深刻的点非常多，而这些点也触发了我们不同的情绪，喜悦、迷茫或困惑。接下来，各个小组画出你们今天课程的"情绪曲线图"，刚开始的时候是什么情绪？课程进行一半的时候呢？课堂接近尾声的时候呢？

启发：看着每组的"情绪曲线图"，我们发现情绪是有高峰或低谷的，在这些高峰或低谷，你是否有灵光一闪的时刻？仔细想一想，然后每个人用一句话描述自己的顿悟，写在B5便利贴上，然后粘贴到我们的"顿悟墙"上。

行动：基于这个顿悟，未来两周内你是否会有所改变？打算做什么改变？

信感启动不仅是创设行动的一项技术，也是平时工作或生活中深度会谈的好工具，所以翻转培训师需要多加练习，才能层层递进，实现有效引导。

四）引申：信感启动在管理中的应用

信感启动不仅可以在翻转课堂中应用，在教练与辅导场景中也可以使用，并且这种结构的辅导技术效果显著。我们通过一段辅导对话来感受它是如何被应用的，如表4-25所示。

表 4-25　信感启动在教练与辅导中的应用要点

四层级	教练	辅导对象
信息	教练问："小翻，你这个月的业绩是多少？"	小翻答："经理，这个月的业绩目前是60万元。"
感受	教练问："与上个月的100万元对比，你对这个月的业绩满意吗？"	小翻答："不满意。"
启发	教练问："你觉得影响这个月业绩最大的原因是什么？"	小翻答："主要是自己太心急，没做好老客户的维护，新客户的增长又没上去。"
行动	教练问："那你下个月打算怎么办？"	小翻答："还是要先维护好与老客户的关系，让他们帮忙转介绍也是有可能的。新客户的增长虽然重要，但需要循序渐进。"

教练通过以上"信感启动"结构的提问方法，让小翻自己把行动方案说出来，对于行动的认可和可执行性会有很大的帮助。

二、FLAG 设立法：为自己设定一个小目标

心理学家曾经做过一个关于目标的实验，他们请来三组人，让他们分别向10公里以外的三个村庄进发，但是三个小组所掌握的信息不一样。

第一组的人不知道村庄叫什么，也不知道具体的距离，只让他们跟着向导走。走了两三公里成员就叫苦连天，有人抱怨为什么要走那么远，何时才能到达终点；而有些人干脆就停下来不走了。

第二组的人知道村庄的名字，也知道大概的公里数，当走到一半的时候，有成员就开始想知道走了多远，有经验的人只能说大概走了一半，筋疲力尽的成员只能继续往前走。走到快四分之三的距离时，大部分成员都疲惫不堪、士气低落，有经验的人说："快到了！快到了！"大家才继续往前走。

第三组的人不仅知道村庄的名字、路线，而且每一公里都有一块里程碑，每到达一块里程碑成员们都欢欣鼓舞，因为他们知道离终点又近了一步。就这样，他们在欢声笑语中到达了终点。

为此心理学家得出了这样的结论：当人们有了明确的目标，并且在行动时不断对照目标，发现行动与目标的差距，人们行动的动机将得到持续加强，就会克服一切困难，努力达到目标。

在翻转课堂当中，FLAG设立法也是一项有关目标的技术，接下来让我们一起学习翻转课堂PECA（皮卡）设计模型中的技术——FLAG设立法。

一）什么是FLAG设立法

FLAG设立法是通过氛围的烘托和营造，让学员当众立下一个与课程内容相关的目标和行动计划，并且制定相应的监督和奖惩制度。

FLAG这个英文单词的原意为旗帜，后来这个单词在网络中流行起来——立FLAG，最开始立FLAG的意思就是为自己设定一个小目标，让自己有奋斗的方向，但是每次立FLAG之后都被现实打脸了，目标根本无法实现，所以渐渐地说"立FLAG"就变成了一种调侃，立一个倒一个。

但该立的FLAG还是得立，管它最后会不会倒。就像开篇说的，有目标与没目标相比，行动的动力会大大增加。所以在我们运用FLAG设立法这项技术时，最重要的是抓住其核心——立下目标，无论大目标还是小目标。但试想，如果在课堂上，直接对学员提出设定未来行动的目标，对方本能的反应是什么？欣然答应？还是不情愿，有抵触？大多数人应该是后者。所以我们换种轻松、简单、没有太大压力的方式，让学员觉得不就是立个FLAG吗，很简单！

其实FLAG设立法背后隐藏着一个心理学原理——承诺和一致，这也是"影响力——影响和说服他人的六大套路"中让人自动顺从的六大开关之一。"承诺和一致"原理认为人人都有言行一致，同时也显得言行一致的愿望。一旦我们做出了一个选择，或采取了某种立场，我们就会碰到来自内心和外部的压力，迫使我们按照承诺说的那样去做。许多销售公司常常用这一招，不仅让销售人员制定目标，还要公开签名承诺，结果是目标达成率更高。

在课堂上引导学员设立FLAG正是运用了"承诺和一致"这一心理学原理,让学员当众承诺,课程结束后,行动的概率会更高,因为学员的内心都想成为言行一致的人。

> 应用案例:FLAG设立法在课堂上的运用

课程结束前的最后一个环节。

给学员发放提前准备好的"FLAG卡纸",形状各异,五颜六色的,如图4-71所示。

图4-71　形式多样的FLAG卡纸

每位学员任意选择一张,然后按照参考格式,依葫芦画瓢,写下自己的FLAG,如图4-72所示。在此过程中,翻转培训师可以运用一下"群众效应",当众表扬"很多学员都已经完成了",此时还有些犹豫不决的学员也会赶紧写下自己的目标。

图4-72　FLAG参考格式

所有人写好，并且在现场找到监督人签字后，手持FLAG卡纸拍照，发到群里公示，如图4-73所示。

图4-73　手持FLAG卡纸拍照的学员

在课堂上，学员还是非常愿意配合的，因为都知道学以致用的重要性。

实际运用时，可根据现场学员的情况调整FLAG设立中的内容，有时一句承诺，甚至一句口号都是可以的，但最好符合目标设定的SMART原则。

二）FLAG设立法的实操要点

FLAG设立法的核心就是让学员轻松、没有压力地设定目标。虽然看起来简单，但是它是可以与行动学习、行为改变紧密联系在一起的一项翻转技术。同时，FLAG设立法在翻转课堂上只是一个开始，最重要的还是学员在培训结束后的践行。为了确保FLAG设立法发挥价值，需要做好以下四个要点。

1．规则讲解

在开始立FLAG之前，翻转培训师需要讲清楚设立的规则，规则讲解有两个方面：

（1）FLAG要将课程内容与工作实践相结合，一定是要对提升目前能力有帮助，并且有一定挑战性的内容。

（2）在立FLAG时，翻转培训师可以简单讲解一下目标设立的SMART原则，提示学员在写FLAG时需要符合SMART原则——Specific具体的，Measurable可衡量的，Attainable可达到的，Relevant与其他目标具有一定的相关性，Time-based有明确时间期限的。

2．FLAG设立与鼓励

在正式设立FLAG时，翻转培训师可以营造轻松、相互鼓励的氛围，例如，"先立个FLAG，管它倒不倒""先给自己一个小目标，万一实现了呢？"而不是过多制造压力——"请仔细想想这些目标能不能达成？""每个人都必须写，写不出的不许下课。"

可以给一些设立FLAG的参考模板，如前面案例中提到的，以免学员为了应付了事随便写写，或写一些不着边际的内容。

此外，翻转培训师也可以走到学员身边给一些辅导和建议，如"目标是否有挑战性呢？""目标实现后可能会带来什么好的影响？"

3．相互承诺

学员设立完FLAG后需要选择一个监督人，监督人了解完目标卡片上的信息之后，需要签字确认。小组内可以再进行一次目标分享并拍照留底。如果是企业内部的行动学习项目，可以让学员将目标卡片带回岗位上，让他们的上级成为监督人并签字确认，会更有利于FLAG的践行。

4．打卡践行

FLAG设立法产生实质效果就是后面的践行阶段了，企业培训师或项目运营者可以设计一些打卡规则，鼓励学员每周打卡FLAG践行情况或提交实践作业。

三、刻意练习：从新手到高手

很多人都听说过"一万小时定律"，就是付出持续不断的努力，只要经过1万小时的锤炼，任何人都可以从平凡到卓越。但实际上，这句话已经被证明是错误的。

有一个真实的案例。

本杰明·富兰克林是一位著名的天才，他是一位政治家、科学家、作家、发明家，100美元上的人像就是本杰明·富兰克林。富兰克林非常痴迷国际象棋，为此还投入了大量的时间和精力，富兰克林下了30年国际象棋，下棋的时候甚至从早上6点到第二天太阳升起，可最终他的水平只能算中上，更别说优秀了，这令他非常气馁。

可他的另一项写作技能取得世人瞩目的成就，他的一些著作成为文学史中的经典。富兰克林由于童年受到的教育水平有限，最多只能成为一名普通的写作者。他是如何成为最受人尊敬的作家的呢？一次偶然的机会，他看到一本名叫《观察家》的杂志，立即被杂志中高质量的文章吸引，于是他开始研究杂志中文章的写作方式，然后刻意模仿，反复训练，他将文章改为诗句、散文，以此增加自己词汇积累。为了训练自己的逻辑结构，他把文章段落打断，重新梳理。富兰克林还将自己写出的文章与原文对比，不断做反馈，纠正自己的写作。最终，他成了一代写作名家。

对比一下，我们不难发现，富兰克林训练写作的方法和训练国际象棋的方法截然不同，下国际象棋只是不断重复地做某件事，有点像开篇提到的"一万小时定律"，但这种简单的重复并没有取得显著的成效。而训练写作的过程是一种有明确目的、有方法、有指导反馈的反复练习，这个过程就是刻意练习。

我们在课堂上学习了一些技术，如PPT制作技巧、演讲技巧、销售技巧、招聘与面试技巧、设备操作和维护技巧……是不是学了就会？学了就能成为高手？答案是不能，离高手还有非常大的差距。有的菜鸟，学了之后还是菜鸟，但有的菜鸟，经过一段时间后，竟然成了高手，产生这种区别的一个重要原因是你是否进行了有效的刻意练习。

企业都希望员工参加培训，学了新知识、新技术后，能成为某个岗位的技术能手，因此如何有效地引导新手变成高手，需要的就是刻意练习。

本节我们一起学习翻转课堂PECA（皮卡）设计模型中的技术——刻意练习。

一）什么是刻意练习

刻意练习是美国著名心理学家安德斯·艾利克森（Anders Ericsson）提出的一种方法，它是一种有明确目的、有指导反馈的反复练习方式，被公认为迄今为止发现的最强大的学习方法之一。

与之相反的是天真练习，天真练习只是反复地做某件事，并且指望靠这种反复做某件事的方式来提高个人的表现和水平。

刻意练习为什么有效？背后的原理是重塑大脑结构。大量的脑科学研究表明，大脑和身体一样，有很强的适应和改变能力，健美运动员可以通过锻炼练就一身肌肉，而很多普通人也可以通过大量有目的、有方法的练习改变大脑结构。当我们的大脑结构发生变化时，又能让学习某种技能更高效。

如何进行刻意练习呢？有关键的三大招。

二）刻意练习的三大招

刻意练习要取得成果一定也有它的套路和方法论，这种套路和方法论不仅适用于任何行业和工作，也适合用于翻转课堂中帮助学员转化行为。它便是刻意练习三大招：创建套路、走出舒适区反复训练、及时反馈。

1. 创建套路

套路就是达成目标的方法、策略、规律等。训练必须得有正确的办法和策略，否则就是蒙头瞎练，白费劲。例如，学了PPT制作的技巧，接下来就是每天花半小时做PPT？或者把之前做的PPT拿出来重新修改、优化？很明显这样的训练方法是无效的。创建套路可以从以下三个维度找到方法。

自己设计练习方法：抓住自己所拥有的内外部资源和条件，充分利用。试着采用不同的方法，直到最终找到适合自己的方法。例如，《聊斋志异》的作者——清代文学家蒲松龄自创的写作大法，当年蒲松龄在路边搭建茅草凉亭，记录过路行人所讲的故事，经过几十年如一日的辛勤搜集，加上废寝忘食的创作，终于完成了这本著作。

模仿行业杰出人物：杰出人物之所以杰出是因为他们已经找到了成功的套路，并且持之以恒地训练，形成肌肉记忆。如果你去请教有经验的前辈，很多时候他们都会告诉你先模仿，再创造，可以少走弯路。前人的经验，永远是创造更大成功的基础。

找到好的导师：如果能找到领域中的高手让他成为你的导师，学习他们的套路，并且在他们的指导反馈下训练，会事半功倍。

2．走出舒适区反复训练

从本质上看，刻意练习就是刻意地针对自己的短板或不足，进行一而再、再而三地死磕，最终变得优秀。在这个过程中，需要从舒适区里走出来，设置不断升级的挑战性目标，反复训练，形成肌肉记忆。

为什么这里要强调走出舒适区，我们来看一个舒适区三圈理论模型，如图4-74所示。

- **舒适区**：是一个人固有的观念、习惯、思维方式和行为模式，待在这种状态，会觉得熟悉和安全，但是学到的东西很少，进步缓慢。

- **成长区**：里面是我们很少接触甚至未曾涉足的领域，充满新颖的事物，在这里可以充分地锻炼自我，挑战自我。

- **恐慌区**：预期目标过高或已有技能不能完成这个挑战时会进入这个区域，容易感到忧虑、恐慌、不堪重负。

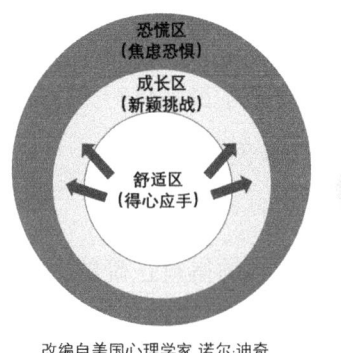

改编自美国心理学家 诺尔·迪奇
"舒适区三圈理论"

图4-74 舒适区三圈理论模型

美国心理学家诺尔·迪奇（Noel Tichy）将最里面的圆叫作"舒适区"，是一个人最习惯的方式，在这个区域里人们会觉得熟悉和安全。如果在这个区域里练习，你会得心应手，但你能学习的东西很少，进步缓慢。

中间的圆叫作"成长区"，会让你觉得新颖、有挑战。里面是我们很少接触甚至未曾涉足的领域，充满新颖的事物，在这里可以充分地锻炼自我，挑战自我。你现在正在学习的内容和行为就发生在这个区间里。

最外面的圆叫"恐慌区"，会让你觉得忧虑、恐慌。预期目标过高或已有技能不能完成这个挑战时会进入这个区域，你会容易感到忧虑、恐惧、不堪重负。无法腾出更多精力去适应和学习。

学习和练习的目的就是让人们走出舒适区，进入成长区去学习、探索能激发潜力；而一直在舒适区则没法进步；但如果一直在恐慌区，则会丧失信心。

3．及时反馈

我们训练的方法需要得到及时反馈。反馈可以让我们知道自己的训练方法是否正确有效，如果错误要及时纠偏，找到更好的方式。反馈的时间要及时，因为时间太长，自己已经不记得对在哪里、错在何处，反馈效果也会大打折扣。反馈方式和途径多种多样，可以通过评测软件、身边的朋友进行反馈，但最好的方法是寻找一位合适的导师。

我们通过以下范例"成为PPT制作达人"来进一步理解刻意练习三大招的具体内容和模式，让你轻松了解全貌，如表4-26所示。

表4-26　"成为PPT制作达人"行动计划

训练主题	成为PPT制作达人		
一、创建套路	二、走出舒适区，反复训练		三、及时反馈
模仿专业网站的制作	1阶目标： 2个月后可以模仿专业网站制作的PPT	行动： 每天学习1小时线上PPT课程 提炼出优秀PPT的关键元素 每月模仿做一个优秀PPT（至少20页）	找公司同事反馈

续表

训练主题	成为PPT制作达人		
一、创建套路	二、走出舒适区，反复训练		三、及时反馈
建立PPT素材库 参加PPT制作技巧的课程 阅读相关书籍 请教PPT制作高手	2阶目标： 每月在专业网站上传至少1个作品	行动： 每月专注练习1项技能（布局、配色、动画） 每月建立1个对应的素材库 每月上传1个PPT	点击下载量 用户反馈
	3阶目标： 教就是最好的学，教授他人专业的PPT制作	行动： 开发"PPT设计与制作"的课件 在公司内讲授该课程	PPT高手支招 培训满意度调查表

应用案例：刻意练习在"企业内训师专业技能训练"课程上的运用

在"企业内训师专业技能训练"课程上，内训师们系统地学习了编（课程开发）、导（教学引导）、演（演绎呈现）三个层面的综合技能。俗话说：师父领进门，修行靠个人。课堂上教得再好，如果后面没有努力练习这些技能，内训师是无法真正地掌握和运用的。因此在课程结束前的最后一个环节，加入"刻意练习"是十分有必要的。

如何实施呢？

首先翻转培训师给现场的内训师们简单地说明什么是刻意练习，以及什么是刻意练习三大招，通过举例子的方式快速让内训师听明白。

接下来，给每个小组一张"刻意练习三大招"的行动画布，让内训师们在画布上研讨，共创下一步的刻意练习计划，如图4-75所示。

刚开始，在创建套路的环节，内训师们讨论得比较激烈，正是这种碰撞让彼此相互启发，挖掘出了很多好的方法和策略。

大约20分钟后，所有小组完成研讨，并且在画布下方签署了自己的名字，承诺践行。最后，每个小组进行了分享。

补充说明：刻意练习这项技术的运用，既可以用于小组共创，也可以用于个人独自制定，可根据培训现场的情况提前做好预判后实施，以确保效果。

"刻意练习三大招"行动画布			
训练主题			
一、创建套路	二、走出舒适区，反复训练		三、及时反馈
自己设计练习方法　模仿杰出人物　导师给套路	1阶目标：	行动：	
	2阶目标：	行动：	
	3阶目标：	行动：	

图4-75　"刻意练习三大招"行动画布

三）刻意练习实际运用时的注意点

1．围绕课程中待提升的关键技能

课程中的关键技能与学员的岗位、职能结合度非常高，而且这个技能的掌握对工作绩效的提升产生比较大的影响时，学员特别适合在课程结束前运用这项技术。通过这项技术，引导学员在课堂上设定刻意练习的计划，课后他们才更有可能有方法、有套路地付诸行动。

2．确保充分的研讨时间

刻意练习围绕三招进行，如果是小组共创的模式，至少保证15~20分钟的研讨时间，如果时间过短，无论是创建套路，还是后面的行动策略，都有可能研讨不出来，那研讨的意义就不大了。这三招是结构化的流程，缺一不可。

3．提前设定研讨模板或画布

如果希望现场快速输出有质量的成果，最好的方法就是给定参考模板或提前设计好研讨画布，类似给学员一个研讨的导航地图，有总路线、有路径、有节点。这样不仅可以避免研讨方向错误，还可以提示参与人员做好每个环节的时间分配。具体的模板和研讨画布，可以根据实际课程的场景和学员的情况进行修改。

四、3WHAT 行动法：临门踹一脚轻松促行动

踹一脚也能创造奇迹。先来听一个十分有趣的"鳄鱼池故事"。

有个富翁非常有钱，家产上亿，他只有一个宝贝女儿。某日富翁公开招婿，他把所有的候选人叫到一个池子边，说："我的条件很简单，那就是谁能从池子的这一边，游到另一边，平安无事的话，就可以成为我的女婿。"话音未落，所有人兴奋不已，跃跃欲试。

"请大家安静！我还没说完。这池中养着十条大鳄鱼，已经有十天没吃东西了……"富翁补充了一句，一瞬间小伙子们安静了下来，面面相觑，心里都在想，谁敢跳下去啊！

突然，"扑通"一声，有一人跳进了鳄鱼池，游得飞快，脸色煞白，最后拼了命地游上了对岸。大家都围了上去，问他的勇气是从哪里来的？只见此人怒吼道："我只想知道，是谁把我推下水的！"

此时，大家也发现了池子的秘密，原来这是个特殊设计的池子，分为上下两层，中间用透明的玻璃隔开，凶猛的鳄鱼在下层，所以根本无法伤人。此时，所有人后悔不已，都在想，刚才怎么没人踹我一脚啊！

很多时候，当一个人对于是否行动犹豫不决，举棋不定时，用一些方法踹一脚就能让他动起来。

在培训课堂上，我们的学员也会经常出现上课时听着激动，下课后有些感动，偶尔想想有点触动，最后还是一动不动的现象，如何踹一脚让他产生行动呢？

接下来，我们一起学习翻转课堂PECA（皮卡）设计模型中的技术——3WHAT行动法。

一）什么是3WHAT行动法

指通过三个层级的引导提问：是什么（WHAT）？为什么（SO WHAT）？怎么做（DO WHAT）？从回顾课程内容到激发瞬间顿悟，从而产生快速践行的行动，如图4-76所示。

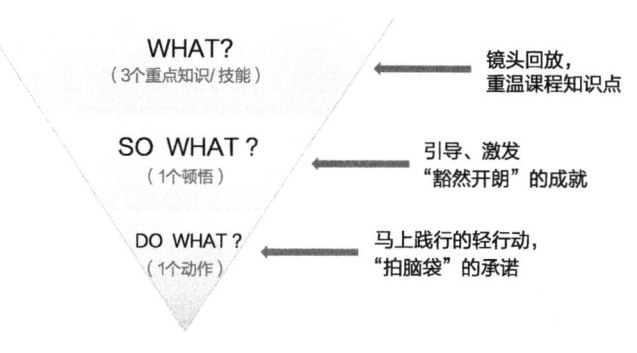

```
WHAT？                    ← 镜头回放，
（3个重点知识/技能）           重温课程知识点

  SO WHAT？              ← 引导、激发
  （1个顿悟）               "豁然开朗"的成就

    DO WHAT？           ← 马上践行的轻行动，
    （1个动作）             "拍脑袋"的承诺
```

图4-76　3WHAT行动法

在WHAT部分，学员如通过镜头回放一样，重温课程中的知识点，然后找出3个重要的知识或技能，用3个简单的词概括即可，不必是冗长的知识信息，可以把词写下来，也可以说出来。

在SO WHAT部分，学员思考课堂中是否有灵光一闪，或令自己"啊哈"的时刻，当时自己产生了什么不一样的感悟，总结出一句"金句"——一句提炼过的有规律的话，例如，"人生如戏、戏如人生，做培训也如同拍戏""无翻转不培训""成本锱铢必较，节约不在多少"，可以是自我总结，也可以借鉴一些行业内大佬的金句，然后写下来。

在DO WHAT部分，基于刚才产生的顿悟，写下课程结束后可以马上践行的行动。这里的行动可以是"拍脑袋"决定的简单行动，例如，"回去后阅读一本相关书籍""把课程中这个经典的故事讲给我儿子听"等，无须过多关注可行性或时效性。

二）3WHAT行动法实操要点

"3WHAT行动法"与"信感启动"有很多相似之处，都是通过回顾信息、总结顿悟、创设行动来做课程的总结。但是"3WHAT行动法"在实操的时候会比"信感启动"轻便许多，无须过多思考如何设计问题，因为基本是固定的三个问题，所以比较适合轻松、无负担的课程结尾。

1．简单讲解干什么

翻转培训师在实操3WHAT行动法时也需要简要向学员介绍活动规则，因为该技术不像前面的几项技术那么复杂，所以规则讲解部分也可以"轻装上阵"，简单一句话即可。

2．提示可以做什么

3WHAT行动法可以在小组内自发进行，例如，将三个问题的提问卡发给组长，让组长带领小组成员在组内进行总结、回顾，可以先写下来，再与组员们相互交流。也可以由翻转培训师带领，所有人跟着节奏，一起进行。

有一个小细节提示一下，在上课期间翻转培训师可以提醒学员适当记录过程中的"啊哈"时刻，便于后面总结时能快速地输出。

此外，设计一个"金句墙"是个非常不错的方法。让各小组在内部交流后，提炼出本小组最有感觉的几条"金句"，用"大字报"的方式，也就是用彩色马克笔和长条状的白纸写下来，字够大够醒目，然后统一粘贴到一面墙上。这样不仅能产生极佳的视觉效果，还可以让学员产生满满的成就感，感觉自己太有才了，获得了那么多人的肯定和认可，如图4-77所示。这种氛围和情绪，对于接下来学员产生行动有非常好的刺激作用。

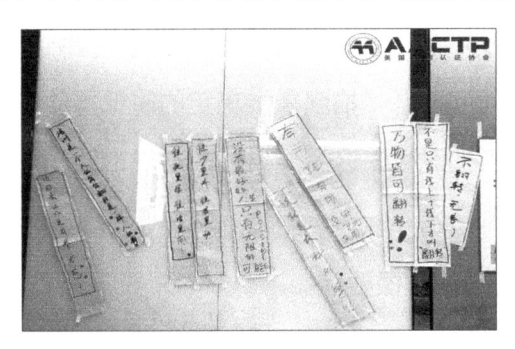

图4-77　金句墙效果示例

3．分享交流听什么

可以设计一个分享环节，翻转培训师可以让学员仅在组内分享，也可以请一两位有意愿分享的学员说说他们总结的内容。整体分享的氛围是轻松愉悦的，学员不需要担心自己的顿悟有没有比别人好，也不用担心自己的行动微不足道。

4．视觉提升看什么

最后补充一个好方法——成果上墙。"成果上墙"看字面意思就知道是把课堂上学员通过研讨或思考产生的智慧成果粘贴到墙上。这样不仅有非常好的视觉化效果，还能大大提升学员的参与度，所以"成果上墙"可以与很多翻转技术相结合。在实施3WHAT行动法时，翻转培训师可以提前把A1大白纸拼接起来，画成一个大大的倒三角形贴在墙上，随之在每次提问后，让学员用便笺纸写下回答的内容，然后粘贴在对应的区域，最后汇总就形成了一幅"3WHAT行动墙"，学员的成就感立刻提升许多，如图4-78所示。

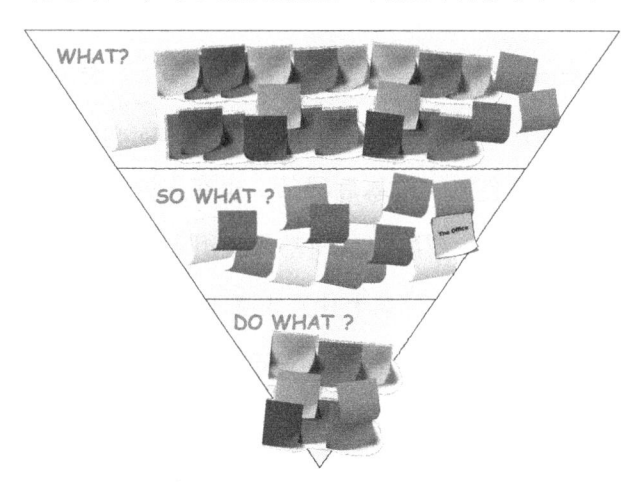

图4-78　3WHAT行动墙

总结一下，3WHAT行动法就是一个轻松、简单的小技术。它的作用是在课程结束前，轻轻地"踹一脚"学员，让他们产生行动的愿望，并且觉得行动起来也没那么难，迈出第一步是关键。

五、4R 微习惯养成法：发生改变从行为设计开始

"行为设计学"一词对于你来说可能有点陌生，但"改变"这个词你肯定很熟悉，每一个人都希望通过"改变"让自己进步，每个组织都希望通过"改变"得到发展。但知易行难，希望是一回事，做起来又是另外一回事，真想"改变"往往困难重重。例如，想改掉熬夜玩手机、做事拖拖拉拉、心情一不好就疯狂购物等坏习惯，却屡战屡败；想培养自己多看书、做事有计划、坚持健身等好习惯，却常常半途而废。很多人觉得是自己定力不足、决心不够、意志力不强，其实根本原因是方法不对，正确地说是没有建立一套有效的行为系统，所以说"改变"可以从"行为设计"开始。

简单来讲，如果你想要改变，光靠自己主观上想变，或者客观环境帮助你变，可能都不是最有效的办法，只有重新设计具体行为，才能带来真正的改变。"行为设计学"就是研究怎么重新设计人们的具体行为，给人们带来真正改变的一个新领域。讲到此，得介绍一位比较重要的人物，行为设计学创始人——B. J. 福格博士（BJ Fogg, PhD），有人说他是"硅谷亿万富翁制造机"，因为他是风靡全网的图片墙（Instagram）、俱乐部会馆（Clubhouse）这些产品创始人的幕后导师；也有人说他是"全球企业追捧的产品导师"，耐克、宝洁、苹果等公司都争相组团听他的课；另外他还是传奇的"微习惯之王"，因为他帮助十几万人毫不费力地实现了个人改变。

通过20多年的研究，福格博士创造了著名的"福格行为模型"，解开了人类行为的重大谜题，堪称行为研究领域中的相对论。

"福格行为模型"告诉我们，人们不能养成某种习惯，做出某种行为，不是因为性格或能力问题，而是人们不懂行为设计。福格行为模型提出了一个经典公式：B=MAP，行为=动机（Motivation）×能力（Ability）×提示（Prompt）。也就是说，人们要完成某种行为，不仅要具有完成某种行为的强烈动机，诱因要足够吸引人；同时还要拥有完成某种行为的能力，或者说

完成某种行为对人们来说并不难；还有要经常出现完成某种行为的信息提示。只有三个要素齐全了，人们才能做出某种行为，如图4-79所示。

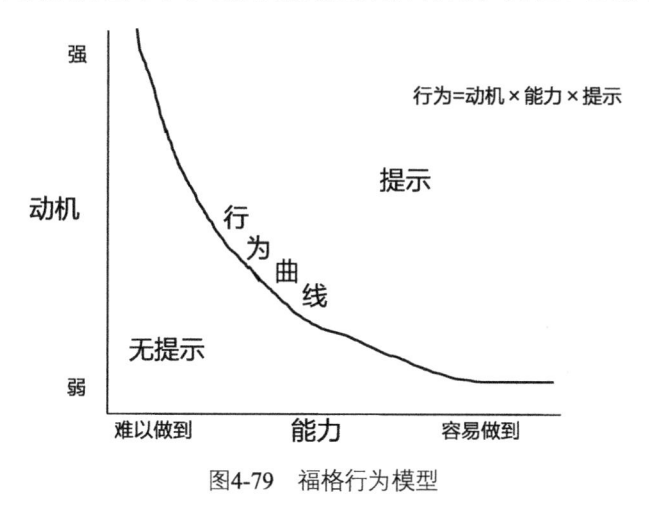

图4-79　福格行为模型

这个公式已经在各个领域被广泛应用，用来影响受众的行为。例如，在产品设计、市场营销等方面的应用都起到了不错的效果。那么在培训领域，我们是否也有类似的技术能够引导学员去"设计行为"，从而发生改变呢？接下来，我们就一起来学习翻转课堂PECA（皮卡）设计模型中的技术——4R微习惯养成法。

一）什么是4R微习惯养成法

这是根据美国著名习惯研究专家詹姆斯·克利尔（James Clear）总结的培训习惯四大定律：让它显而易见、让它有吸引力、让它简便易行、让它令人愉悦，得出的习惯养成四步骤：提示（Reminder）、渴求（Relish）、反应（Response）、奖励（Reward）。通过重复实施微不足道的积极行为，最终形成好习惯。

当然，我们需要对习惯有一个明确的认知。首先，习惯就是重复了足够多次后，变得自动化的行为。习惯是一种固定程序或定期行为，在许多情况下，是自动执行的。例如，我们刷牙这个习惯，起床后不需要大脑刻意思考，自己就自动走到洗漱台执行刷牙这个动作。其次，我们每天有40%的行为，并不是真正由决定促成的，而是出于习惯。这句话怎么理解呢？我们可能以为自己每天做的大部分选择都是精心考虑的决策结果，其实不是，很多的选择都是习惯的结果。例如，你每天上班一坐到办公桌前是先打开电脑？还是先找同事聊两句？上司交代任务时，你是听完就走，还是要与上司确认具体细节才离开？这些都是我们的习惯构成。由此可见，习惯对于我们的工作和生活有着重要影响。那么我们来判断一下，你认为以下哪些是属于习惯的范畴，请在前面打钩。

☐ 每天都保持积极的心态。

☐ 每天早上阅读书籍30分钟。

☐ 发脾气时能控制住自己的情绪。

☐ 做决定前要考虑周全。

☐ 每晚睡前喝一杯牛奶。

以上的内容中只有第二和第五条属于习惯范畴，其他内容都没有落实到具体的行为上，只是一种心态、想法、意念。

为了让你更好地理解4R微习惯养成法，我们通过生活中的一个小例子"如何养成夜跑习惯"来说明，如图4-80所示。

提示 (Reminder)（让它显而易见）	渴求 (Relish)（让它有吸引力）	反应 (Response)（让它简便易行）	奖励 (Reward)（让它令人愉悦）
下班到家脱下皮鞋，顺手将运动鞋和运动装备放在最显眼位置，一看到就提示自己：该出去跑步了	选择一条自己喜欢的夜跑路线，这条路线能经常遇到同样夜跑的心动异性	在开始跑之前，告诉自己：我今天只跑10分钟	每次跑完之后，就给自己一些小奖励，比如打20分钟游戏

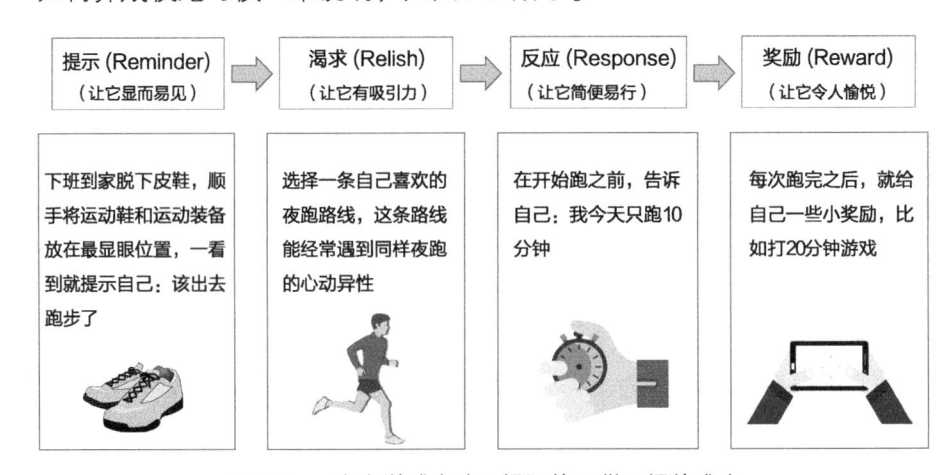

图4-80 "如何养成夜跑习惯"的4R微习惯养成法

很多上班族都觉得夜跑是一个很好的健身习惯，可一想起来就觉得难。白天上班那么累，回到家，沙发一躺，就开始打游戏、看视频了，那该如何养成夜跑的习惯呢？

首先，下班回到家，脱下皮鞋的时候，顺手将运动鞋和运动装备放在最显眼的位置，这样就会提醒自己：哦，该出去跑步了。为了让夜跑这件事充满吸引力，选择一条有意思的路线，这条路线上遇到心动异性的概率可能很高。为了降低这件事的难度，开跑之前，告诉自己：我今天只跑10分钟。跑完了，觉得自己挺棒的，给自己一些小奖励吧，打20分钟游戏。

听完这四步，会不会觉得养成夜跑习惯也没那么难了，这四步分别代表提示、渴求、反应和奖励，其实这就是4R微习惯养成法。

二）4R微习惯养成法适用于哪些课程

我们先来看一个常见的模型——ASK模型，最早由本杰明·布卢姆（Benjamin Bloom）教授提出，指的是企业对于员工的培训应该围绕态度（Attitude）、技能（Skill）和知识（Knowledge）三个方面进行，并且以最终提升绩效为目的。但在实际中，很多员工学了很多知识、技能，也树立了积极的心态，可一回到工作岗位、工作场景就又"打回原形"，还是按照以前的老路子、老方法来工作，根本没有应用这些新知识、新技能。原因很简单，在真实的场景中员工会受到环境压力、配合协作、追求效率等因素的干扰，只有把新知识、新技能变成习惯，才能自发地运用，不受这些因素的干扰。所以培训从ASK模型进入KASH模型，如图4-81所示。

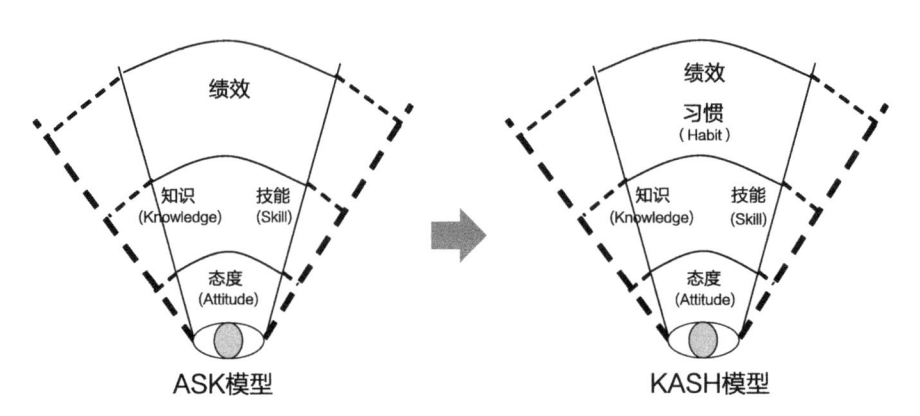

图4-81 从ASK模型到KASH模型

但并非所有的培训知识都适合培养员工的新习惯，相对而言，以技能类为主的课程更适合。因为技能类课程输出的操作方法、实施步骤等都是引发人的行动改变，而习惯就是围绕行为进行的。

- 学完"时间管理"的课程后，如何养成制订每日工作计划的习惯？又或是养成列工作任务清单的习惯？
- 学习"结构化思维"的课程后，无论是面对面交谈还是电子邮件往来，如何养成从结论开始沟通事情的习惯？
- 学习"向上沟通"的课程后，如何养成每次和领导汇报时，带上笔记本随时记录的好习惯？
- 学习"演讲的技巧"的课程后，如何养成每日进行口才练习的习惯？
- 学习"复盘"的课程后，如何养成每天晚上进行自我复盘的习惯？
- ……

你有没有发现，罗列的这些课程中的习惯都是一些"小习惯"。思考一下，当我们在做一件事情的时候，是更喜欢简单的任务还是艰巨的任务呢？我想大部分人会回答简单的任务。的确，简单的任务符合人性的规律，所以我们在养成一种习惯的时候，要从"微习惯"开始。每天重复习惯，即使动作很小，从节省1元钱到每天背20个英文单词，都可积累大能量并产生巨大影响。

三）如何运用4R微习惯养成法

首先，我们得明确4R微习惯养成法中每个步骤的要点，在表4-27中有详细说明。

表4-27　4R微习惯养成法的四步骤

	①提示（Reminder）（让它显而易见）	②渴求（Relish）（让它有吸引力）	③反应（Response）（让它简便易行）	④奖励（Reward）（让它令人愉悦）
步骤说明	就像闹钟一样，提醒我们该去做某件事情了 让这个提示看得见、听得见	将自己希望养成的习惯，跟自己感兴趣的事情绑定在一起，增加行动的欲望	给自己画个圈套，设置一个容易完成的小目标，帮助自己轻松迈出第一步	获得阶段成功后，马上获得奖励，感受到努力的价值，从而愿意继续努力
举例	电脑桌面提示 手机闪屏提示 设置闹钟	边看书边喝咖啡 边做计划边听音乐	只读一页 只是打开本子 只是拿起笔	清空购物车 约朋友聚餐 买套喜欢的动漫人物

在课堂实施过程中，需要注意以下几点：

1．简要说明

翻转培训师在运用前，用举例子的方式让学员理解什么是4R微习惯养成法，运用这个方法对于大家都有哪些实质性的意义，以及各步骤的主要操作。

2．研讨共创

给每个小组一张"4R微习惯养成法"的画布，如图4-82所示，让学员在画布上研讨共创。如果没有画布，也可以在投影上打出预先设计好的研讨模板，让学员根据模板自行在大白纸上画出框架和流程，再研讨。

4R微习惯养成法				
培养习惯				
四步骤	提示 (Reminder)（让它显而易见）	渴求 (Relish)（让它有吸引力）	反应 (Response)（让它简便易行）	奖励 (Reward)（让它令人愉悦）
步骤说明	就像闹钟一样，提醒我们该去做某件事情了	增强我们做这件事的欲望，养成一个好习惯	给自己下个圈套，帮助自己轻松迈出第一步	有一点成果后，给自己一个奖励
运用				

图4-82　4R微习惯养成法的画布

研讨前，可以提示各小组，小组各个成员结合课程内容，分别罗列最希望养成的习惯，然后从中挑选一个大家都比较感兴趣的作为研讨主题，并且请这个"习惯的主人"作为研讨过程中的主要背景对象。这样的操作可以令研讨比较聚焦，不会太发散或漫无边际。

3．分享成果

最后的汇总及成果分享是非常有必要的，通过这个环节，不仅相互之间能得到很好的启发，还相当于公之于众，我们要行动了！还记得在FLAG设立法这一技术中提过心理学中的"承诺和一致"原理吗？一旦我们做出了一个选择或采取了某种立场，我们就会碰到来自内心和外部的压力，迫使我们按照承诺说的那样去做。

4．与投票点贴法相结合

在一些分享环节，常常出现很多人"摸鱼"的现象，台上你讲你的，台下我玩我的，参与度不太高。怎么办？试一试将分享与投票点贴法相结合。操作很简单，将所有的成果粘贴上墙，每个人手上发一个小圆点贴，直径1.5~2cm的比较适宜，红、蓝、绿色都可以。然后，给所有人一个任务，仔细看看现场的所有成果，评选出你觉得最棒的一组成果，然后把手中的圆点贴上去。当然为了公平起见，不允许贴本组的。最后哪个小组获得的圆点贴最多，就可以成为本场的"最优成果"！

这样一来，是不是课室里所有的人都动身参与了？最重要的是，通过这个方法引导学员把所有成果都浏览了一遍，潜移默化之间实现了相互学习。

5．小组或个人

4R微习惯养成法这项技术的运用比较适合个人习惯的养成，但在课堂上通过小组研讨共创的形式，可以使学员相互激发出更多的内容，从而更好地掌握这个习惯养成的方法。回去之后，个人可以再结合自己的情况，进行修改、优化。

总 结

在这一小节中，你了解到了哪些信息？有什么感受？有什么启发？有哪些方法可以应用到实际工作中？

√ 信息：_____

_____

√ 感受：_____

_____

√ 启发：_____

_____

√ 行动：_____

_____

第九节 翻转高手的"必杀技",融会贯通的降龙十八掌

降龙十八掌,相信很多人都听说过,是金庸武侠小说中最绝顶的武功之一,招式简明而劲力精深,每出一掌都有排山倒海之力。但相传如果想发挥出这套武功绝学的最大威力,就得把所有的招式合而为一,融会贯通。

同样的道理可以用在翻转课堂的设计上,虽然我们学了那么多的翻转技术,但每项翻转技术都有自己的特点和操作要点,只有将这些技术与翻转课堂PECA(皮卡)设计模型融会贯通,打好"组合拳",才能实现这些翻转技术的最佳效果,才能打造出真正有趣、有料又有效的翻转课堂。

本节我们会将翻转课程开发和设计的全流程与技术结合起来,通过一张画布,将零散的点连成线、形成面。希望你在阅读时能联系前面所学的内容,这样更利于理解。最后,希望你能认真完成本节预留的作业,一起来实践和检验学习的成果。

一、翻转课程开发与设计的基本步骤

我们先来简单地总结和回顾一下翻转课程设计的四个基本步骤。

第一步:确定课题,翻转课堂的设计从选题开始

翻转课堂的课题从何而来?从自己熟悉或擅长的领域、企业需求、学员感兴趣,在其中找到交集点,就是你最佳的课题选择方向。课题方向≠具体课程名称,而明确课题名称需要遵循三个原则:

(1)宜小不宜大,充分聚焦,解决实际问题;

(2)与业务、关键技能高度关联;

（3）生动有趣，便于记忆与推广。

第二步：课题分析，精准定位授课对象的需求

确定课题后，接下来围绕课题进行三个维度的分析。

（1）WHO：授课对象是谁？来自哪些岗位？职级是什么？年龄特征是什么？授课对象越清晰，后面开发课程内容的时候，越容易聚焦，越有针对性。

（2）WHAT：结合课题/岗位/职责，授课对象需具备哪些关键行为？目前存在哪些差距或问题？有效的课程是以解决问题为导向，以解决学员工作中的痛点和难点为出发点的。

（3）HOW：针对绩效差距和问题，学员需要学习哪些知识、技能和态度？

值得注意的是，如果想课程分析细致到位，前提是做了充分的需求调研，可以采用面谈沟通法、电话访谈法、问卷调查法、现场观察法等，在综合评估投入的时间成本、经济成本、人力成本和取得的效果后，选择其中的一种或几种调研方法。

第三步：设定目标，以终为始设定课程效果检验标准

课程目标让我们在开发的过程中有方向、有重点，明确课程能传递出的价值和想要达到的具体效果。课程目标的设定不可过窄，应包含知识、技能、态度三个层面，每个层面所要达到的程度根据企业需求有所不同。通过设定目标，我们还可由此来确定课程内容中的重点，以及每章节内容之间的权重关系。

第四步：内容开发，翻转课堂PECA（皮卡）设计模型让课程循序渐进

内容开发的任务比较重，包括搭建结构、组织内容、技术设计……这个步骤我们都将运用翻转课堂PECA（皮卡）设计模型进行设计。

知识结构化的模块：首先运用技术"金字塔结构法"梳理出课程的逻辑框架，并且根据搭建好的课程框架收集各种素材（图片、案例、视频、照片、数据、故事、音乐、流程、制度）、编写内容（知识、技能、态度），然后运用321视频微课、案例拆解法、图形化呈现等技术将知识内容有效地输出。

模拟体验的模块：对于课程内容中比较抽象的、难以理解的知识点，可以运用GRIP游戏化体验、啊哈测试、即兴戏剧等技术，设计有趣的体验环节，调动学员多重感官的刺激，从而加深学员对知识的理解和吸收。

场景化连接的模块：有句话听很多人念叨过："为什么你懂得那么多道理，却还是过不好这一生？"原因很简单，这些道理可能都是纸上谈兵，没有具体的、实际的应用场景。所以知行合一，从知到行，非常重要的一步就是场景化连接。可以运用开放画廊、镜像测评、三人小组教练法、风暴墙等技术，引导学员之间的深度交流和进行知识构建，帮助学员把知识连接到真实的应用场景中。

创设行动的模块：如何让学员将知识转化和应用一直是个难题，关键是要有简便、好用的方法和工具，还需要在课程的最后"踹一脚"，运用信感启动、FLAG设立法、4R微习惯养成法等技术，让学员行动起来！

这四个步骤清楚了，但在实际开发和设计时，如何让这些步骤、流程更清晰、更易操作呢？运用画布是个非常好的方法。

二、拆解翻转课程开发与设计画布

图4-83就是翻转课程开发与设计画布，通过这个画布，设计的步骤、要点是不是一目了然了。怎么才能运用好这个画布呢？

课程主题						
授课对象			课程目标			
	P 知识结构化		E 模拟体验	C 场景化连接	A 创设行动	
课程结构		时长（分钟）	哪部分知识需要借助技术来帮助学员理解和记忆？哪项技术适合？	哪部分知识难以理解？哪项技术能引导体验促进理解和吸收？	哪部分知识需要与实际应用做连接？哪项技术比较适合？	哪部分知识需要掌握和应用？哪项技术能触发行动？
章节一： 1. 2. 3.						
章节二： 1. 2. 3.						
章节三： 1. 2. 3.						

图4-83　翻转课程开发与设计画布

画布中的第一模块：课程的基本背景信息。

画布可以简单地分为两个模块，第一模块是课程的基本背景信息，包括课程主题、授课对象、课程目标，需要说明的是呈现在这个画布中的信息，是经过了前期分析和提炼，最后汇总出来并在画布上呈现的。

画布第二模块：翻转课堂PECA（皮卡）设计模型运用。

这是翻转课程设计中最核心的部分。

一）知识结构化（Programming Knowledge）

首先是知识结构化部分，左边第一栏——课程结构，是将之前运用"金字塔结构法"搭建的课程框架，整理后输出课程的一级、二级目录。第二栏——时长，这是很多翻转培训师在设计课程时容易忽略的一个点，每个知识点都应该有预估的授课时长，15分钟？还是45分钟？时长是根据课程的总时长、课程内容的轻重点，以及所要实现的课程目标而设定的。时长不仅影响整个课程的授课节奏，也影响后面所要采用的翻转技术。假设某个知识点的预估时长只有20分钟，但在场景化连接中设计采用"迷你世界咖啡"的技术,而这一技术的现场运用至少需要25~30分钟,很明显是无法实施的。

设计好课程结构和时长,接下来有两种做法,一种是在搭建课程结构后,直接运用翻转课堂PECA(皮卡)设计模型梳理出整个设计思路,甚至通过翻转课堂PECA(皮卡)设计模型来反推课程框架中是否有遗漏的或缺失的部分内容。还有一种做法就是在搭建课程结构后,开始收集素材、组织内容,有一定的内容基础后,再来运用翻转课堂PECA(皮卡)设计模型和其中的翻转技术。你可以根据自己的情况自行选择。

接下来的设计部分,我们将通过提问的方式进行。画布上有简明扼要的提问,更详细的提问如下:

- 根据课程结构中的知识内容,你觉得哪部分的知识点比较重要?仅靠单纯的讲授,学员能否有效地理解和记忆?(对应课程结构中的二级目录。)
- 知识结构化中的哪项技术最适合帮助学员理解和记忆?(填写运用的翻转技术。)
- 从时长和可操作性来看,现在选择的这项技术是最合适的吗?(确定是否需要调整。)

二)模拟体验(Experience)

接下来是现场体验的设计环节,同样通过引导提问的方式进行,提问如下:

- 哪部分知识对于学员来说难以理解或认知?例如,抽象的知识或需要改变学员思维的知识。(对应课程结构中的二级目录。)
- 模拟体验中的哪项技术能引导学员去体验和参与,从而加强对这部分知识的理解、认知和吸收?(填写运用的翻转技术。)
- 从时长和可操作性来看,现在选择的这项技术是最合适的吗?(确定是否需要调整。)

三）场景化连接（Connecting）

第三环节到场景化连接，提问如下：

- 哪部分知识需要与学员的实际运用做连接？例如，未来可能运用在哪些场景？（对应课程结构中的二级目录。）
- 场景化连接中的哪项技术能帮助学员将知识和应用连接？（填写运用的翻转技术。）
- 从时长和可操作性来看，现在选择的这项技术是最合适的吗？（确定是否需要调整。）

四）创设行动（Action）

最后的创设行动环节，提问如下：

- 哪部分知识需要学员掌握和应用？
- 创设行动中的哪项技术最能促进学员应用？（填写运用的翻转技术。）
- 从时长和可操作性来看，现在选择的这项技术是最合适的吗？（确定是否需要调整。）

看完以上内容你或许会面露难色，也会发出一声感叹："设计课程真的有那么复杂吗？"我的回答是："这不是复杂，而是严谨。"为什么很多培训师在设计课程时感觉比较简单，非常快就开发好了，但一旦在课堂中实施就漏洞百出，不是面临学员的挑战，就是遇到种种突发情况，授课的效果也不佳。究其原因就是在设计环节没有做好，没有学会站在不同的角度对自己发问。课程设计的过程就是一个不停对自己提问题的过程："如果学员看到这个知识点，第一反应是什么？是瞬间就明白还是一脸懵？""运用这个游戏，学员会感兴趣吗？如果不感兴趣，而这个游戏又很重要，我该如何重新调整？""这个案例是当下网络上热议的一个事件，但现场的这批学员好像年纪偏大，能听得懂吗？"……如果每次开发课程的时候，你都能站在学员、培训管理者甚至老板的角度去提问，这说明你的思维方式具有一定宽度和深度，如此开发出来的课程才会更严谨，更贴合学员的需要。

三、翻转课程开发与设计的实操案例

接下来，我们通过一个实操案例进一步展示翻转课程开发与设计画布是如何使用的，翻转技术是如何被融入其中的。

经过前期资料的收集、整理、分析后，在画布的第一部分呈现了"刻意练习——从新手到高手"这一课程的基本背景信息。然后，通过层层引导提问的方式，翻转培训师相继设计出课程结构、时长及各知识点所运用的翻转技术，具体内容如图4-84所示。

翻转课程开发与设计画布				
课程主题	"刻意练习——从新手到高手"	课程目标	• 了解刻意练习所带来的价值 • 识别刻意练习与天真练习的区别 • 掌握刻意练习三大招并运用于某项技能的提升	
授课对象	需要熟练掌握某项技能的职场人士			
	P 知识结构化	E 模拟体验	C 场景化连接	A 创设行动
课程结构	时长（分钟）	哪部分知识需要借助技术来帮助学员理解和记忆？哪项技术适合？	哪部分知识难以理解？哪项技术能引导体验促进理解和吸收？	哪部分知识需要与实际应用做连接？哪项技术比较适合？	哪部分知识需要掌握和应用？哪项技术能触发行动？
章节一：天才是刻意练习的产物					
1. 天才背后的真相	15	✦ 案例拆解法			
2. 什么是刻意练习？	15		✦ GRIP游戏化体验		
3. 刻意练习背后原理	10	✦ 案例拆解法			
章节二：拆解刻意练习三大招					
1. 创建套路	20				
2. 走出舒适区，反复训练	20	✦ 图形化呈现	✦ 视听体验 ✦ GRIP游戏化体验		
3. 及时反馈	20				
章节三：一张画布开启刻意练习					
1. 三招的具体操作	15			✦ 小组研讨	
2. 制订行动计划	45				✦ 刻意练习

图4-84 "刻意练习——从新手到高手"课程设计思路

接下来，我们一起来看看实际课程中翻转课堂PECA（皮卡）设计模型及翻转技术的呈现效果。

一）知识结构化

在"知识结构化"的部分，课程中通过对比"刻意练习"与"天真练习"的不同之处，让学员快速认知什么是真正有效的刻意练习，而不是大量重复无效的天真练习，如图4-85所示。

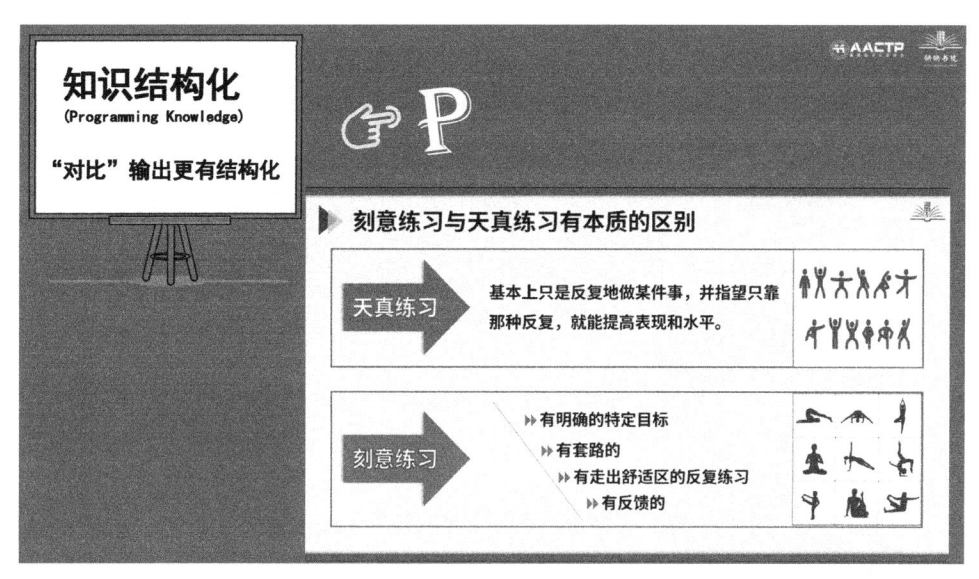

第四章 技术传授：手把手教你设计翻转课堂

图4-85 刻意练习与天真练习的不同之处设计

课程还采用"图形化呈现"的技术来呈现刻意练习三大招的知识内容，图形的方式直观易懂，让学员更容易理解和记住，如图4-86所示。

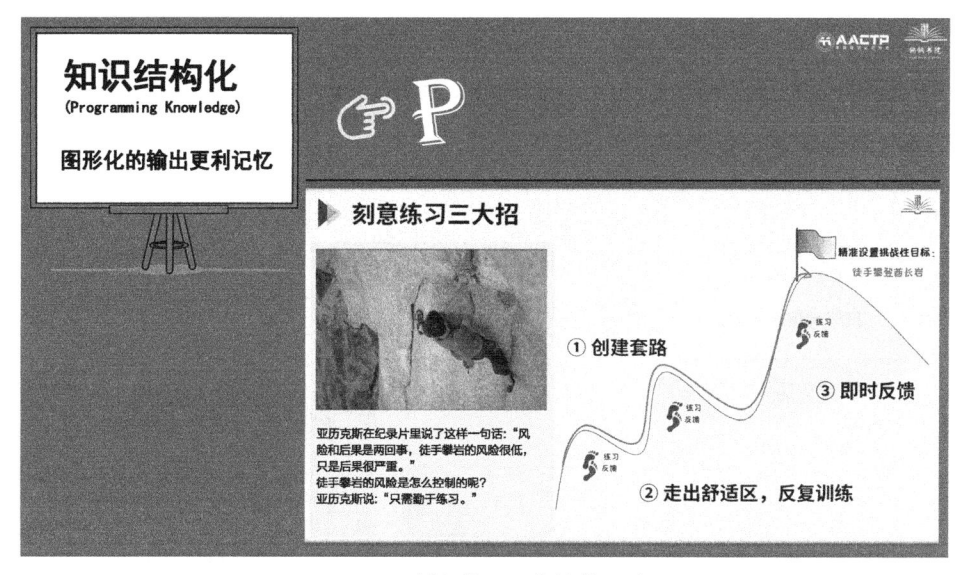

图4-86 刻意练习三大招的设计

二）模拟体验

在模拟体验环节，课程运用了GRIP游戏化体验技术，设计了一个有趣的

"创意回形针"游戏。现场学员动手、动嘴、动脑,兴致勃勃地玩起来,通过游戏来体验,加深了对刻意练习这一知识内涵的感知,如图4-87所示。

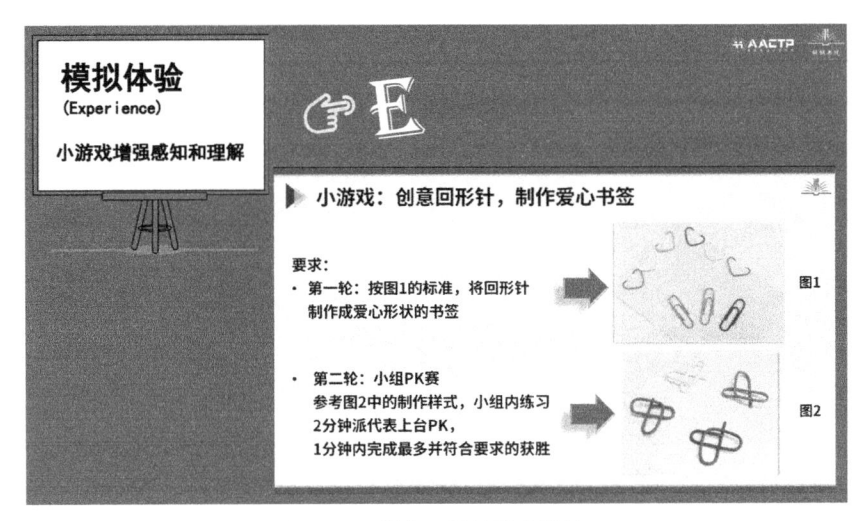

图4-87 创意回形针游戏设计

课程中还运用"视听体验"技术,学员观看一部著名的奥斯卡最佳纪录片的视频片段,视频片段虽然只有短短两分钟,但看得人惊心动魄,给学员带来了极大的视觉和听觉冲击,最后将刻意练习三大招的相关内容深深地映入脑海中,如图4-88所示。

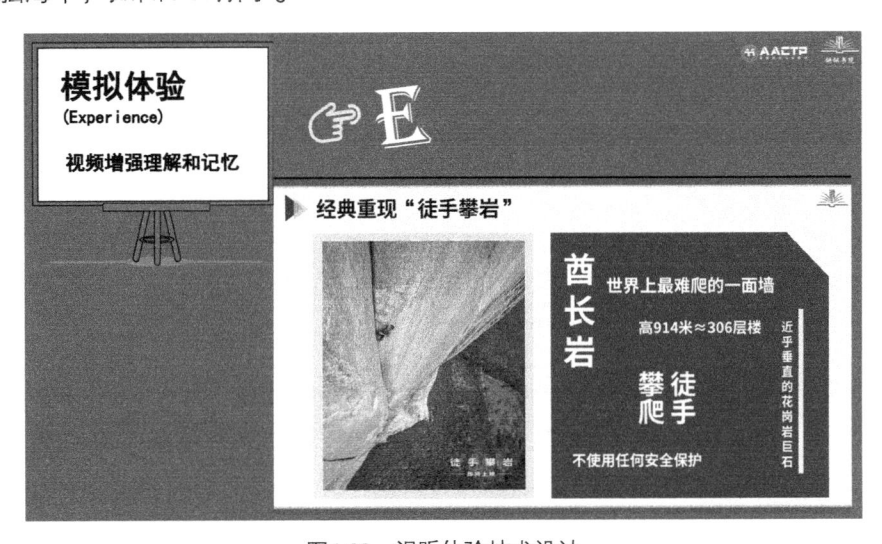

图4-88 视听体验技术设计

三)场景化连接

该课程中的场景化连接和创设行动是结合在一起的,各小组先通过研讨的方式,确定一个主题:刻意练习的三大招可以运用到工作或生活中的哪些具体场景,去解决一个实际的问题,如图4-89所示。

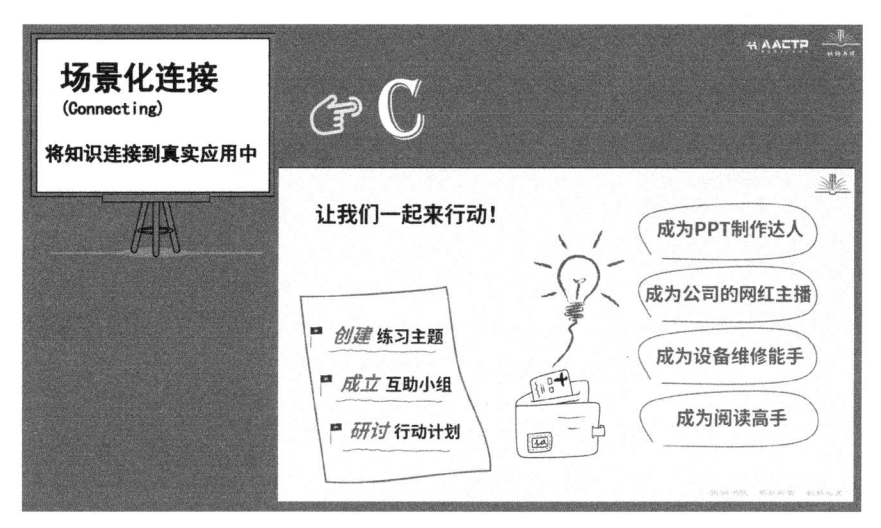

图4-89 刻意练习的三大招场景化连接设计

四)创设行动

最后在创设行动环节,根据前面确定的主题,通过"刻意练习"的技术,让学员群策群力,制订未来行动计划,如图4-90所示。自己感兴趣的主题、自己参与研讨和制定,课程结束后学员回去运用的可能性大大增加。

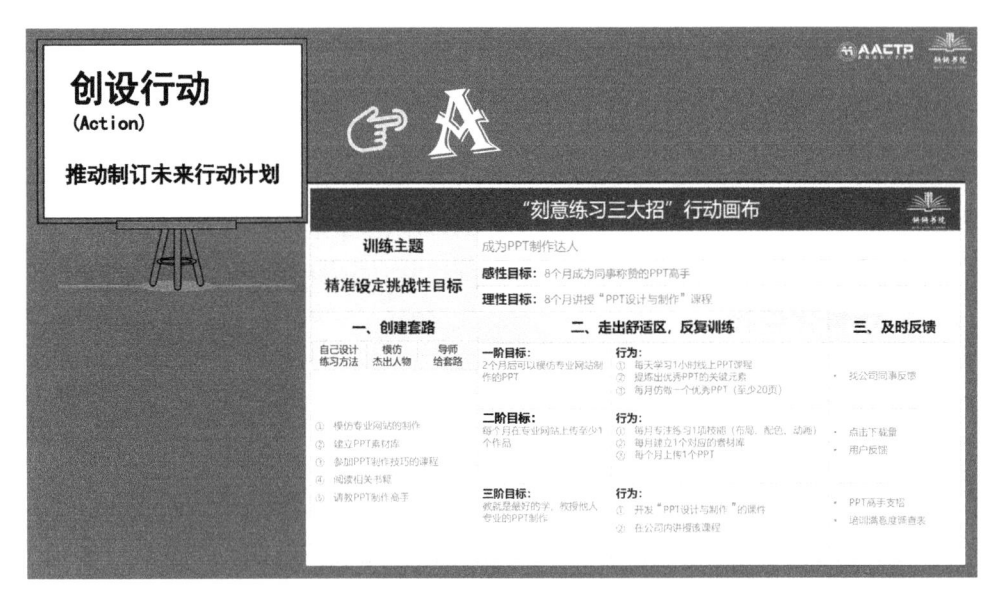

图4-90 刻意练习三大招的创设行动设计

在此补充说明一点,"刻意练习三大招"不仅是该课程的知识点,我们也将这个知识点设计成了20项翻转技术中的其中一项"刻意练习"技术,我们可以把它运用在其他课程中的创设行动环节。

四、翻转课程开发与设计画布的实操练习

通过以上的学习和案例讲解,相信你对翻转课程开发与设计画布的使用和翻转技术的融会贯通有了更深入的理解。光说不练假把式,那么接下来就到了你的练习环节。可以选择一门曾经开发过的课程,运用该画布进行优化和迭代,又或是从零开始,从一个全新的课程开始,无论何种方式,动起来最重要,惊喜和改变自然就来了!请根据本节的学习内容,将你的课程设计练习写在图4-91中。

第四章 技术传授：手把手教你设计翻转课堂

翻转课程开发与设计画布						
课程主题			课程目标			
授课对象						
	P 知识结构化		E 模拟体验	C 场景化连接	A 创设行动	
课程结构	时长（分钟）	哪部分知识需要借助技术来帮助学员理解和记忆？哪项技术适合？	哪部分知识难以理解？哪项技术能引导体验促进理解和吸收？	哪部分知识需要与实际应用做连接？哪项技术比较适合？	哪部分知识需要掌握和应用？哪项技术能触发行动？	
章节一： 1. 2. 3.						
章节二： 1. 2. 3.						
章节三： 1. 2. 3.						

图4-91　翻转课程开发与设计画布

总 结

在这一小节中，你了解到了哪些信息？有什么感受？有什么启发？有哪些方法可以应用到实际工作中？

√ 信息：_____

_____

√ 感受：_____

_____

√ 启发：_____

_____

√ 行动：_____

_____

第十节 翻转课堂PECA（皮卡）设计模型，赋能企业内训师培养项目

经过前面章节的学习，我们掌握了运用翻转课堂PECA（皮卡）设计模型来开发课程的方法，但是对于很多甲方的培训管理者来说，自己会开发课程还远远不够，一个人开发课程的效率还是有限的，所以运用翻转课堂PECA（皮卡）设计模型和翻转技术来赋能企业内训师，将大大推动企业人才的培养。

现在领先并目光长远的企业都将人才的可持续发展作为重点关注方向，培养企业的可持续发展人才，需要培养出一支能打"硬仗"的内训师队伍，如何培养？有两个关键动作：

- 内训师队伍的建立
- 课程体系的搭建

在此，问你一个问题，企业应该先培养能讲课的内训师，还是先开发适合企业需要的课件？也就是先有"人"还是先有"课"？很多人的回答可能是："当然是先有人了，有了内训师就有了课。"其实非也。如果你问一些培训体系非常成熟和完善的大企业："你们企业有多少内训师啊？"他们一般这么回答："企业内训师的具体数量不好说，但我们经过多年的开发积累，目前沉淀了××门企业课程，围绕不同的课程，我们匹配了能讲授这些课程的内训师。"为什么成熟的企业更看重课程库、知识库的建立？原因很简单，课程是沉淀下来的宝贵经验知识库，人才可能会流失，但如果经验、智慧不断地沉淀和传承下来，是带不走的，这一点是企业非常看重的。当然，课件也是由优秀的人才，也就是内训师们开发出来的，由此可见，内训师的培养和课程开发同等重要。

因此我们提出了"师课同建"的理念，并且经过多年实践，总结出一套

行之有效的TTT（Training the Trainer to Train）企业内训师培养项目流程。通过这个流程，我们为大量企业培养出了一批又一批的优秀内训师，同时产出了许多企业内部独有的精品课程。

这个项目流程从选人选题、课程开发赋能、课程开发实践及辅导、授课技巧训练、课程讲授实践及辅导、成果汇报认证六个大环节展开，如图4-92所示。旨在帮助企业挑选具有高潜力的内训师，还可以通过赋能、技巧训练等培养出能开发、能讲课、讲好课的企业内训师队伍。

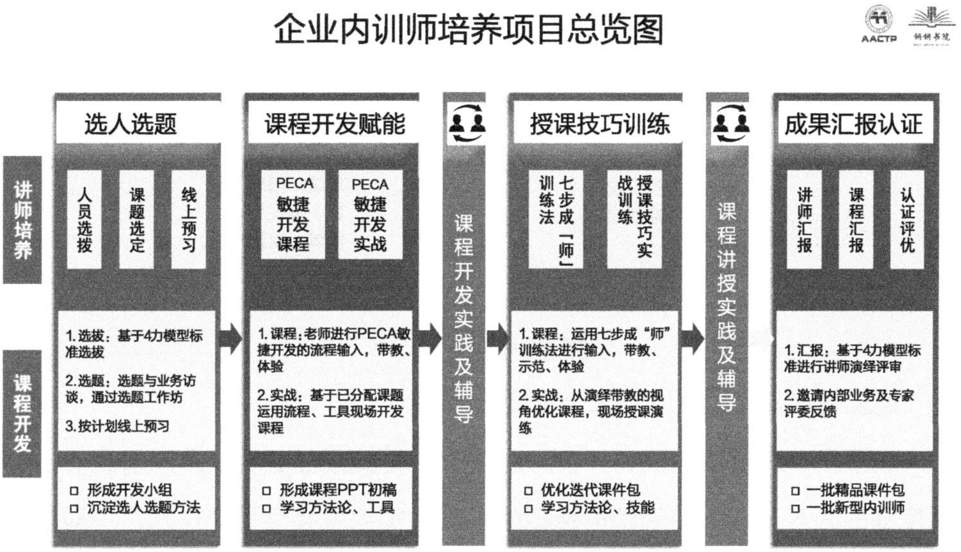

图4-92 企业内训师培养项目总览图

一、实施阶段一：选人选题

我们在前面的章节提到，翻转课程的设计从选题开始，题选好了，课程开发就顺利了。同样的道理，在内训师培养项目，选人选题非常重要，人选得不好，要么开发不出来课件，要么因内驱力不足而半途而废；题选得不好，开发也可能与企业的需求不匹配。

一）人员选拔

我们常常在电视节目中看到各种选秀活动，一般都经过层层关卡，海选—复选—决选等环节，其间还伴随着助阵、拉票、借势等，竞争异常激烈。而我们的内训师选拔可没那么有趣、丰富，但同样需要经过精挑细选，如图4-93所示。

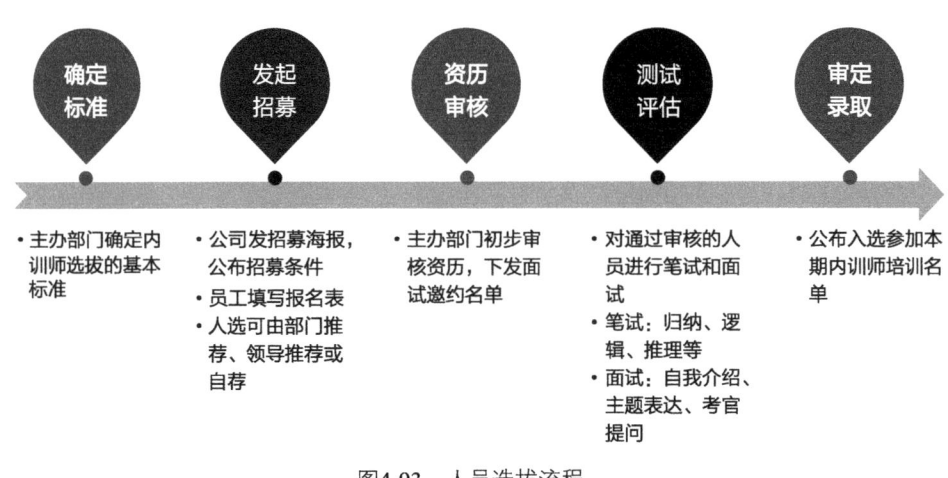

```
确定标准 → 发起招募 → 资历审核 → 测试评估 → 审定录取
```

- 主办部门确定内训师选拔的基本标准
- 公司发招募海报，公布招募条件
- 员工填写报名表
- 人选可由部门推荐、领导推荐或自荐
- 主办部门初步审核资历，下发面试邀约名单
- 对通过审核的人员进行笔试和面试
- 笔试：归纳、逻辑、推理等
- 面试：自我介绍、主题表达、考官提问
- 公布入选参加本期内训师培训名单

图4-93　人员选拔流程

选拔内训师可以从以下三个维度进行：

意愿度，意愿度体现着一个人对待一件事情或任务的投入热情高低，意愿度高的人对于成为培训师有强烈的渴望，那他就会全程地投入，主动地思考和高效地解决问题。反之，如果是低意愿度，则会缺乏兴趣、没有动力，对事情的结果满不在乎。

专业/知识背景，内训师在某个领域的专业度及背景决定了其开发课件的深度和专业度，也影响着授课效果。内训师对自己所从事的工作或领域经历越多，沉淀越多，了解的层面越广，在开发课件和讲授课程时，就越容易得心应手，越容易把握课程的重点和逻辑。

综合能力，我们每个人都存在着能力方面的差异，就像人的身高和肌肉组织之间存在差异一样。例如，有的人天生就有一副好嗓音，有的人天生高挑、苗条、更具有外表吸引力，一站在台前就能吸引众人的目光……我们在评选内训师时，也需要通过对比，选择某些素质和能力比较强的，如逻辑思维能力、口头表达能力、反应能力、协作能力等。

此外，补充说明一点，如果是组建课题小组合作开发，在内训师选拔时除了强调三个维度，还需要强调彼此之间的互补与合作，才有可能共同完成任务。

二）课题选定

在课题选定环节可以采取研讨工作坊的形式，邀请参与的人员包括内训师、培训负责人、内部专家、外部培训公司专家等，通过流程化的设计和现场引导，聚焦核心岗位的关键技能，结合内训师们的资质背景、专长领域，还要结合开发的周期、投入的人员等，最终共创出需要开发的课题，如图4-94所示。这些课题的确定需符合四个标准。

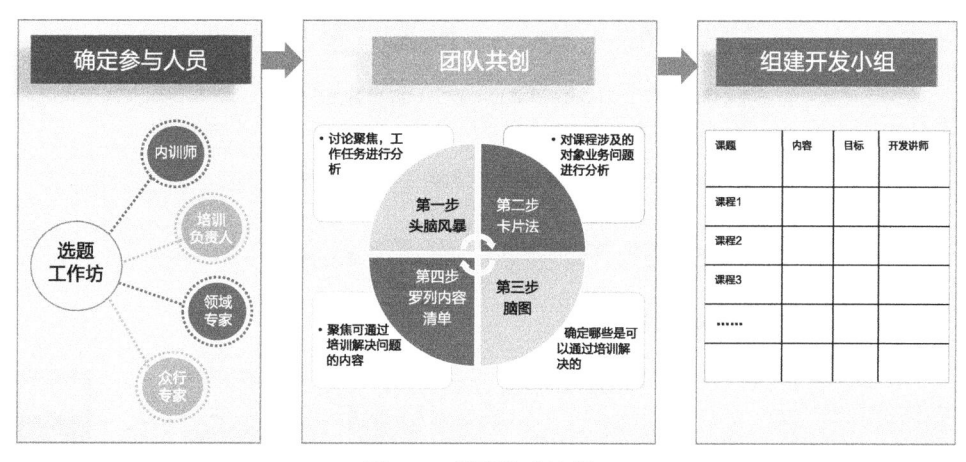

图4-94 课题选定流程

标准1：与企业发展战略相结合。

标准2：与业务/岗位紧密结合。

标准3：聚焦问题解决，避免过于宽泛。

标准4：有系统性，利于逐步搭建完整的课程体系。

课题选定后，组建开发小组，包括组长、组员等，然后分工合作，开始课程开发前的素材收集任务。

此外，选题除了工作坊的形式，也可以采用访谈或调查问卷的方式。从组织需求、岗位需求、员工个人需求三个层面，选择不同职级、岗位的员工进行问卷调研、电话访谈或面对面访谈，收集足够的信息资料后，再汇总分析出课题。

三）线上预习

在正式培训和学习前，可以选定一些线上课程进行预学习，包括"金字塔原理""如何学习""学会提问""思考，快与慢"……设定一门或几门课程成为内训师们的必修或选修课，这些线上课程还可以成为线下课程非常好的补充，如图4-95所示。并且线上学习的方式更便捷，随时随地，不会造成太大的学习负担。

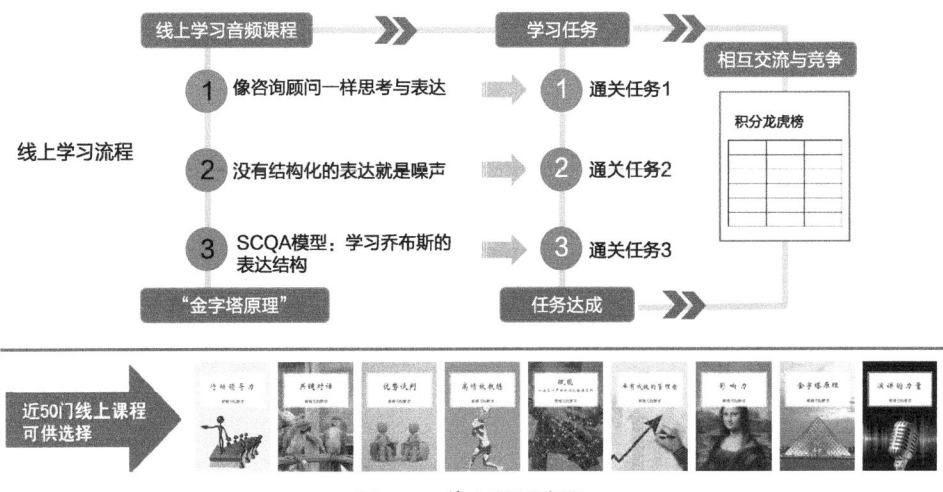

图4-95 线上预习流程

二、实施阶段二：课程开发赋能

前期的选人选题工作做好了，就要进行内训师培养的关键环节——专业课程设计与开发，我们运用PECA敏捷课程开发流程，将翻转课堂PECA（皮卡）

设计模型融入其中，如图4-96所示。为了让内训师们更快捷地提炼经验、知识，制作成课件，可以运用一些专业化的模板和设计工具，如课程分析画布、课程框架搭建模板、课程路径图模板、讲师手册模板等，如图4-97所示。

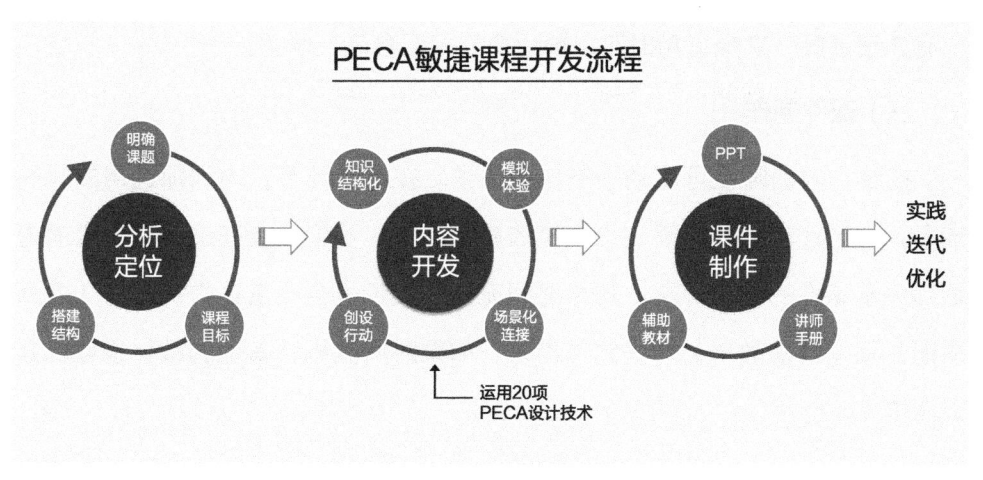

图4-96　课程开发赋能流程

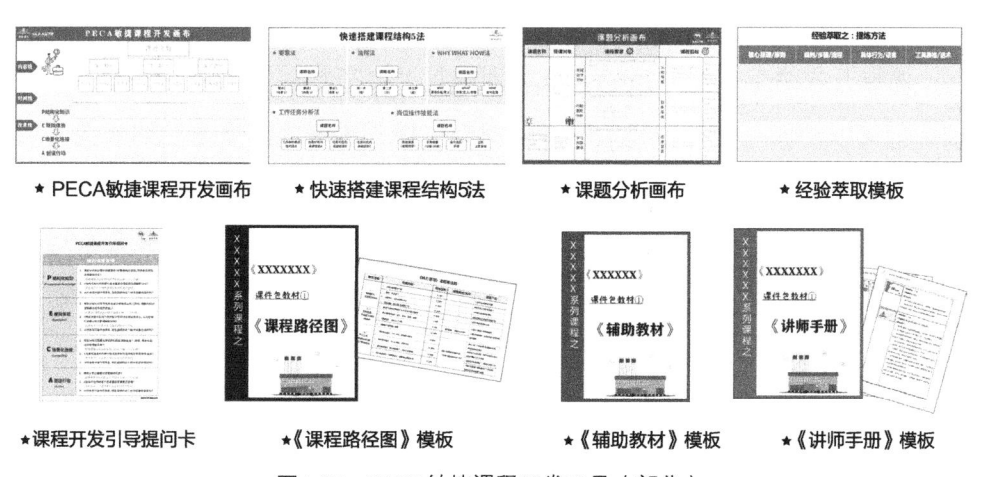

图4-97　PECA敏捷课程开发工具（部分）

一）分析定位

在这个环节，内训师需要重新明确课题、编写课程目标和搭建课程结构，特别是课程结构的搭建，它会影响到课程的逻辑结构、技术应用和演绎的流畅程度。

二）内容开发

在这个环节，可以运用上一个小节中使用到的翻转课程开发与设计画布来做内容的开发。关于技术的编排和应用的注意事项，我们在上一个小节中已有详细讲解，实际运用时可以前后两节相互参考、学习。

三）课件制作

接着，内训师便可以动手制作课件了。在这个环节，内训师运用的时间较多，为了让内训师能够制作出高质量的课件，我们也会在这个环节赋能内训师关于课件的输出标准。如果时间充裕，我们也会尽量让内训师将《讲师手册》和《辅助教材》一块制作出来，如果时间紧张，其他的教材也可以延迟制作。

三、实施阶段三：课程开发实践及辅导

课程开发绝非一次完成的，在培训课堂上，在翻转培训师的带领下，内训师们可以制作一部分课程内容，但很大一部分课程内容需要后期的完善和优化，包括知识点的提炼、案例的整理，各种图片、数据、视频等资料的收集……这些工作需要内训师们利用工作之余的时间来完成。课程进行修改、优化后效果如何，需要老师的辅导和反馈，才能确保课程开发的质量，如图 4-98 所示。

一）辅导前

内训师可以先通过以下问题对开发的课程进行自检：

☐ 选题及课题的内容是否可以解决企业目前的紧急问题？

☐ 课程对象及课程目标设置是否合理？

☐ 课程章节及知识点间的逻辑是否清晰？

☐ 是否有体验、工作场景连接、促发行动的环节？

☐ PPT设计是否图文并茂、风格统一？

自检结束后，内训师需要将修改后的课程发给老师辅导。

辅导前

作业提交

① 课程开发自检
借用课程开发自检表进行课程自查并优化
☐ 选题及课题的内容是否可以解决企业目前的紧急问题？
☐ 课程对象及课程目标设置是否合理？
☐ 课程章节及知识点间的逻辑是否清晰？
☐ 是否有体验、工作场景连接、促发行动的环节？
☐ PPT设计是否图文并茂、风格统一？
② 课程开发修改稿提交

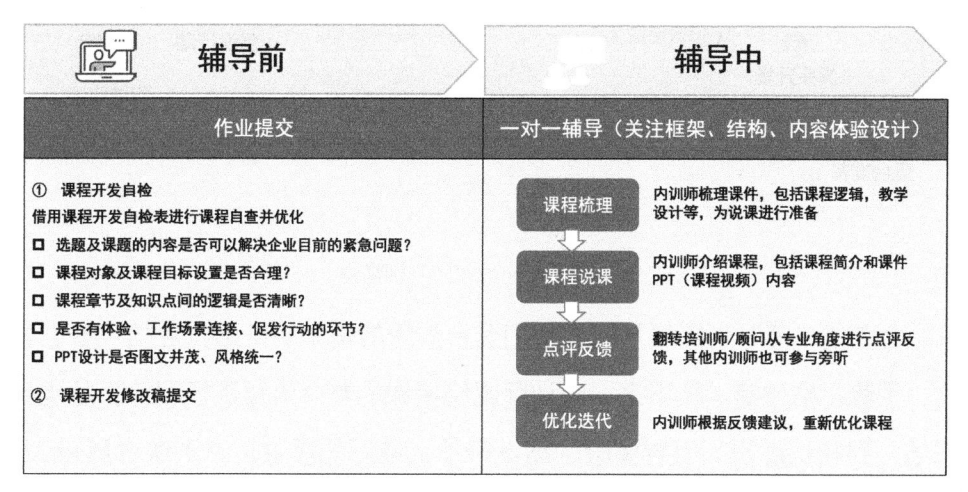

辅导中

一对一辅导（关注框架、结构、内容体验设计）

- 课程梳理：内训师梳理课件，包括课程逻辑，教学设计等，为说课进行准备
- 课程说课：内训师介绍课程，包括课程简介和课件PPT（课程视频）内容
- 点评反馈：翻转培训师/顾问从专业角度进行点评反馈，其他内训师也可参与旁听
- 优化迭代：内训师根据反馈建议，重新优化课程

图4-98　课程开发实践及辅导流程

二）辅导中

辅导的方式可以面对面、现场反馈，也可通过线上实施。辅导中，内训师们先说课，也就是将设计好的课件在老师面前展示，说明设计思路和内容的逻辑等。翻转培训师在辅导前最好先审阅课件，提前做好准备，这样反馈和点评会更到位。反馈和点评的维度包括课程逻辑结构、内容专业度、素材的匹配度、PPT的设计布局等。

四、实施阶段四：授课技巧训练

有了课件，接下来的授课技巧训练就会围绕开发好的课件进行了。如何实施才能培养出能开发、能讲课、讲好课的企业内训师？在授课技巧训练环节中，主要运用七步成"师"训练法，而七步法中又融入了翻转课堂PECA（皮卡）设计模型，与课程开发相对应，如图4-99所示。

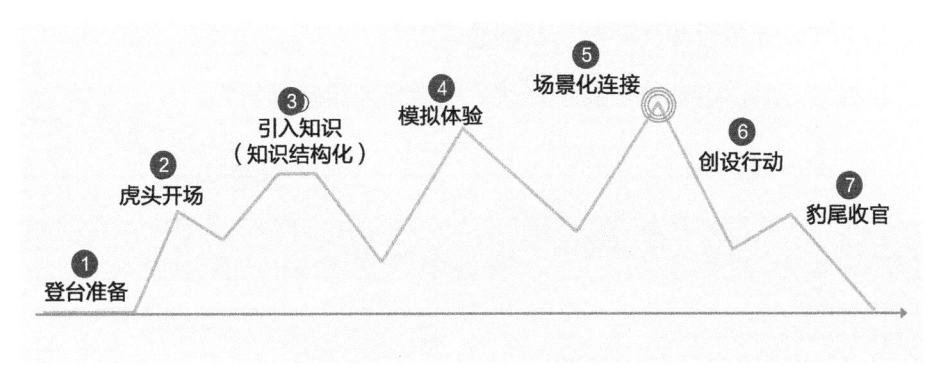

图4-99 七步成"师"训练法

七步成"师"训练法从内训师们登台演绎的基本功开始,包括声音、表情、手势、站位等。接下来,内训师围绕授课的整个流程进行训练,从虎头开场,到知识讲授、引导体验、创设行动,最后豹尾收官,系统讲解+实战训练+即时反馈。全过程是以内训师们自己开发的课程作为训练主体,在这一过程中,可以再次打磨课程。

五、实施阶段五:课程讲授实践及辅导

学习完了授课技巧后,内训师可以在企业里小范围试讲了。课件开发出来的效果和实际讲授的效果往往是有出入的,只有上台开讲,并且收到一些真实的反馈,才知道后续如何调整和修改。同时,内训师们只有通过讲授实践,才能把课堂上学到的那些授课技巧运用起来,成为自己的技术。这一过程中,可以请翻转培训师给予一定的辅导和反馈。

六、实施阶段六:成果汇报认证

最后一个环节是成果汇报认证,流程如图4-100所示。设立这个环节的目的不仅是对课程进行评估、对内训师的演绎进行评估,还有几个重要意义:

触发内卷。因为要通过认证,倒逼着内训师们对于自己的成果更加重视。如果成果认证会上有重要的领导、专家出席并担任评委,那内训师们个

个都会铆足劲优化课程,不断训练提升自己的授课水平,好在认证会上获得认可和肯定。

各课题组第一个认证组员20分钟	前5分钟:介绍课程背景、课程理念、课程收益等 后15分钟:讲解课程中的某一模块
各课题组其他认证组员每人15分钟	讲解课程中的某一模块
评委评分	每名组员讲解完毕,评委填写《演绎评估表》 各课题组所有组员讲解完毕,评委填写《课件评估表》
统计评估结果	个人演绎得分统计,课题组课件得分统计

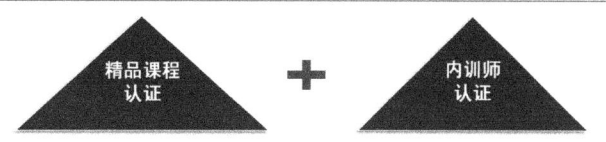

精品课程认证 ＋ 内训师认证

▫ 项目结束后为学员颁发"项目结业证书";
▫ 对考核合格的学员,颁发企业内部"某课程讲授聘书",纳入企业内训师队伍;
▫ 评选优秀讲师、优秀课程,表彰优秀,树立标杆榜样。

图4-100 成果汇报认证流程

增加责任感。获得认证的内训师们拿着企业颁发的聘书,这标志着"持证上岗",获得授课资格的同时,也肩负起了责任,这让内训师们更有使命感和责任感。

吸引更多人参与。汇报会上评选出来的优秀讲师、优秀课件,起到了非常好的标杆作用,如果在企业内广泛宣传,大力表彰,这将吸引更多人想成为内训师,更利于"学习型组织"和"师文化"的打造。

通过以上六个环节的赋能与认证,真正做到了"师课同建"。企业最终沉淀了大量的精品课程,并且培养了大批能开发、能讲课、讲好课的内训师。

但是每家企业的发展阶段不一样,内训师们的基础水平各不相同,翻转培训师在设计项目流程的时候,需要根据具体情况合理调整项目策略。

总 结

在这一小节中,你了解到了哪些信息?有什么感受?有什么启发?有哪些方法可以应用到实际工作中?

√ 信息：_____

_____

√ 感受：_____

_____

√ 启发：_____

_____

√ 行动：_____

_____

第五章

如何突破线上培训的效果

近几年，新兴科技不断赋能在线教育，5G技术、人工智能、直播技术等使得在线学习的过程更加流畅，线上学习已经成为一种趋势，人们可以通过手机、电脑、电视等各种途径，随时随地自主学习。对于翻转课堂来说，线上培训是非常必要的一部分，将课程内容中的理论性、技术性、基础性的知识搬到线上，学员可以提前预习，或者课后巩固学习，这样在参与线下翻转课堂的学习和体验时会更顺畅、更易理解。但线上培训往往也面临很多问题，如学员主动性不高、学习效果不佳等问题，这也间接影响了线下的学习效果。

如何解决线上培训的这些问题呢？本章会从抓住平台核心功能、做好平台运营、打造有吸引力的线上直播教学等几个方面，教你提升线上培训的效果。

第一节 令人头疼的线上培训

线上+线下的培训我们又称"OMO模式"或"混合式培训"，是互联网时代下的新的培训模式。

越来越多的企业选择开发线上培训，不仅是互联网发展的必然趋势，也是企业发展过程中提高效率、节约成本势在必行的事。特别是经营网络庞大、办公地点分散，以及知识密集型行业对在线学习的依赖度更高。2019年疫情暴发以来，线上培训的发展进度进一步加快，各行各业都在探索数字化培训的模式。

线上培训虽然有诸多好处，但同样面临巨大的挑战。

一、来自学员的挑战

虽然现在的学员已经习惯了互联网产品，也喜欢用碎片化的时间看短视频，但学习的性质毕竟与娱乐不同。学员需要兼顾工作与生活，如果再将他们为数不多的娱乐时间剥夺了，那也是令人苦恼的事。并且学员在完成线上学习时，缺少互动和交流，注意力经常会转移，对于线上学习的效果产生不利影响。

所以线上学习的"趣味性"与"个性化"是很多学习平台和企业都会面临的挑战。

二、来自平台的挑战

目前市面上已经有很多类型的在线学习平台，但是这些学习平台的功能良莠不齐，价格也天差地别。甲方对学习平台不了解，乙方一忽悠，盲目从众地采购完某个学习平台之后，后期的功能开发费用是个无底洞。能够人性化地实现不同功能，为甲方单独开发个性化功能，实现学习趣味性的学习平台也只是凤毛麟角。

另外，学习平台如何实现真实的学习监测与数据管理也是一大问题。

三、来自内容的挑战

好马配好鞍，如果甲方选择了好的学习平台，但是由于内容创作能力有限，上传的学习内容依然是冗长粗糙的视频课程，那么对于好的学习平台依然是极大的浪费。大部分培训管理者没有制作游戏化课程的经验，导致线上内容单调无味，这是来自内容的挑战。

四、来自运营的挑战

最后，在线学习平台既然是一个产品，就离不开产品运营人员。在线学习平台的运营和维护是提升平台效能的关键动作，对学员的学习效果提升有很大的帮助。但市场上能做学习平台运营的人才非常稀缺，懂培训、懂内容制作的平台运营人才更加稀少。这对甲方培训一把手提出了较高的要求，因为从我的经历来看，学习平台运营人员往往只会机械地完成课程的运营和平台的运营，很少主动介入课件制作，哪怕运营人员知道好的课程形式，但顾虑到要让内容制作人员重新学习和花大量的时间制作，便也会不了了之。但如果培训一把手了解在线学习平台内容的制作方式，把内容创新和平台运营完美地结合起来，这对学员的学习帮助是极大的。

从以上挑战中可以得出一个结论：线上培训的挑战就是培训管理者的挑战。培训管理者的眼界直接影响了线上培训的效果好坏。培训管理者不仅要熟悉优质的在线学习平台，同时对线上平台的内容创作形式、平台运营方式要有详细研究。

以上问题我们将在接下来的小节中解答，帮助大家丰富对线上培训的认知。

第二节 抓住平台的核心功能

在线学习的载体就是学习平台，各种学习资源、后台数据、管理功能等都是通过学习平台运行的。学习平台一般是以应用程序的形式呈现的，不仅有手机端、电脑端，还可以与办公软件打通，通过钉钉、企业微信等平台连接学习，使用更方便。好的学习平台不仅能方便学员学习、方便查找学习内容和学习计划，还需要满足更多功能。

接下来我们了解一下大部分平台都具备的功能和发挥的作用。

知识库功能：知识库相当于在线学习平台的目录，可以对学习内容进行分类，并且学员可以在知识库中找到自己想要学习的内容，或者通过关键词搜索到相关学习内容。

学习计划与学习地图功能：在线学习平台运营者可以制订学习计划并触

达学员。学习计划还需要有定期提醒的功能，提醒学员完成相应阶段的学习。学习地图功能将游戏中的打怪升级理念运用到培训中，学员可以根据学习地图解锁不同关卡的学习内容，增加学习的趣味性。

学习功能：学员根据培训计划学习相应的课程，课堂学习后还可以完成作业，对翻转培训师的授课效果进行评分。很多学习平台还可以实现其他的功能。例如，在一次学习任务中不仅可以有线上学习内容，还可以有线下签到功能、考试功能、满意度反馈功能、上传作业功能、上传视频和图片功能、师傅带教功能、导师批阅等功能，真正实现混合学习形式。

直播功能：有些学习平台还可以开设直播课程，包括设定直播形式、发送直播通知等。学员可以随时参与学习，并且支持直播回放。

考试测评功能：学员完成课堂学习后可参加在线考试，并且能及时知晓自己的成绩。此外，测评功能还可以实现问卷调查，如满意度问卷、培训需求调查问卷等。

数据管理功能：无论颗粒度多大的数据都可以从学习平台的后台查阅和导出，大大提升了数据统计分析效率，形成详细的学员学习档案。这些数据不仅可以追踪学员的学习进度，还可以用来分析哪类课程是学员喜爱的，从而为后期开发线上课程提供依据。

积分激励功能：学习任务完成后，学员可以获得不同的积分。积分的运用也是在线学习平台非常核心的内容。平台可以设置一些积分排行榜，如日榜、月榜、年度榜，在首页实时展示。有些平台的积分会对应学员虚拟的线上学历，如小学生、中学生、高中生、大学生等。不仅如此，平台还会自动给通过某项学习任务的学员颁发勋章、证书等资质。这样的积分激励功能让学员有竞争意识，学习的积极性和主动性也会更高。

社群功能：在线学习平台除了学习功能，还需要考虑社交功能，学员可以在网页上、社群里相互交流、切磋。当然也可以配合社群运营，让老师、专家们答疑解惑，社群管理者还可以经常往群里加些"猛料"，如时不时来个"群奖励"，好的线上学习氛围往往就体现在社群交流中。

了解平台的功能，抓住企业现阶段线上培训需要的核心功能，是做好线上培训管理和学习运营的基础。你也可以将以上所讲述的功能作为日后采购和选择在线学习平台的参考，功能强大的学习平台对学习质量的影响还是非常大的。

第三节　做好平台的四大运营

在线学习效果好不好，平台的运营和管理是关键，可以从以下四个方面入手。

一、课程运营：内容持续输出

平台的最大功能就是学习，提供丰富的、高质量的、形式多样化的学习课程。重要的是这些线上学习的课程从何而来呢？通常有两个途径。

一种途径就是外部采购专门机构开发的线上课程，这些课程大多是以MG动画的形式，比较生动有趣，以通用类的知识技能为主。但这种课程一般有使用期限，成本较高，并且可能与企业岗位、业务的结合度不够高，很难有效地解决学员的实际问题。

另一种途径是内部自行开发。近年来越来越多的企业开展线上微课大赛，这是挖掘企业内部的人才制作线上课程的一种非常好的方式。大赛形式可以多样，如动画、H5、录屏、拍摄短视频等，内容可以是职业素养类、问题分析与解决类、岗位技能类、经验萃取类、案例讲解类……形式越丰富越能吸引不同的学员群体。通过举办这样的微课大赛，不仅能产生一大批贴合企业需要的线上课程，还可以大大提高大家对学习平台的关注度和黏度。

此外，运用平台上的课程与线下翻转课堂结合时，要注意课程的衔接和匹配。

在课程运营的最后，我留下一个值得大家探讨的关于课程格式的话题。我们都知道基本上视频课程是以MP4的格式存在的，但视频课程无法与学员产生交互，学员可以让视频自动播放，自己去做其他的事情，这样就没办法起到学习的效果。如果我告诉你有一种线上课程是需要学员无时无刻面对着屏幕，学员要根据课程进度触屏操控，学员还要完成课程中间突如其来的测试题才能继续往下学，这种"折磨人"的交互式课程你会感兴趣吗？我曾经就研发过这样的在线课程，大多数的在线学习平台是支持上传一种叫"SCORM"格式的课程的，而我刚才描述的课程是用"Storyline"这款网络课件制作工具制作出来的。制作完成的课程保存为"SCORM"格式，上传到在线学习平台就可以实现刚才所说的交互式学习。但由于制作这样的课程比较复杂，你可以在网上搜索学习"Storyline"的教学视频，我们在本书中就不详细介绍了。当你把它运用到极致时，可以研发出让学员惊掉下巴的"游戏式"课程。它虽然只是一个课外作业，但它对拓宽你的培训眼界，打破常规视频课程局限，突破线上培训效果一定是非常有帮助的。

随着技术进步，AI、VR等技术已经运用到培训领域，相信未来会有更多先进的技术值得每一位培训师持续探索，让我们做一个紧跟时代步伐的培训师。

二、社群运营：保持活跃度

在线学习平台可以运用好社群功能，用好这个功能的关键就是保持社群的活跃度。现在的学员在面对面交流时常常感觉无话可说，沉默寡言，可一到了网络上就变得畅所欲言，发表评论时更是妙语连珠，仿佛像变了个人似的。因此，可以利用这一特点，让社群成为学习交流和智慧碰撞的基地，并且由此提升线上学习的积极性。如何让社群热闹起来呢？你可以从四个方向努力：

一是要"有料"。如果学员能从群内获得足够多的有价值的信息，他就会重视和关注这个群。哪些是有价值的信息呢？不是随机找的，而是针对学员群体的需求和喜好发送的文章、视频、漫画等，也可以邀请一些嘉宾在群里分享知识和经验。切不可过多、过杂地发送各种信息，否则就可能变成"垃圾"信息群了。

二是要"有聊"。群里的成员有得聊、聊得来，活跃度才高。社群运营者可以定期在群里抛出一些大家热议的话题。例如，刚学习完演讲的课程，开启一个"如何克服演讲紧张"的话题，大家立刻就会七嘴八舌地各抒己见，群里很快就热闹了。群内还可以设置答疑解惑时间，由群内KOL（Key Opinion Leader，关键意见领袖）或其他专业人员为学员解决一些实际的问题。社群运营者还可以关注社群中的活跃分子，如"天生群聊手""点赞小狂魔""总结小能人"，主动联系请他们制造话题，提供群聊内容。

三是要"有趣"。社群氛围轻松有趣，会让大家更愿意待在群里。偶尔群里还可以玩些互动小游戏，如与课程相关的填写游戏、思维游戏、成语接龙等。

四是要"有谋"。俗话说"众人拾柴火焰高"，社群运营不仅是培训管理者的事，还可以邀请更多的人参与，担任各种"社群运营官"，如班长、学习委员、资料大使、技术参谋长等。学员的参与度越高，对社群的认可度、投入度也会越高。最重要的是他们还可以出谋划策，为提升社群活跃度贡献更多的好主意。

三、数据运营：做好跟踪分析

学习平台区别于线下课程最大的优势在于学习数据的即时统计和客观展示。因此，数据管理能力是平台运营用得最多的功能，也是培训管理者非常看重的一个功能。

对于学员来说，可以在平台上实时查看自己的课程学习进度、学习时长、学习次数、考试和作业记录等数据内容，学员还可以在平台上根据学习情况生成学习报告。这些数据和报告是学习反馈的一种方式，让学员对自己的学习效果有更深的了解，并且由此调整自己的学习计划。

对于平台管理者而言，可以通过了解课程的报名人数、学习人数、完成人数、完课率、覆盖人群等数据指标，分析出学员的学习情况、学员兴趣点、课程的质量和可能存在问题等，并且以此为依据，不断优化平台的课程体系和学习效果。

四、积分运营：用好激励手段

激励可以强化行为，肯定努力和付出。线上学习需要学员很大的自主性和自控力，通过一些激励机制，可以鼓励更多人投入学习。

一）学习积分

学员完成相应学习之后可以获得相应的积分，积分排名可以在在线学习平台上显示，没有这种功能的平台也可以手动统计积分，目的是增强学员的竞争和打榜意识。企业可以将积分做成现金或实物激励，也可以兑换成企业内的"数字货币"。

二）学习证书

学员完成某个岗位的全部学习内容之后可以在线生成毕业证书，毕业证书代表岗位资质，是学员晋升发展的一种凭证。电子证书是平台直接生成的，几乎可以毫不费力地对学员产生激励效果。

三）学历身份

当积分累积到一定数量之后，学员可以获得小学生、高中生、大学生、硕士生、博士生等虚拟学历身份，激发学员的学习热情。

图5-1是我们在运用学习平台组织的"×××线上训练营"的部分运营展示。

每天解锁一门课程
- 群里"闹钟"提醒
- 学习有规划

课后作业打卡/展示
- 强化学习效果
- 课程作业有点评有反馈
- 群里展示部分优秀的作业
- 让更多的人"抄作业"
- 及时奖励，激励更多人坚持

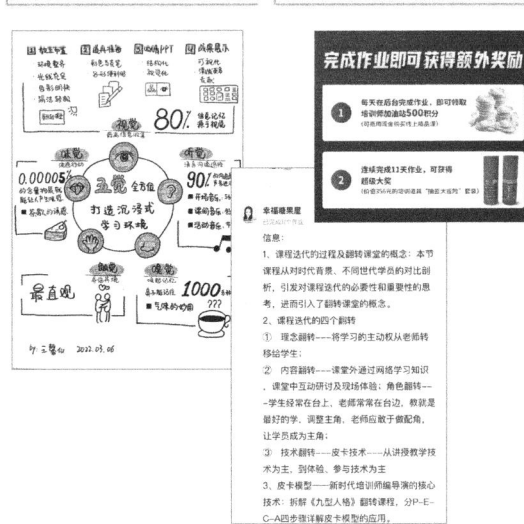

图5-1 "×××线上训练营"部分运营展示

老师及时答疑解惑

- 行万里路，不如有高人指路
- 激发群内共创，解决问题的思路更拓宽

学习排行榜 奖金池瓜分

- 激起内卷大战
- 学习热情高涨

图5-1 "×××线上训练营"部分运营展示（续）

第四节 打造有吸引力的线上直播教学

直播教学慢慢成为在线学习的一种主流，与事前录制好的线上课程不同的是，直播教学的课程内容更新鲜，可结合不同的学员及时调整。在直播间里，学员与翻转培训师有更多的互动交流和答疑解惑。但在很多的直播课程里，翻转培训师的教学效果往往不佳，学员听了不到五分钟，纷纷退出、离线。线上授课的翻转培训师大多数是有着丰富面授课程经验的高手，但为何一进直播间、一面对镜头就变成"菜鸟"了呢？

- 身段僵硬面无表情，像"台词复读机"；
- 像在自言自语，语音语调几乎是平的；
- 没有任何互动，沉浸在自己的世界里；
- 视觉效果较差，无论是身后的PPT，还是老师的着装；
- 设备常常出错，不是听不到就是看不清；
- ……

从线下（面授）到线上，教学模式大不同，我们通过表5-1来对比就知道了。

表5-1　线上授课与线下面授的区别

	线上授课	线下面授
课程时长	30~40分钟/节	3~12小时/节
学员注意力	3~5分钟	15~20分钟
授课要求	清晰易懂、生动有趣、沉稳、晃动少	有交流、有引导、有体验
教学方法	单向输出，以讲授为主	双向，可以实施多种有趣的教学方法（如研讨、游戏等）
PPT设计	图文并茂、内容提炼、布局合理	文字精简、适当图片
讲师着装	素色为主，少带配饰、发型不可乱	正式商务装即可
所需设备	电脑、手机/摄像机、打光灯、收音麦、三脚架、触摸大屏、提词器	电脑、激光笔、麦克风、投影仪

如何让直播课程更有效、更有吸引力？我们从以下四个方面来展开说明。

一、直播硬件设备四件套

一）收音麦（降噪麦）

直播的时候，声音杂乱听不清，非常影响学员的听课体验，一支小小的收音麦就可以解决了。收音麦分为有线和无线两种，无线的佩戴更方便，其作用就是降低背景的杂音，让授课的声音更清晰。

二）打光灯（补光灯）

如果直播间里光线昏暗，授课的翻转培训师会给人感觉暮气沉沉，没有朝气、没有热情，因此打光灯必不可少。好的灯光可以增加画面的自然感，有的还具有美颜功能，让屏幕上的翻转培训师赏心悦目，颜值大大提升。

三）电脑和手机

电脑和手机的配置就不多说了，主流基本都符合要求，但肯定是配置越高，效果越好，速度也越快。有些直播可以通过电脑实现直播和同步接收评论，而有些直播形式可能还需要借助手机来查看直播评论。

四）播放屏

够高清、与电脑匹配即可。如果是触摸屏，需要提前掌握好使用的要点，包括触屏笔的使用，以免直播时操作不流畅。有些翻转培训师喜欢站着配合播放屏来讲课。但现在很多直播平台可以实现人像与PPT同屏，基本是坐着直播，这样就可以省去播放屏了。

二、服装有讲究

学员观看直播课，首先映入眼帘的就是翻转培训师的样貌和穿着。很多翻转培训师并没有在意自己的服装，有些女性翻转培训师穿着一身碎花衣，讲课时肢体动作还特别丰富，手舞足蹈，整个画面就一个字"花"，让学员看得头晕眼花；有些翻转培训师比较随意，穿着一件皱巴巴的衬衣就开讲，结果镜头前灯光下，传递的信息就是对这场培训的不重视；还有的翻转培训师穿的衣服和PPT模板颜色相近，站在PPT前授课，人突然"消失"了，感觉神出鬼没的。所以，直播时的服装也是有讲究的。

女性翻转培训师的服饰要求：服装款式以简约大方的西装为主，颜色素雅且与背景不冲突，避免花色、全身黑色或全身白色；妆容不可太清新淡雅，略微浓于日常妆，否则灯光下脸色比较苍白，黯然无神；佩饰简洁雅致，忌戴晃动较大的耳环；发型可盘发也可长发披肩，但不建议扎马尾，讲课时容易甩来甩去，造成干扰。

男性翻转培训师的服饰要求：应以西服、衬衣为主，也可穿有领子的商务休闲装；同样避免全身黑色，会显得特别严肃，有距离感；建议不要穿格子衬衣；注意平整，不可过多褶皱；衣服合体，不要过于紧绷；可以适当用些润唇膏，避免口干舌燥的印象；发型干净利落，精气神足。

三、做好课前测试

一堂高质量的直播课程应该是音质保真、画面清晰、流畅不卡顿的，所以需确保"三好"——光线好、网速好、隔音效果好。

直播课与面授课一样，都需要提前到场：熟悉直播平台的操作，测试收音麦、打灯光、触摸屏等设备，还包括确定站位、走动位等，以免讲着讲着跑到镜头外，现场的工作人员却不知如何召回。

同时还要测试课件PPT的显示效果。学员通过手机/电脑端看到的PPT与老师自己电脑呈现的PPT会有色差，因此建议PPT的模板尽量是深色底，如藏蓝色、深青色、深灰色等，尽量不要用纯白底色，亮度太高，拍摄出来的效果较差，直接影响整个画面的质感。PPT中也尽量少用动画效果，过多的动画、切换会让人感觉眼花缭乱。动画还可能出现延迟出现的情况，老师就只好站着干等，动画效果出来了才开始讲。

四、教学方式生动有趣，适当互动

直播间里更适合用浅显易懂、生动有趣、接地气的方式来进行课程教学。授课过程中，多与学员进行互动，主动抛出话题，通过提问、小测试、小游戏、运用视觉道具等，引发学员参与的积极性。直播经验丰富的翻转培训师还可以在直播中与学员连麦，提升学员的体验感。

还有一个小技巧，翻转培训师在看评论区时，不仅要及时点赞和感谢学员的互动，在回复时最好连昵称一起念出来，让对方充分感受被重视、被尊重。

总 结

在这一章中，你了解到了哪些信息？有什么感受？有什么启发？有哪些方法可以应用到实际工作中？

√ 信息：_____

_____

√ 感受：_____

_____

√ 启发：_____

_____

√ 行动：_____

_____

第六章

从更高的视野看翻转培训师

前面的章节介绍了翻转培训师应该学习和掌握的知识内容，如果你已经掌握了，那么恭喜，你已经是一名合格的翻转培训师了。在本书的最后一章，我们还要站在更高的视角，来研究翻转培训师的角色。无论你是行业专家还是小白，请不要忽视本章的内容，因为它是培训工作，或者说是有关人的学科启蒙。人类在漫长的探索过程中从未间断对自身的研究，了解自己的思想、动机、行为，为各个学科的发展提供了大量有力的帮助。

心理学的起源可以追溯到古代中国和古希腊时期。中国古代的思想家荀子、王充，古希腊的哲学家柏拉图、亚里士多德等都有不少关于心灵的论述。但是在很长一段时期，心理学一直是哲学的一个部分，并且与神学有着千丝万缕的联系。直到19世纪中叶，心理学终于从哲学中独立出来，成了一门独立的学科。

心理学的发展为其他学科的发展奠定了基础，只要与人相关的工作都会发现心理学的影子，如管理、人力资源、教育等工作都与心理学紧密相连。培训更是如此，研究学员的学习动机与课堂的激励方法对于培训效果的提升有很重要的帮助。

本章将重点与你一起探索在翻转课堂中学员的学习动机与课堂的激励方法，让你成为一名洞悉人性的翻转培训师，了解翻转技术背后感性的驱动因素，同时拓展翻转技术的应用场景，一起了解翻转技术在管理、在行动学习项目中如何发挥作用。

第一节　探寻学习动机，了解学员因何而"动"

在翻转课堂上，每个学员的性格特征都不一样，表现也不一样，如果没有内外部刺激，学员的课堂表现也只能维持在较原始的状态。如果要让学员

"动"起来，那么就要了解学员会因为什么"动"起来。

关于学员的行为表现，我们先来了解动机理论。动机指的是由特定需要引起的，欲满足各种需要的特殊心理状态和意愿。个体的活动不管是简单的还是复杂的，都要受到动机的调节和支配。也就是说学员的行为受到动机的影响，动机又受到学员内心需要的影响。如果翻转培训师能够抓准学员的需要，那么无论学员是什么个性特征，都能较大程度地改变学员的课堂行为表现。

同时，动机的强弱与需要的强弱是正相关的。当内外部的刺激足够大，那么学员将有较大的动机想要去满足自己的需要，与之表现出来的行为也将更强烈、持续时间更长。所以动机不仅可以激发某种行为的产生，还有维持和调节功能，使个体的行为保持一段时间，并且调节行为的强度和方向。

一般动机可以分为内源性动机和外源性动机。内源性动机指的是学员做出的某种行为是因为行为本身能够给他带来成就感和价值。例如，学员认为认真学习能够给他带来帮助，那么他就会产生认真学习的行为，这种动机的来源是因为行为本身的价值。外源性动机则指的是学员可能会为了奖励，或为了避免某种惩罚而做出的行为，做出这种行为是为了行为的结果，而不是行为本身。这说明，在课堂上表现好的学员要么天生认可培训，对学习有天然的自觉性，要么就是为了获得某种奖励、避免某种惩罚而表现得认真。这对翻转培训师的教学活动有很大的启发作用，翻转培训师不仅要从思想、意识上让学员认识到课程的重要性，也要通过奖惩方式让学员的表现由外部环境来推动。

在学习动机方面，被广泛使用的理论有强化理论、马斯洛需要层次理论、成就动机理论、成败归因理论、自我效能理论等。

一、强化理论

强化理论是美国心理学家和行为科学家斯金纳（Skinner）提出的，它指的是当人们觉得某种行为对自己有利时，会加强或重复这种行为；当人们觉得某种行为对自己不利时，会减弱或停止这种行为。

如何将强化理论运用到翻转课堂上？翻转培训师可以通过及时的正向反馈来促进学员正向行为的加强和持续，帮助教学目的的达成。

二、马斯洛需要层次理论

美国著名社会心理学家亚伯拉罕·马斯洛（Abraham Maslow）将人的需要分为五个层次，分别为生理需要、安全需要、归属与爱的需要、尊重需要、自我实现需要。前三个层次的需要为较低层次的需要，后两层需要是较高层次的需要。

马斯洛需要层次理论对应了心理学中的激励理论，如图6-1所示。通过这个激励理论，我们知道在课堂上，首先要满足学员较低层次的需要，如学员学习的教室环境、休息时间、生理需要、学员间的关系等，只有满足了这些需要学员才能够将注意力转移到学习中来。随后，更高层次的需要也会被激发，更有利于教学目标的达成。较高层次需要要求翻转培训师通过尊重每一个个体，为每一个个体提供开放、安全的交流空间，使学员在这个过程中自由自在地贡献自己的智慧来得到满足。此外，每个学员可能在不同的需要层次，也就是对需要的追求有所不同，因此，翻转培训师不可用千篇一律的激励和引导方式。

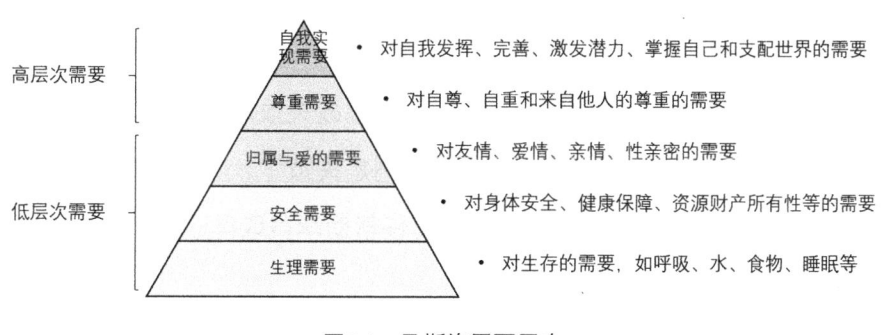

高层次需要
- 自我实现需要 · 对自我发挥、完善、激发潜力、掌握自己和支配世界的需要
- 尊重需要 · 对自尊、自重和来自他人的尊重的需要

低层次需要
- 归属与爱的需要 · 对友情、爱情、亲情、性亲密的需要
- 安全需要 · 对身体安全、健康保障、资源财产所有性等的需要
- 生理需要 · 对生存的需要，如呼吸、水、食物、睡眠等

图6-1 马斯洛需要层次

三、成就动机理论

美国哈佛大学教授麦克利兰（McClelland）提出了成就动机理论，它指的是人们希望从事对他们有一定意义、有一定挑战、有一定困难的活动，在活动中能取得完满优异的结果和成绩，并且能超越他人的动机。

翻转培训师设计的有竞争性的游戏、教学活动在一定的程度上是需要满足学员的成就动机的。同时，这种竞争和活动要有一定的难度和挑战，太容易或太难的竞争和活动都会影响学员参与的积极性。

四、成败归因理论

美国心理学家韦纳（Weiner）的成败归因理论是指，人们对自己或他人活动及其结果的原因所做的解释和评价，即在某次任务结束之后，人们归纳产生这些结果的原因是什么。人们对行为成败原因的分析可归纳为能力、努力、工作难度、运气、身心状况、其他（如他人的帮助或评分不公平等）六个因素。这个理论认为，人们对成功和失败的解释会对以后的行为产生重大的影响。如果人们把失败原因归为不稳定的因素，如运气和努力，那么人们会坚持努力的行为，更有可能成功。如果人们把失败原因归为稳定的因素，如能力、工作难度，那么人们会降低努力的行为，更可能持续失败，并且在六个因素当中，唯有努力是个人可以控制的，其他都是不可控的。

成败归因理论对培训有很大的启示。在课堂上，翻转培训师可以通过暗示强调努力的重要性，鼓励学员只要认真、积极参与学习就能学有所获，而不要过多地谈及学员的能力层面。当学员因挑战失败而感到气馁时，也要鼓励学员再努力试一次就能成功。如果学员还是失败了，不要把原因归为能力不足或难度太大。翻转培训师有很大的责任帮助学员取得成功。

五、自我效能理论

自我效能理论是班杜拉（Bandura）在其社会学习理论的基础上提出的一种动机理论。该理论认为人们如果对完成一件事情有足够的信心，那么动机就会更强烈。这种效能的产生主要来自过去的直接经验，一个人经常成功，则自我效能感就越高；还可能来源于替代性经验，看到别人成功的处理经验也会提高个人的效能感；另外还有可能来自社会的影响，别人的劝说、舆论的影响等。

翻转培训师可以运用这个理论激发学员的自信，挖掘和肯定学员过往的成功，充分释放课堂中经验丰富者的能量，更利于学员相互影响，拥有足够的自信迎接挑战，完成有一定难度的学习任务。

第二节 激发学习动机，让课堂上的学员都"动"起来

通过以上的心理学理论，了解了学员的学习动机之后，翻转培训师如何才能在课堂上更有效地激发、调动和引导学员？我们可以从内部和外部两个维度进行学习动机的培养和激发。

一、内部学习动机的培养与激发

内部学习动机的培养与激发比较适合较长期的培训活动中完成，普通的企业培训频率较快，对学员内部学习动机的培养和激发比较难持续。所以在翻转课堂中，翻转培训师主要会采用短暂的外部学习动机的培养与激发方式。以下是几种常见的内部学习动机的培养与激发方式：

☐ 归因信念的训练

- ☐ 成就动机的培养
- ☐ 成就目标的引导
- ☐ 学习自主性的支持
- ☐ 学习中自我价值的维护
- ☐ 自我效能的增强

二、外部学习动机的培养与激发

外部学习动机的培养与激发操作简单，对学员学习动机的培养与激发见效快，适合"短频快"的培训课堂。无论是企业培训，还是学校教育都适用外部学习动机的培养与激发方式。

一）表达明确的期望

在课程的开始阶段，翻转培训师需要表明对学员的学习期望，并且在课堂开始之前说清楚课堂规则、奖惩方式。这对学员的行为有很大的指向作用，学员会明白哪些行为是被鼓励的，哪些行为是不被鼓励的。

二）及时且经常性的反馈

在教学过程中，翻转培训师及时且经常性的反馈对学员的学习动机有持续的强化作用。这种方法突出"及时"与"经常"两个词，除此以外反馈的内容也很重要。

1. 重复性反馈

在翻转课堂中最简单的反馈方式就是重复一遍学员所回答的答案。在这种情况下，无论学员回答的答案是什么，翻转培训师都不要马上评判学员的答案正确与否，先鼓励学员各抒己见。

2. 正面性反馈

在教学活动中，学员通常要完成课堂练习，翻转培训师则需要走近学员，对学员完成的课堂练习给予反馈。这种反馈需要从学员角度出发，给予更多正面反馈，鼓励学员积极完成课堂练习的行为。这种正面反馈尽量具体到某个行为或某种结果。

3．建设性反馈

建设性反馈也是在翻转培训师对学员完成课堂练习后给予反馈时使用。这种反馈方式的前提是已经做了正面反馈，针对可以提升的部分再给予建设性意见。需要注意的是，建设性反馈并不是批判，而是一种调整和完善，翻转培训师点到为止即可，切记不要让学员感到难堪。

三）合理运用外部奖励

外部奖励相信是读者朋友经常在课堂上使用的激励方式，设计奖励时可以从不同维度考虑，有个人的也有小组的奖励，有课堂表现的也有学习成果的奖励，有实物的也有荣誉的奖励，这对学员会起到全方位的激励作用。需要注意的是，在课堂中使用的积分，一定要体现公平与稀缺性，不公与泛滥的积分奖励反而会失去激励效果。

四）有效地运用表扬

有效地运用表扬与及时且经常性的反馈比较类似，在表扬学员时需要说出学员的名字，这样的表扬效果会更好。

第三节　拓宽思路，翻转技术在管理中的实践与应用

心理学的理论可以运用于各个学科，同样培训的技术也可以运用于企业管理。当然，能用于企业管理的培训并不是字面上所理解的培训课程，它是属于培训发展过程当中所取得的理念与模式的创新部分。

行动学习法（Action Learning），简单的理解就是"边干边学，在实战中学习和成长"，它是英国管理思想家雷格·瑞文斯（Reg Revans）于1940年

发明的，早期是用于英格兰和威尔士煤矿业的组织培训。行动学习法是让学习者通过参与实际项目，或者解决一些问题，在行动中来获得某种经验的学习模式。在这个过程中，学习者需要学会制订计划、实施、反思、总结、再计划来循环学习。

美国通用电气集团（GE）著名的CEO杰克·韦尔奇（Jack Welch）是行动学习的推崇与实践者。他在任职期间，将通用的业务推向巅峰，其中很大的原因离不开行动学习在通用内部各个环节的实践与推动。杰克·韦尔奇将行动学习实践于人力资源管理、业务管理、干部培养、组织变革等环节，GE公司的行动学习中以"群策群力"（Workout）最具代表性。

在国内，华为也是行动学习的践行者，华为的培训理念是"721"与"训战结合"，这种注重实践的培训方法是行动学习的核心理念。华为在培养管理者时也是采用实际的项目形式，让继任者到前线去发现问题、分析问题、解决问题，从而培养未来管理者处理复杂业务问题的能力。

行动学习作为一种培训模式已经不仅用于培训工作，在企业管理上也大放异彩，它已经成为企业人才培养、绩效提升、组织变革发展等工作的有力武器，它是打造学习型组织、增强企业活力与灵活性的有效工具。

一、翻转技术在管理场景中的实践

我们把话题拉回来，行动学习和翻转技术又有什么关系呢？其实行动学习的理念发展至今也衍生出了很多方法和工具，GE有"群策群力"，华为有"721"……还有更多被实践后沉淀下来的技术。翻转技术中也有与行动学习紧密相连的技术，它们在企业管理中也被广泛应用，接下来我们列举出几个最具代表性的技术：开放画廊、迷你世界咖啡、风暴墙、情感启动。

一）开放画廊

开放画廊用逛画廊的方式让参与者在自由走动中，轻松无压力地相互交流、贡献智慧。这项技术在管理中很适合用于需要了解员工想法、研讨策略、达成共识等场景中，释放出员工的能量，将繁文缛节式的会议变为返璞归真式的会议。

二）迷你世界咖啡

迷你世界咖啡是每一位培训工作者都需要掌握的技术，在企业管理中也经常会被使用。我们曾经用迷你世界咖啡帮助团队研发新产品，来自不同行业、不同背景的人碰撞在一起，各种奇思妙想腾空而出，让未来的新品增加更丰富的元素；也曾用迷你世界咖啡帮助企业实现跨部门之间的真正对话，各部门的人跳出自己的圈子，在同一个时空分享、交流，加深了相互之间的关系，并且对结果共同负责。迷你世界咖啡让研讨从严肃、单一、有序转变为轻松、多元、混搭。

三）风暴墙

风暴墙技术非常适合运用于团队会议中。如果你在团队会议中面临这些尴尬场景：看似各持己见，实则争吵不休，强词夺理；权势人物左右会议，其他与会者沉默不语，处于"封印"状态；为维护团队和谐放弃自己意见，假装附和；会中草率决策，会后轻率推翻……别犹豫，试试风暴墙吧！让每个人都有机会发出声音，让团队的智慧不断涌现，让管理者从命令式管理转变为参与式管理。

四）信感启动

通过提出四个层级的系列问题，把话题依次聚焦于客观信息、主观感受、理解启发和行动决定四个层级，引导谈话者精力聚焦，并且通过开放的对话层层深入，引发思考和行动。在以下的管理场景中，都可以运用该技术：

- 与下属进行一场有意义的对话；
- 当团队遇到问题或挑战时，拓宽团队思考角度；

- 完成一个项目时，就重要的问题或事件进行反思；
- 当面临新目标时，探索可能在团队内部已形成的共识程度；
- 会议研讨时，将讨论向建设性的方向引导；
- ……

还有更多的技术和工具不仅可以在翻转课堂上运用，还可以运用在管理中、行动学习项目中，能有效避免管理者以往拍脑袋做决策、拍肩膀下命令、拍屁股不认账的现象，打造人人参与、人人贡献的组织氛围，提升员工的归属感和成就感，从而让管理更高效。

二、从翻转培训师到行动学习促动师

未来，读者朋友如果想做好行动学习项目，除了技术，大家还必须理解行动学习不是独立的一次教学活动，它是由一个个流程和方法集合成的学习过程，技术只是它的冰山一角，其中有四个层面的内容需要大家再细致理解。

行动学习是一个团队共同解决实际问题的过程和方法。它不仅关注问题的解决，也关注团队成员的学习成长，以及组织的进步。

行动学习是一种从行动中学习的过程，需要遵循每个人都是有潜能的个体的原则，并且需要确保这种潜能能够在实践中被最大限度地激发与释放出来。

行动学习发挥作用，需要确保团队成员之间相互贡献智慧，并且也能相互质疑和反思。为此，一次好的行动学习必须满足一套公式：
$AL=P+Q+R+I$。

AL（Action Learning）：行动学习

P（Programmed Knowledge）：结构化的知识

Q（Questions）：质疑

R（Reflection）：反思

I（Implementation）：执行

行动学习是综合性的学习模式，它是将知识学习、经验分享、解决问题、实践行动相结合的一种学习模式。

了解更多的行动学习知识，对于翻转培训师来说，可以拓宽视角，从不同的角度去思考，从人才培养到绩效提升，从培训课堂到行动学习，从翻转培训师到行动学习促动师，转变与拓展旨在推动企业的发展，创造更大的价值。

总 结

在这一小节中，你了解到了哪些信息？有什么感受？有什么启发？有哪些方法可以应用到实际工作中？

√ 信息：_____

√ 感受：_____

√ 启发：_____

√ 行动：_____

反侵权盗版声明

电子工业出版社依法对本作品享有专有出版权。任何未经权利人书面许可，复制、销售或通过信息网络传播本作品的行为；歪曲、篡改、剽窃本作品的行为，均违反《中华人民共和国著作权法》，其行为人应承担相应的民事责任和行政责任，构成犯罪的，将被依法追究刑事责任。

为了维护市场秩序，保护权利人的合法权益，我社将依法查处和打击侵权盗版的单位和个人。欢迎社会各界人士积极举报侵权盗版行为，本社将奖励举报有功人员，并保证举报人的信息不被泄露。

举报电话：（010）88254396；（010）88258888
传　　真：（010）88254397
E-mail：　dbqq@phei.com.cn
通信地址：北京市万寿路173信箱
　　　　　电子工业出版社总编办公室
邮　　编：100036